个人所得税的收入差距平抑功能研究

胡华 ◎ 著

四川大学出版社
SICHUAN UNIVERSITY PRESS

图书在版编目（CIP）数据

个人所得税的收入差距平抑功能研究 / 胡华著. -- 成都：四川大学出版社，2025.3. -- ISBN 978-7-5690-7721-6

Ⅰ．F812.424

中国国家版本馆CIP数据核字第2025RS4043号

书　　名：个人所得税的收入差距平抑功能研究
　　　　　Geren Suodeshui de Shouru Chaju Pingyi Gongneng Yanjiu
著　　者：胡　华

选题策划：梁　平　杨　果　叶晗雨
责任编辑：叶晗雨
责任校对：李　梅
装帧设计：裴菊红
责任印制：李金兰

出版发行：四川大学出版社有限责任公司
　　　　　地址：成都市一环路南一段24号（610065）
　　　　　电话：（028）85408311（发行部）、85400276（总编室）
　　　　　电子邮箱：scupress@vip.163.com
　　　　　网址：https://press.scu.edu.cn
印前制作：四川胜翔数码印务设计有限公司
印刷装订：四川省平轩印务有限公司

成品尺寸：170 mm×240 mm
印　　张：17.75
字　　数：337千字

版　　次：2025年4月 第1版
印　　次：2025年4月 第1次印刷
定　　价：68.00元

本社图书如有印装质量问题，请联系发行部调换

版权所有 ◆ 侵权必究

扫码获取数字资源

四川大学出版社
微信公众号

本书由"中央高校基本科研业务费专项资金项目"(项目号：63242307）资助

序

财政是庶政之母,税收是财政之源。个人所得税无疑是最受人关注的税种之一。英国自1798年开征个人所得税以来,时而开征,时而废止,个人所得税最终于1874年成为一个固定税种。个人所得税恰似一株蒲公英,种子飘至世界各地,生根发芽。现今很多国家都已开征个人所得税,如美国、法国、日本、德国、加拿大、澳大利亚、南非。民国时期,我国曾开征个人所得税,但教训多于经验。新中国个人所得税开征于1980年,当时月费用扣除是800元;据国家统计局发布,1980年城镇居民人均可支配收入是478元,故缴纳个人所得税的人士微乎其微。我国现行个人所得税费用扣除额是6万元/年,折合5000元/月,比1980年提升了5.25倍。2022年我国城镇居民人均可支配收入是49283元,比1980年提升了102.10倍,年均增长11.67%;收入快速增长使得大量从业者成为个人所得税纳税人,其税额也逐渐提升,2022年达到1.49万亿元,个人所得税占税收总额的比重达到9.25%,成为我国主体税种之一。[①]

在我国居民收入迅速增长的同时,收入差距迅速拉大。据国家统计局发布,2020年我国居民收入基尼系数达到0.468。若基尼系数处于0.4~0.5,表明居民收入差距较大。税制累进性是个人所得税的重要特征之一,故运用该税遏制收入差距是必然选择,准确评价个人所得税收入差距平抑功能成为一个非常重要的课题。我国个人所得税制是分类与综合相结合税制,表现为综合所得7级累进税率、经营所得5级累进税率、其他所得20%比例税率。一般来讲,累进税制下,平均税率低于边际税率,有利于缩小收入差距;而在比例税制下,平均税率等于比例税率,收入差距无显著变化。要准确评价个人所得税的收入差距平抑功能,需计算税前、税后收入基尼系数;若前者大于后者,则个人所得税有利于缩小收入差距,反之则不然。

本书著者胡华与本人同在南开大学经济学院任教。他给人的印象是朴实无

---

① 国家统计局:《城镇居民人均收入情况》,https://data.stats.gov.cn/easyqueny.htm?cn=c01。

华，非常勤奋，恰如耕地黄牛，能非常专注地做一件事情、研究一个课题。对于个人所得税的收入差距平抑功能，他有着深入研究，已发表多篇论文，其中不乏真知灼见，呈现在读者面前的这本著作是其多年研究结晶，其优点如下：首先，不拘泥于现有 MT 指数模型化方法，将 APK 分解法、KL 分解法进一步扩展，将个人所得税的整体收入差距平抑效应分解为各税制要素分效应，有利于分析判断个人所得税收入差距平抑功能的贡献来源。其次，独辟蹊径，构建高、低收入者两群体个人所得税数理模型与计量模型，研究收入差距与个人所得税诸要素的关系。再次，基于我国现行和民国时期个人所得税以及英美个人所得税，细致归纳了个人所得税的重要特征及公平内涵。最后，采用软件编程法，基于大量运算，探究理想个人所得税制。

总之，本书是一本非常扎实的著作，值得一读。祝愿著者能再接再厉，再出佳作！

马蔡琛

2024 年 6 月 6 日于南开园

前　　言

2020年我国居民人均可支配收入基尼系数是0.468，高于国际警戒线（0.40），过大的收入差距不利于经济健康运行。个人所得税是平抑收入差距的重要工具之一。研究个人所得税的文献很多，按照研究方法的不同，可分为三类：MT指数模型化研究、其他模型化研究、国际比较评论研究。MT指数模型化研究自产生以来长盛不衰、引用率颇高，文献之间联系较多，呈现系统性发展特征。其他模型化研究也取得了有益成果，但影响力不及第一类研究。国际比较评论研究没有采用数理或计量模型，多以国际比较为方法，关注个人所得税调节收入差距的某些问题，分析问题成因，提出解决对策。已有研究存在以下不足之处：分解MT指数的KL分解法与APK分解法有待扩展；洛伦茨曲线与集中度曲线拟合方法有待改进；缺乏数理或计量模型，以研究个人所得税最基本税制要素与收入差距的关系；系统研究APK排序效应的文献很少；缺乏理想税制识别方法。

本书的终极目标是寻找理想个人所得税制，基于此，需要量化评价个人所得税的收入差距平抑功能。此前，从我国个人所得税制、英国个人所得税制、美国个人所得税制中，总结出了共同的公平理念——横、纵向公平理念，这也是学术界普遍认可的两大理念。为评判个人所得税对公平理念的遵循程度，已有文献研究了MT指数模型化方法、APK分解法、KL分解法等。MT指数模型化方法开创了个人所得税收入差距平抑功能的量化方法，以评价个人所得税整体的收入差距平抑功能。APK分解法则将MT指数分解为横、纵向公平效应，分别评价个人所得税对横、纵向公平理念的遵循程度；但研究发现，横、纵向公平效应难以从技术层面完全分割开来，故而产生KL分解法。该法不再追求将MT指数分解为横、纵向公平效应，而是将MT指数分解为税额累退效应、平均税率累退效应、过度调节效应。

为避免仅采用MT指数模型化方法带来的偏颇，笔者基于高、低收入者的两群体个人所得税数理模型与跨国截面计量模型，讨论我国个人所得税制改革方向，发现该方向与MT指数模型化方法研究所阐明的改革方向相符。由于衡量标准不同，理想个人所得税制并非某一特定税制。基于软件编程法与循环嵌套理念，分别以"APK 排序效应最小化""三类不公平效应之和最小化"为评判标准，找到了两种理想个人所得税制。

本书具体内容如下：第一章是导论，阐述研究背景与意义、研究思路及框架体系、研究方法及技术路线、文献回顾、创新点与不足。第二、三章探究个人所得税制特性，包括：源于战争、税制累进、税基广泛、优待弱势群体、正外部性纠正、兼顾个人与家庭、无处不在的公平元素。第四章是个人所得税收入差距平抑功能的 APK 分解法及其扩展，第五章是个人所得税收入差距平抑功能的 KL 分解法及其扩展，分别依据 APK 分解法、KL 分解法，将 MT 指数分解为各税制要素分效应，以评价各边际税率、各税前扣除的收入差距平抑功能。第六章是个人所得税收入差距平抑功能的实证研究，包括高、低收入者的两群体个人所得税模型、个人所得税诸要素与收入差距关系的实证研究。第七章是研究结论和政策建议，总结全书并探究理想个人所得税制的具体细节。

通过上述研究，本书取得了七个创新点。第一，扩展 KL 分解法将 MT 指数分解为最基本税制要素的分效应。第二，扩展 APK 分解法将 MT 指数分解为各分类税制的分效应。第三，运用非线性模型拟合洛伦茨曲线与集中度曲线。第四，构建高、低收入者的两群体个人所得税模型。第五，实证研究个人所得税诸要素与收入差距的关系。第六，系统研究 APK 排序效应。第七，运用软件编程法探寻理想税制。

在取得一定研究成果的同时，存在以下不足之处：第一，横向公平原则指数化有待进一步研究；第二，分组研究有待进一步深化；第三，收入差距与个人所得税要素模型化研究有待进一步深化。

胡　华

目 录

第一章 导 论……………………………………………………（1）

第二章 个人所得税制特性探究（一）…………………………（16）
    第一节 源于战争……………………………………………（16）
    第二节 税制累进……………………………………………（22）
    第三节 税基广泛……………………………………………（42）

第三章 个人所得税制特性探究（二）…………………………（62）
    第一节 优待弱势群体………………………………………（62）
    第二节 正外部性纠正………………………………………（81）
    第三节 兼顾个人与家庭……………………………………（86）
    第四节 无处不在的公平元素………………………………（103）

第四章 个人所得税收入差距平抑功能的 APK 分解法及其扩展………（109）
    第一节 个人所得税收入差距平抑功能的 APK 分解法……（109）
    第二节 按个人所得税类别扩展 APK 分解法………………（119）
    第三节 按边际税率扩展 APK 分解法………………………（143）

第五章 个人所得税收入差距平抑功能的 KL 分解法及其扩展………（174）
    第一节 三元论………………………………………………（174）
    第二节 四元论………………………………………………（187）
    第三节 四元论分组分解……………………………………（201）

第六章 个人所得税收入差距平抑功能的实证研究……………（228）
    第一节 高、低收入者的两群体个人所得税模型……………（228）
    第二节 个人所得税诸要素与收入差距关系的实证研究……（239）

第七章 研究结论和政策建议 …………………………………………（249）
　　第一节　研究结论 …………………………………………………（249）
　　第二节　政策建议 …………………………………………………（252）

参考文献 ………………………………………………………………（260）

后　　记 ………………………………………………………………（271）

第一章 导 论

一、研究背景与意义

（一）研究背景

2015年，习近平总书记在党的十八届五中全会上指出："着力践行以人民为中心的发展思想。"[①] 这体现了我们党全心全意为人民服务的根本宗旨，体现了人民是推动发展的根本力量的唯物史观。要坚持社会主义基本经济制度和分配制度，调整收入分配格局，完善以税收、社会保障、转移支付等为主要手段的再分配调节机制，维护社会公平正义，解决好收入差距问题，使发展成果更多更公平惠及全体人民。2022年10月，习近平总书记在党的二十大报告中指出："共同富裕是中国特色社会主义的本质要求，也是一个长期的历史过程。我们坚持把实现人民对美好生活的向往作为现代化建设的出发点和落脚点，着力维护和促进社会公平正义，着力促进全体人民共同富裕，坚决防止两极分化。"[②] 共同富裕要求抑制收入差距，但我国收入差距较大。

我国城镇居民收入远高于农村居民收入。国家统计局发布，1978—2021年，城镇、农村居民人均可支配收入之比一直高于1.8∶1，2007年该比值达到最大值（3.14∶1），2021年降至2.50∶1；1978—2021年，城镇、农村居民人均可支配收入之差处于长期扩大态势，从209元逐渐增至28481元。[③]

我国地区居民收入差距较大。《中国统计年鉴》记载，2005年东、中、西、东北地区的人均可支配收入之比是1.52∶1.00∶1.00∶0.99，2020年该比值变为1.62∶1.07∶1.00∶1.11；东部地区与其他地区的收入差距逐渐拉

[①] 习近平：《在省部级主要领导干部学习贯彻党的十八届五中全会精神专题研讨班上的讲话》，人民出版社，2016年，第24页。

[②] 习近平：《高举中国特色社会主义伟大旗帜　为全面建设社会主义现代化国家而团结奋斗——在中国共产党第二十次全国代表大会上的报告》，人民出版社，2022年，第22页。

[③] 国家统计局：《城镇居民人均收入情况》《农村居民人均收入情况》，2024年。

大，西部地区收入增速明显落后于其他地区。据国家统计局发布，全国居民人均可支配收入方面，1990年各省（区、市）中，上海市最高，为2008元；甘肃省最低，为600元；两者之比是3.35∶1。2021年各省（区、市）中，全国居民人均可支配收入最高地区仍为上海市，达到78027元；最低地区仍为甘肃省，仅为22066元；两者之比扩大至3.54∶1。①

我国行业收入差距也不容忽视。据国家统计局发布，2015—2020年，城镇私营单位涉及以下行业：农林牧渔业、采矿业、制造业、电力燃气及水的生产和供应业、建筑业、交通运输仓储和邮政业、信息传输计算机服务和软件业、批发和零售业、住宿和餐饮业、金融业、房地产业、租赁和商务服务业、科学研究技术服务和地质勘查业、水利环境和公共设施管理业、居民服务和其他服务业、教育业、卫生社会保障和社会福利业、文化体育和娱乐业、公共管理和社会组织。2015年，信息传输计算机服务和软件业就业人员平均工资最高，为57719元；农林牧渔业就业人员平均工资最低，为28869元；前者与后者之比约为2.0∶1。2020年，信息传输计算机服务和软件业、农林牧渔业就业人员平均工资仍为最大值、最小值，分别为101281、38956元，两者之比增至约2.6∶1。②

总体收入差距方面，据国家统计局发布，我国居民人均可支配收入基尼系数长期在高位徘徊，2003—2013年该系数都高于0.47，2008年曾一度达到0.491；2014—2020年居民人均可支配收入基尼系数跌破0.47，但仍高于0.46，2020年该系数是0.468；收入基尼系数国际警戒线是0.40，高于此值意味着贫富差距过大。③

由于税制本身特点所限，采用比例税率的税种难以起到遏制收入差距的作用。唯有累进税率具备遏制收入差距的功能，个人所得税是我国税制中为数不多的、采用累进税率的税种之一。其遏制收入差距的基本原理是高、低收入者分别适用高、低边际税率，高收入者单位收入税负担高于低收入者的相应值，因此税后收入差距小于税前收入差距。

（二）研究意义

有关个人所得税收入差距平抑功能的研究层出不穷，主要涉及三种研究：

---

① 国家统计局：《全国居民人均收入情况》，2024年。
② 国家统计局：《中国统计年鉴2024》，中国统计出版社，2024年。
③ 国家统计局：《居民人均可支配收入基尼系数》，2024年。

第一，MT指数模型化研究，通过比较征收个人所得税前、后的居民收入基尼系数，量化分析个人所得税的收入差距平抑功能。第二，其他模型化研究，相关研究采用除MT指数外的数理方法或计量方法，研究个人所得税对收入差距的影响。第三，国际比较评论研究，多不采用数理或计量模型，以国际比较为方法，关注个人所得税调节收入差距的某些问题，分析问题成因，提出解决对策。

三种研究各有利弊。MT指数模型化研究的优点在于相关研究已成体系、引用率颇高；缺点是重视分析个人所得税整体的收入差距平抑功能，难以量化边际税率、税前扣除等特定税制要素的收入差距平抑功能，难以依据MT指数模型化方法提出具有实际操作性的政策建议。其他模型化研究的优点在于数学工具灵活多样，取得了有益的成果；缺点在于成体系的研究偏少，影响力不及上一种研究。国际比较评论研究的优点是具体问题具体分析，便于提出对策建议；缺点是缺乏量化工具，难以将研究理念迅速推广应用。

鉴于此，本书综合应用了上述三种研究所用方法，以达到取长补短的目的。基于MT指数模型化方法，研究个人所得税整体及边际税率等特定税制要素的收入差距平抑功能；结合软件编程法，在众多个人所得税制中，选择最优个人所得税制，以增强政策建议的可操作性。除MT指数模型化研究外，本书还构造了高、低收入者的两群体个人所得税模型，并采用跨国截面模型，实证研究个人所得税与收入差距的关系，发现发达、发展中经济体缩小收入差距的最有效措施是不同的：发达经济体应提高个人所得税的最高边际税率、最低边际税率、平均税率，降低最高、最低边际税率之比；发展中经济体应降低免征额。我国要加强个人所得税的收入差距平抑功能，需提高最低、最高边际税率，降低免征额与最高边际税率适用的收入最低限额。基于我国现行与民国时期个人所得税制、英国个人所得税制、美国个人所得税制的比较分析，本书总结了个人所得税的特征及公平理念。

二、研究思路及框架体系

（一）研究思路

本书的终极目标是寻找理想个人所得税制。要探寻该税制，首先要量化评价个人所得税的收入差距平抑功能。此前，从我国现行与民国时期个人所得税制、英国个人所得税制、美国个人所得税制中，总结出了共同的公平理念——横、纵向公平理念，这也是学术界普遍认可的两大理念。为评判个人所得税对公平理念的遵循程度，已有文献研发了 MT 指数模型化方法、APK 分解法、KL 分解法等。MT 指数模型化方法开创了个人所得税收入差距平抑功能的量化方法，以评价个人所得税整体的收入差距平抑功能。APK 分解法则将 MT 指数分解为横、纵向公平效应，分别评价个人所得税对横、纵向公平理念的遵循程度；但研究发现，横、纵向公平效应难以从技术层面完全分割开来，故而产生 KL 分解法。该法不再追求将 MT 指数分解为横、纵向公平效应，而是将 MT 指数分解为税额累退效应、平均税率累退效应、过度调节效应。

为避免仅采用 MT 指数模型化方法带来的偏颇，笔者基于高、低收入者的两群体个人所得税数理模型与跨国截面计量模型，讨论我国个人所得税制改革方向，发现该方向与 MT 指数模型化方法研究所阐明的改革方向相符。由于衡量标准不同，理想个人所得税制并非某一特定税制。基于软件编程法与循环嵌套理念，分别以"APK 排序效应最小化""三类不公平效应之和最小化"为评判标准，找到了两种理想个人所得税制。

（二）框架体系

本书具体内容如下：第一章是"导论"，阐述研究背景与意义、研究思路及框架体系、研究方法及技术路线、文献回顾、创新点与不足。第二、三章探究个人所得税制特性，包括：源于战争、税制累进、税基广泛、优待弱势群体、正外部性纠正、兼顾个人与家庭、无处不在的公平元素。第四章是"个人所得税收入差距平抑功能的 APK 分解法及其扩展"，第五章是"个人所得税收入差距平抑功能的 KL 分解法及其扩展"，分别依据 APK 分解法、KL 分解法，将 MT 指数分解为各税制要素分效应，以评价各边际税率、各税前扣除的收入差距平抑功能。第六章是"个人所得税收入差距平抑功能的实证研究"，包括高、低收入者的两群体个人所得税模型、个人所得税诸要素与收入差距关系的实证研究。第七章是"研究结论和政策建议"，总结全书并探究理想个人所得税制的具体细节。

三、研究方法及技术路线

（一）研究方法

1. MT 指数模型化方法

此法是研究个人所得税收入差距平抑功能的常用方法。MT 指数是税前、税后之差，用于量化评价整体个人所得税的收入差距平抑功能。采用 APK 分解法、KL 分解法，将 MT 指数分解为各税制要素的分效应。

2．计量模型化方法

基于中国居民家庭收入数据，运用非线性回归方法，估计洛伦茨曲线等的数学表达式。基于跨国截面数据，构建线性回归模型，寻找遏制收入差距的政策措施，发现发达经济体与欠发达经济体应采取不同的个人所得税改革措施。

3．实地调查法

笔者多次与各地税务局公务员座谈，调查其关于个人所得税收入差距平抑功能的意见，并征求各位税务人员对本书所提政策建议的看法。

4．国际比较法

比较分析我国现行个人所得税制、民国所得税制、英国个人所得税制、美国个人所得税制，总结个人所得税的共性，包括：源于战争、税制累进、税基广泛、优待弱势群体、正外部性纠正、兼顾个人与家庭。阐述上述六点共性中存在的"公平"元素。

5．系统分析法

将个人所得税制分解为免征额等个人所得税要素，分析各要素对收入差距平抑功能的贡献，并将各要素合而为一，构造全新个人所得税制，在不显著提高或降低个人所得税负担的前提下，增强个人所得税的收入差距平抑功能。

（二）技术路线

本研究技术路线如图 1.1 所示。

◇ 个人所得税的

收入差距平抑功能研究

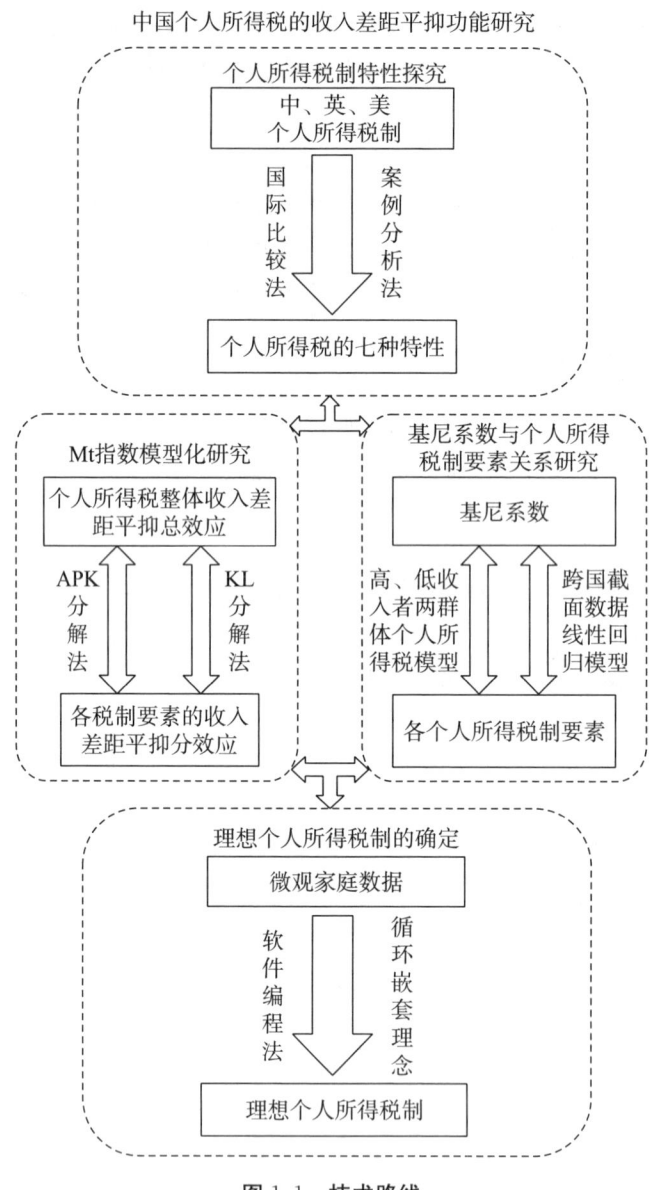

```
中国个人所得税的收入差距平抑功能研究

┌─────────────────────────────────────┐
│         个人所得税制特性探究          │
│      ┌──────────────────┐           │
│      │  中、英、美       │           │
│      │  个人所得税制      │           │
│      └──────────────────┘           │
│    国际          ↓         案例      │
│    比较                    分析      │
│    法                      法        │
│      ┌──────────────────┐           │
│      │  个人所得税的七种特性 │         │
│      └──────────────────┘           │
└─────────────────────────────────────┘
                  ↕
┌──────────────────┐  ┌──────────────────────┐
│ Mt指数模型化研究  │  │ 基尼系数与个人所得     │
│ ┌────────────┐   │  │ 税制要素关系研究       │
│ │个人所得税整体收│  │  │ ┌──────────┐         │
│ │入差距平抑总效应│  │  │ │ 基尼系数  │         │
│ └────────────┘   │  │ └──────────┘         │
│ APK↕    KL↕      │  │ 高、低收    跨国截     │
│ 分       分       │  │ 入者两群    面数据     │
│ 解       解       │  │ 体个人所    线性回     │
│ 法       法       │  │ 得税模型    归模型     │
│ ┌────────────┐   │  │ ┌──────────┐         │
│ │各税制要素的收入│  │  │ │各个人所得税制要素│  │
│ │差距平抑分效应 │  │  │ └──────────┘         │
│ └────────────┘   │  │                      │
└──────────────────┘  └──────────────────────┘
                  ↕
┌─────────────────────────────────────┐
│        理想个人所得税制的确定         │
│      ┌──────────────────┐           │
│      │   微观家庭数据    │           │
│      └──────────────────┘           │
│    软件          ↓         循环      │
│    编程                    嵌套      │
│    法                      理念      │
│      ┌──────────────────┐           │
│      │  理想个人所得税制  │           │
│      └──────────────────┘           │
└─────────────────────────────────────┘
```

图 1.1　技术路线

四、文献回顾

个人所得税一直是重要研究课题，影响很多经济因素，也受大量经济因素影响。

受个人所得税影响的经济因素包括：第一，居民收入差距（Bhattarai 和

Benjasak，2021；Sicsic，2021；Edeh，2021；Greselin 等，2021；Torregrosa 和 Sabaté，2021；许春淑和李彤，2022；阳芳等，2018；史泽军，2017；孔翠英，2017；王丹莹和李维刚，2015；伍晓亮和郭春野，2013；何珊和姚小剑，2018；刘宗连，2017；张念明，2021）；第二，居民就业（Whitmore 等，2021；冯楠等，2021；叶菁菁等，2017）；第三，居民消费（Bhattarai 和 Benjasak，2021；赵达和王贞，2020；王玉晓等，2020；周清，2020；廖楚晖和魏贵和，2013）；第四，居民收入（Edeh，2021；Barannyk 等，2021；Maag 等，2021；Martinez 等，2021；Jouste 等，2021）；第五，劳动技能（Aronsson 和 Micheletto，2021）；第六，子女数量（Whitmore 等，2021）；第七，投资（Barannyk 等，2021）；第八，企业家创业精神（Ferede，2021）；第九，家庭教育支出（刘利利和刘洪愧，2020）。

影响个人所得税的经济因素包括：第一，纳税人数（Budiyono，2021）；第二，居民收入（Budiyono，2021；周继先等，2020；马骁等，2019）；第三，全球化（Hellier，2021）；第四，城镇化率（马骁等，2019）。陈建东等（2020）认为，劳动生产率、平均税率、就业人口规模与国民收入分配结构也能影响个人所得税。

从数量上看，个人所得税的收入差距平抑功能研究明显多于其他研究。该类研究大体可分为三类：MT 指数模型化研究、其他模型化研究、国际比较评论研究。

（一）MT 指数模型化研究

第一类研究采用 MT 指数模型化方法，其自产生以来长盛不衰，引用率颇高，此类研究具有鲜明特征。

1. MT 指数起源

衡量个人所得税收入差距平抑功能的标准很多，比如边际税率与平均税率的比较，当边际税率高于或低于平均税率时，个人所得税制分别具备累进性或累退性，能抑制或扩大收入差距。Musgrave 和 Thin（1948）认为，仅仅基于边际税率、平均税率等税制要素判断个人所得税制的收入调节功能存在偏差，因为此类方法忽视了纳税人收入分布函数的特性。例如，当免征额高于最高收入者的收入时，个人所得税额为零，无论累进还是累退税制都对收入差距无影响。为此，考虑税制要素与纳税人收入分布特性的评价指标——MT 指数应运而生，并不断分解细化。

一般认为，MT 指数由 Musgrave 和 Thin（1948）提出。实则不然，他们提出的收入差距平抑效应指数是有效累进指数：有效累进指数＝（1－税前收入基尼系数）÷（1－税后收入基尼系数）。由于其稍显复杂，后续研究者据此提出了 MT 指数。有很多文献基于 MT 指数展开研究，如王晓佳和吴旭东（2019）、刘蓉和寇璇（2019）；也有很多文献将 MT 指数进行分解，有三种分解法最为著名：APK 分解法、AJL 分解法和 KL 分解法。

2. APK 分解法

税收公平原则包括纵向、横向公平原则，前者衡量个人所得税对不同收入者的影响，后者衡量个人所得税对相同收入者的影响。Atkinson（1980）、Plotnick（1981）与 Kakwani（1984）（简称 APK）据此完成了 MT 指数的初次分解：MT＝纵向公平效应Ⅰ－横向不公平效应Ⅰ，其中，纵向公平效应Ⅰ＝税前收入基尼系数－以税前收入排序的税后收入集中度，横向不公平效应Ⅰ＝税后收入基尼系数－以税前收入排序的税后收入集中度。横向不公平效应Ⅰ并非完全专注于评价个人所得税对相同收入者的影响，按收入从低到高排序，只要纳税人的税前、税后收入排位发生变化，其影响即被横向不公平效应Ⅰ评价。故后续研究将其改称为"APK 排序效应"。

很多学者依据 APK 分解法展开研究，如徐建炜等（2013）、Ma 等（2015）、岳希明等（2012）、岳希明和徐静（2012）、Hua（2018）、王钰等（2019）、胡显莉等（2020）、韩秀兰和陈星霖（2020）、张楠和邹甘娜（2018）、李文（2017）等运用微观家庭数据，测算了我国个人所得税的纵向公平效应Ⅰ与 APK 排序效应，发现前者远大于后者。也有学者将 APK 分解法进一步深化：Pfähler（1987、1990）对 APK 分解法进行二次分解，将 K 指数分解为直接累进指数（税率对累进的贡献）、间接累进指数（税基对累进的贡献）；李晶和牛雪红（2022）运用此法量化测算我国个人所得税的收入差距平抑功能；万莹和熊惠君（2019）将纵向公平效应Ⅰ分解为四项，将 APK 排序效应分解为两项；Di（2020）将 MT 指数与 APK 排序效应分解为累进税率表、各税前扣除、各税收免除的分效应。

3. AJL 分解法

APK 分解法为后续研究指明了方向——MT 指数的分解细化，但 APK 排序效应无法衡量个人所得税对横向公平原则的遵循程度，激发了后来者的灵感。Aronson、Johnson 和 Lambert（1994）（简称 AJL）提出 MT 指数新分解式：MT＝纵向公平效应Ⅱ－横向不公平效应Ⅱ－AJL 排序效应。Aronson 等人误认为 AJL 排序效应与 APK 排序效应相同。Urban 和 Lambert（2008）认为两者存在区别，两者关系式是 APK 排序效应＝组内排序效应＋组间排序效应＋AJL 排序效应。将此式与 Aronson 等人的 MT 指数分解式联立，Urban 和 Lambert（2008）将 MT 指数分解式修正为：MT＝纵向公平效应Ⅲ－横向不公平效应Ⅲ－APK 排序效应。

计算纵向公平效应Ⅱ与Ⅲ、横向不公平效应Ⅱ与Ⅲ的步骤如下：首先，按照收入的高低将整体样本分为若干组，组内样本视为相同收入者，横向不公平效应Ⅱ与Ⅲ用于衡量个人所得税对组内样本收入的影响；其次，基于各组的平均收入计算纵向公平效应Ⅱ与Ⅲ，测算个人所得税对组间样本收入的影响。

基于 AJL 分解法，Aronson 和 Lambert（1994）、Aronson、Johnson 和 Lambert（1994）估算了英国个人所得税的收入差距平抑效应；Gerdtham 和 Sundberg（1998）、Hyun 和 Lim（2005）、Hai（2009）、Van de Ven 等（2001）分别研究了瑞典医疗保健支出、韩国个人所得税、加拿大个人所得税与保健支出、澳大利亚的税收与转移支付制度的收入差距平抑效应，发现消除横向不公平效应Ⅱ与 AJL 排序效应，纵向公平效应Ⅱ可增强 10％左右。依据修正后的 AJL 分解式，Urban 和 Lambert（2008）、Vernizzi 和 Pellegrino（2008）、连洪泉等（2018）、王震（2010）分别研究了克罗地亚个人所得税与社保、意大利个人所得税、我国个人所得税与新农村建设系列政策的收入差距平抑效应，发现消除横向不公平效应Ⅲ与 APK 排序效应，纵向公平效应Ⅲ可增强 10％左右。

4. KL 分解法

在 APK 分解法的基础上，AJL 分解法增加了横向不公平效应Ⅱ，但其计算基于假设——组内不同收入者的收入相同，这是自相矛盾的，故而研究结论无法令人信服。Kakwani 和 Lambert（1998）（简称 KL）提出 MT 指数的新分解法，没有直接解决 AJL 分解法存在的问题，而是另辟蹊径，依据 APK 排序效应设计原理，设置两个新指标——税额累退效应、平均税率累退效应。平均税率等于个人所得税额占税前收入的比重，依据税收公平原则，低收入者的个人所得税额或平均税率应高于高收入者的相应值，据此构造税额或平均税率累退效应。KL 分解法将 APK 排序效应改称为"过度调节效应"。至此，MT 指数分解式变为：MT＝纵向公平效应Ⅳ（潜在公平效应）－税额累退效应－平均税率累退效应－过度调节效应。

相对于 APK 分解法与 AJL 分解法，KL 分解法考虑了更多不公平效应，没有 AJL 分解法"自相矛盾"的缺点，一经面世便备受关注。依据 KL 分解法，徐静和岳希明（2014）研究中国个人所得税的收入差距平抑效应，Mazurek（2016）研究波兰个人所得税的收入差距平抑效应，Pellegrino 和 Vernizzi（2010）、Monti 等（2015）、Pellegrino 和 Vernizzi（2018）（简称 PV）研究意大利个人所得税的收入差距平抑效应。上述研究都发现，平均税率累退效应远大于税额累退效应与过度调节效应。

（二）其他模型化研究

第二类研究采用其他模型化方法，也取得了有益的成果，但影响力不及第一类研究，下面列举部分文献。

张德勇和刘家志（2020）基于广义熵指数和基尼系数，研究我国个人所得税对劳动收入再分配的影响。刘蓉和林志建（2019）通过基尼系数分解衡量各分项劳动收入的基尼弹性系数变化，评估个人所得税制下工资薪金、劳务报酬和稿酬对劳动收入税负和劳动收入分配效应的影响。李立和李铭（2019）运用洛伦茨曲线拟合法和 Silber 分解法进行研究，发现通货膨胀能影响个人所得税的收入差距平抑功能。陈建东与赵艾凤（2013）利用 Atkinson 常数弹性的社会福利函数和 Atkinson 指数，探讨个人所得税对城镇居民社会福利的影响。

Daniel 和 Eric（2011）运用公司、政府、异质家庭组成的三部门模型，发现随着所得税累进性的提高，收入差距减小，但财富差距拉大。陈建东等（2014）以中国城镇家庭就业者收入分布函数为切入点，分析工资薪金所得 7 级超额累进税率存在的问题。夏炎等（2021）构建居民消费内生化的投入产出局部闭模型，并据此评价房贷利息抵扣个人所得税的政策效果。韩秀兰与王久瑾（2014）基于收入增长益贫性测度法，分析工薪所得个人所得税变化对中国城乡居民工薪收入分配的影响。韩秀兰和陈星霖（2020）基于相对益贫性指数，分析相对贫困群体在个人所得税改革中收入的变化。诺敏等（2016）依据最优税模型研究，建议将个人所得税累进税率改成四档税率，最高档边际税率税级距改为收入超过免征额 8000 元，对应税率设置为 49.8%。Stefan（2013）提出，累进性对劳动供给具有正反两方面作用：一方面会降低可支配收入，增加劳动供给；另一方面会打击劳动者积极性，减少劳动供给。因此存在一个充分就业的最优累进性。

王亚芬等（2007）使用多元一次线性回归模型，研究个人所得税对城镇居民收入分配差距的调节作用，发现对高收入阶层课以重税，同时增加低收入阶层的可支配收入，可缩小收入差距。匡浩宇（2021）、孙玉栋和庞伟（2017）运用我国省级面板数据，构建固定效应模型，研究我国个人所得税的收入差距平抑功能。胡文骏（2017）利用 PVAR 模型，研究 2001—2012 年我国个人所得税收入调节效应，发现个人所得税会拉大整体、城市内部、城乡间的收入差距，但对农村内部收入差距无显著影响。李士梅和李安（2017）运用计量模型，实证分析长期和短期波动中个人所得税的收入分配调节效应，发现我国个人所得税对城镇居民收入差距的平抑功能很弱。

（三）国际比较评论研究

第三类研究没有采用数理或计量模型，我国国际比较法，关注个人所得税调节收入差距的某些问题，分析问题成因，提出解决对策，下面列举部分文献。Zolt 和 Bird（2005）分析比较发达、发展中国家运用个人所得税调节收入差距的案例，认为在很多发展中国家，个人所得税不能缩小贫富差距，个人所得税累进税制还存在负面作用。贾康与梁季（2010）总结美、德、韩、俄等国的个人所得税经验，结合中国个人所得税制缺陷，提出相应的改革建议。Bird 和 Zolt（2011）比较发达、发展中国家的税制异同，提出北欧国家的二元所得税制更适用于发展中国家，二元所得税制是指劳动所得累进税制、资本所得比例税制。刘尚希（2012）比较美、俄个人所得税特点，提出中国个人所得税应采用单一税制。薛钢与刘军（2013）总结加拿大等八国的个人所得税指数化的实施方法，提出中国个人所得税指数化改革思路。韩莉和杨惺锴（2019）研究了知识提供者收入的个人所得税征管问题，建议我国借鉴美国社会安全码（Social Security Number，SSN）制度，构建我国社会信息系统。方东霖和杨沛民（2021）研究高收入群体个人所得税征管问题，建议借鉴英国、美国等发达国家，加强依法治税，完善制度设计，提升高收入者纳税积极性。

（四）已有研究不足

1. KL 分解法有待扩展

基于此法，已有文献将 MT 指数分解为税额累退效应、平均税率累退效应、过度调节效应，此三个效应只能衡量静态个人所得税的收入差距平抑功能；当出现经济冲击，导致个人所得税制发生系统性变动时，上述三个效应无法衡量动态个人所得税的收入差距平抑功能。还有文献将上述三个效应分解为累进税率表、税前扣除、税收抵免的分效应。在我国，累进税率表包括若干边际税率，税前扣除包括免征额、"三险一金"专项扣除、六项专项附加扣除等，这些构成最基本税制要素。KL分解法不能将税额累退效应、平均税率累退效应、过度调节效应分解为最基本税制要素的分效应，故无法评价上述税制要素的收入差距平抑功能。

2. APK分解法有待扩展

基于此法，已有文献将MT指数分解为纵向公平效应、APK排序效应。还有文献对纵向公平效应、APK排序效应进行了多种分解，但无法评价我国各类个人所得税的收入差距平抑功能。

3. 洛伦茨曲线与集中度曲线拟合方法有待改进

MT指数计算方法之一是曲线拟合法，即用计量方法拟合洛伦茨曲线与集中度曲线。已有文献多采用线性回归方法拟合上述两曲线，但拟合优度较低，导致误差较大，亟须改进计量方法，提高拟合优度。

4. 缺乏数理模型研究个人所得税最基本税制要素与收入差距的关系

已有文献多将个人所得税作为整体，构建数理模型，研究个人所得税与收入差距的关系。个人所得税最基本税制要素包括边际税率、税级距、税前扣除等。很少有文献研究个人所得税最基本税制要素对收入差距的影响。

5. 缺乏计量模型研究个人所得税最基本税制要素与收入差距的关系

将个人所得税作为整体，对个人所得税与收入差距关系的计量研究并不少见，但对个人所得税最基本税制要素与收入差距关系的计量研究较为罕见，相关数据库也难以构建。

6. 系统研究APK排序效应的文献很少

APK排序效应原称为"横向公平效应"，由APK分解法分解MT指数而得来。已有文献多运用APK分解法分解MT指数，计算某国的MT指数、APK排序效应、纵向公平效应，以量化评价该国个人所得税的收入差距平抑功能。但专门研究APK排序效应、分析其基本性质的文献较为罕见。

7. 缺乏理想税制的识别方法

MT指数模型化研究类文献与其他模型化研究类文献，以评价现有个人所得税制收入差距平抑功能为主；国际比较评论研究类文献通常强调借鉴某国某种个人所得税制经验。上述研究都缺乏理想税制的识别方法，导致研究缺乏导向性与可操作性。

五、创新点与不足

（一）创新点

1. 扩展KL分解法将MT指数分解为最基本税制要素的分效应

已有文献将MT指数分解为税额累退效应、平均税率累退效应与过度调节效应，但未能将上述三个效应分解为最基本税制要素的分效应。本书新增边际税率累退效应，用于评价动态经济冲击对个人所得税收入差距平抑功能的影响。中国个人所得税制最基本税制要素是各边际税率、各税前扣除。将税额累退效应、平均税率累退效应、边际税率累退效应与过度调节效应，分解为上述税制要素分效应。按边际税率分解的方法是基尼系数或集中度现金流分解法；按税前扣除分解的方法是反事实法，分别计算存在或不存在某种税前扣除的收入差距平抑效应，然后求差，可得该税前扣除分效应。KL分解法的扩展有助于量化评价最基本税制要素的收入差距平抑功能。

2. 扩展APK分解法将MT指数分解为各分类税制的分效应

依据APK分解法，已有研究将MT指数分解为两个分效应：APK排序效应、纵向公平效应。2011—2018年，我国个人所得税制是分类所得税制，包括：工薪所得7级超额累进税制、个体工商户所得5级超额累进税制、其他所得20%的比例税制。本书将APK排序效应、纵向公平效应，进一步分解为工薪所得、个体工商户所得、其他所得的APK排序分效应、纵向公平分效应；分解方法是基尼系数或集中度现金流分解法。APK法的扩展有助于量化评价各分类所得个人所得税的收入差距平抑功能。

3. 运用非线性模型拟合洛伦茨曲线与集中度曲线

测算基尼系数或集中度的方法之一是曲线拟合法，运用宏观或微观数据，采用计量模型，拟合洛伦茨曲线或集中度曲线方程式，以计算基尼系数或集中度。曲线拟合上，已有文献多采用线性回归模型，导致拟合优度偏低，难以准确测算基尼系数或集中度。本书采用"常数项为零的一元多次函数"的非线性模型，而非传统线性模型，拟合前述曲线的数学表达式，最终拟合优度大幅提高至0.99以上。

4. 构建高、低收入者的两群体个人所得税模型

关注个人所得税四要素——免征额、最低边际税率、最高边际税率、最高边际税率适用的收入最低限额。构建高、低收入者的两群体个人所得税模型，研究四要素对收入差距的影响，发现了四要素与收入差距关系的八个推论，且上述推论基本符合跨国截面数据模型的实证检验结果。研究显示，中国要加强个人所得税的收入调节功能，需要提高最低、最高边际税率，降低免征额与最高边际税率适用的收入最低限额。

5. 实证研究个人所得税诸要素与收入差距的关系

运用跨国截面数据与线性回归模型可发现税前收入差距较大的发达经济体倾向于采用较低的个人所得税边际税率与平均税率，但最高、最低边际税率之比较大；税前收入差距较大的发展中经济体通常采用较高的个人所得税边际税率与平均税率。发达、发展中经济体缩小收入差距的最有效措施是不同的：发达经济体应提高个人所得税的最高边际税率、最低边际税率、平均税率，降低最高、最低边际税率之比；发展中经济体应降低免征额。

6. 系统研究APK排序效应

个人所得税的APK排序效应违背了税收公平原则，导致部分高税前收入者的税后收入低于部分低税前收入者的税后收入。通过图形法，本书证实了APK排序效应必然存在；对比分析了1980年至今6个版本个人所得税制下的APK排序效应，发现我国个人所得税的APK排序效应呈现长期下降的态势，相对于1980年，现行个人所得税的APK排序效应已降低96%，但仍有41.31%的家庭、41.75%的人口、73.62%的税前收入、41.60%的个人所得税收入受到APK排序效应的干扰；比较研究了五种个人所得税模式——分类单独申报模式、分类家庭申报模式、城乡统一单独申报模式、综合单独申报模式、综合家庭申报模式，发现综合单独申报模式能有效遏制APK排序效应。

7. 运用软件编程法探寻理想税制

分别以 APK 排序效应最小化、三类不公平效应（税额累退效应、平均税率累退效应、过度调节效应）之和最小化为评判标准，判定理想税制；基于 Stata 编程法，计算 93750 种个人所得税制的 APK 排序效应、177147 种个人所得税制的三类不公平效应之和，从中确定两种评判标准下的理想税制。

（二）不足

1. 横向公平原则指数化有待进一步研究

横向公平原则是指相同收入者缴纳相等税负，其指数化研究存在两点困难。一是相同收入者呈现离散分布，难以量化测算其收入调节效应。如 1 万个微观家庭数据中，20 人年收入是 5 万元，50 人年收入是 8 万元……本书无法测算个人所得税对上述相同收入者的调节效应。二是多个相同收入者取得收入的辛劳程度不同，故劳动所得、股息所得应采用不同税率，本书尚未考虑到此种深度。

2. 分组研究有待进一步深化

本书采用了 11 种人口异质性将家庭样本数据分组，计算各边际税率与税前扣除的组内、组间与跨组效应，发现各类要素的组内效应占总效应的比重多处于 50%～150%，人口异质性对个人所得税的收入差距平抑功能产生了"隔离效应"，将此功能限制在组内样本中。但本书仅限于将样本分为两组，尚未将样本分为三组或更多组，"隔离效应"有待进一步检验。

3. 收入差距与个人所得税要素模型化研究有待进一步深化

本书构建了高、低收入者的两群体个人所得税模型，分析四要素对收入差距的影响，发现了四要素与收入差距关系的八个推论，且上述推论基本符合跨国截面数据模型的实证检验结果。四要素是指免征额、最低边际税率、最高边际税率、最高边际税率适用的收入最低限额。个人所得税制不仅包括上述要素，还包括中间税率及其税级距，但尚未构建出相应的数理模型。

第二章　个人所得税制特性探究（一）

个人所得税拥有一些特性，只有了解这些特性，体会其中的公平理念，才能更好地制定对策。本章讨论个人所得税的三个特性：源于战争、税制累进、税基广泛。源于战争是指个人所得税的开征背景多是战争引发收不抵支的财政危机；税制累进是指除俄罗斯与部分东欧国家外，多数国家或经济体采用超额累进税制；税基广泛是指个人所得税来源渠道多样，能赚取收入的各行业人员都可成为纳税人。

第一节　源于战争

战争在人类历史上并不少见，与战争相伴而生的是军费激增、国库空虚。为筹集财政资金，战争参与国会采取多种措施，其中就有开征新税。各国个人所得税的开征背景多是战争。

一、税赋起源

（一）税的产生

"税"字由"禾"与"兑"两字构成，"禾"表示形态，"兑"表示读音。字面意思是：用庄稼换取政府提供的各项权利。此"税"为实物税，土地税是典型的"税"。权利内容至少包括：土地租种权、人身保护权、案件裁决公正权。土地税一般有多重税率。例如，李江（2013）记载，1236年元朝政府规定：上、中、下等土地的税率分别是3.5、3、2升粮食/亩，水田税率高达5升粮食/亩。

第一，土地租种权。在我国几千年历史中，战争与灾害频发，相伴而来的是人民流离失所、大量土地抛荒。战争与灾害结束后，部分人民回到故土，但也有部分人民死亡或留在避难地等无法返回，大量土地成为无主之地。这些土地的所有权自然归于政府。为鼓励人民耕种，政府只收取农业税或田租，剩余劳动产品归农民所有。

第二，人身保护权。为促使人民专心从事本业，政府必须担负保护人民的责任。对外抵御外敌侵略，对内维护社会治安。一般来讲，和平时期农业税率较低，如西汉文景之治时期，农业税率是 3.33%；战争时期农业税率较高，如三国时期，曹操推行"屯田制"，农业税率高达 50%，仍有大量平民愿意在其治下耕作，原因在于曹军能保障其人身安全。

第三，案件裁决公正权。和平时期，整体社会环境是安定的，但无法避免有不法之徒侵害他人生命或财产权利。各类刑事或民事案件时常出现。为保证自身权利，人民希望能获得公正裁决，故而《包公案》《刘公案》《施公案》等公案小说一直非常流行。

（二）赋的产生

"赋"字由"贝"与"武"构成："贝"是形态，代表钱财，故"赋"是一种货币税；"武"是读音，代表手段与用途。这说明了"赋"的两个特点：第一，货币税，是指用金、银、钱、钞等交换媒介支付税款（刘德成，2016）；第二，用于军事，如西汉算赋与汉武帝新增口赋都用于军事支出。算赋指人头税。《汉仪注》记载，公元前 203 年，汉代政府规定：15~56 岁平民每年需缴纳 120 钱的人头税，商人、奴婢人头税是 240 钱/年，15~30 岁未婚女子人头税是 600 钱/年，算赋用于"治库兵车马"的军事支出。未成年人的人头税被称为"口赋"，每年每名未成年人需缴 23 钱。其中，20 钱用于皇家开支，3 钱用于汉武帝时期激增的军费开支。

（三）税赋演变

自税赋产生之际，民众与统治者间就产生了统治者加赋与民众避税的矛盾。增加税赋的原因包括皇族追求享受、官员人数增多、军事开支激增等。初期民众尚能理解或忍受税赋增加，通过出卖或毁灭征税对象避税。民众生活压力积累，阶级矛盾逐渐尖锐，社会不安定因素增加，导致军费开支增加。为应对高昂军费开支，统治者被迫增加税赋。经过这样的多次循环，统治者渐失民心，王朝出现更迭。为避免亡国，一些中兴之臣，如唐代杨炎、明代张居正，会提出一些税制简化措施，将诸多杂税合并为一种正税，民众有权拒绝正税之外的杂税；但这种措施推行一段时间后，后续统治者会将原有已并入正税的杂税再次开征。最终，中兴王朝岌岌可危。这就是秦晖（2003）提出的"黄宗羲定律"。

二、西汉算缗钱起因

西汉时期算缗钱与个人所得税有相似之处。算缗钱征税对象包括工商业主财产、车船等。第一，工商业主财产。"算"有两层含义：一是计算财产、收入等，二是一算为120钱。"缗"原义是串钱用的绳子，1000钱被称为1缗钱。对于商人、高利贷者的财产，每2000钱征收120钱；对于手工业者，每4000钱征收120钱。因此，商人与高利贷者财产税率是6%，手工业者财产税率是3%。第二，车船。车是指由一匹马作为动力的轺车。商人轺车需缴纳240钱/辆，普通人轺车需缴纳120钱/辆，官员、三老（主持乡村教化事务、有威望的、50岁以上老人）、北边骑士的轺车免税。船仅限于长度超过5丈的，每条征收120钱。

算缗钱的产生背景是匈奴对西汉王朝的入侵导致军费激增。《资治通鉴·汉纪十》记载，公元前129年，匈奴派兵袭扰西汉的上谷郡（今河北省张家口市怀来县），杀死官员，掠夺人民。汉武帝派遣车骑将军卫青、骑将军公孙敖、轻车将军公孙贺、骁骑将军李广，各自率领一万骑兵讨伐匈奴部队。卫青俘虏700名匈奴兵；公孙贺无缴获；公孙敖被匈奴打败，损失7000名骑兵；李广被匈奴生擒，敌军把李广用绳索绑住，放置在两匹马之间，李广装死，后夺得一匹马，侥幸逃回。战争导致军费激增，汉武帝下令征收多种财产税。

算缗钱要求纳税人自行申报，但实际上有钱人仅申报部分财产，通过将财产转移或寄存于他人名下逃税。为足额征收税款，汉武帝又颁布鼓励相互举报的《告缗令》，只要举报属实，被举报者将戍边一年且没收全部财产，被罚没财产一半归举报人所有。此举导致了六个后果：第一，国库迅速充盈起来；第二，官吏趁机中饱私囊；第三，中产以上有钱人家迅速破产；第四，一些贫寒人士获得部分财产；第五，社会出现信任危机，民众不信任西汉朝廷，害怕再次被征税，民众之间也缺乏信任，原有伦理道德受到了严重冲击；第六，社会逐渐兴起奢靡之风，民众不再储蓄，纷纷讲求吃穿，对后期投资与经济发展产生了不良影响。总之，算缗钱无异于敛怨于民、竭泽而渔。

三、民国所得税起因

1840年鸦片战争、1851年太平天国运动以及一系列不平等条约掏空了清政府国库，1911年辛亥革命彻底终结清政府命运，"国库空虚"成为晚清政府一大难题。1912年，袁世凯北洋政府未能解决这一难题，只得通过借款续命；1913年以关税、盐税等国家主权作为抵押品，获取了西方财团的善后大借款；

1913年二次革命爆发，革命军与北洋军殊死搏杀，又导致军费激增。以上种种都迫使北洋政府寻找新税源，1914年颁布的《所得税条例》中的所得税涵盖公司所得税、个人所得税。据杨昭智（1947）研究，该条例是模仿日本所得税而来；但北洋政府所得税仅对官俸征得1万多元税款，可谓形同虚设。

1925年国民政府在广州成立，1926年迁至南京。1936年国民政府发布了《所得税暂行条例》，其产生背景是多次战争。与国民政府相关的战争包括1926—1928年北伐战争、1930年蒋桂冯阎新军阀混战、1930—1934年五次围剿中央红军、1931年"九一八"事变东北被日本侵占、1937—1945年全面抗日战争、1946年国民党挑起内战。连年战争使得国民政府入不敷出，为缓解财政压力，只得开征所得税。最终，蒋介石政府的腐败及其导致的通货膨胀使个人所得税沦为"攫取之手"，成为搜刮人民财产的工具。

四、英国个人所得税起因

英国个人所得税源于战争导致的军费激增。

（一）人头税

人头税与个人所得税都是直接税。1217—1221年十字军第五次东征，1222年为支持十字军建立耶路撒冷王国，英王亨利三世决定开征人头税，此举得到贵族会议批准。税额因纳税人的爵位、身份高低而不同，爵位越高，人头税越重。据施诚（2010）研究，伯爵、男爵、骑士、自由佃农分别需一次性缴纳3马克（1英镑）、2马克（13先令4便士）、1先令、1便士。[①]

1511年英国联合其他国家进攻法国。1512年，英国通过《人头税法》，依据不同爵位与财产，征收不同数额人头税。据任超（2017）研究，具体税额如下：第一，公爵，6镑13先令4便士。第二，侯爵与伯爵，4镑。第三，男爵，40先令。第四，骑士，30先令。第五，对于拥有不动产者，存在5级税率；当不动产≥40镑、20镑≤不动产<40镑、10镑≤不动产<20镑、40先令≤不动产<10镑、不动产<40先令时，纳税人需分别缴纳20先令、10先令、5先令、2先令、12便士。第六，对于拥有动产者，存在10级税率；当动产≥800镑、400镑≤动产<800镑、200镑≤动产<400镑、100镑≤动产<200镑、40镑≤动产<100镑、20镑≤动产<40镑、10镑≤动产<20镑、40先令≤动产<10镑、20先令≤动产<40先令、动产<20先令时，每位纳税人需要

[①] 施诚：《中世纪英国财政史研究》，商务印书馆，2010年，第191页。

分别缴纳80先令4便士、40先令、26先令8便士、13先令4便士、6先令8便士、3先令4便士、20便士、12便士、6便士、4便士。[①]

（二）三倍估定税

三倍估定税是个人所得税的前身，其开征背景也是战争。1789—1815年，法国出现了一系列大事件：大革命爆发、法兰西第一共和国成立、法王路易十六被杀、拿破仑建立法兰西第一帝国、波旁王朝两次复辟、拿破仑兵败滑铁卢。为应对法国挑战，英国与奥地利等欧洲国家组建七次反法同盟，导致军费激增。

为此，1798年英国首相威廉·皮特开征"三倍估定税"（Triple Assessment）。据马丁·唐顿（2018）研究，此税采用累进税制征收，马车与男仆数量最多的纳税人需缴纳原定估算税额的5倍税款，马车与男仆数量最少的纳税人仅需缴纳原定估算税额的25%。最终，三倍估定税仅征集到200万英镑/年，远低于预期的450万英镑/年。1799年，首相皮特开征所得税：当纳税人收入超过200英镑时，适用10%的税率；当纳税人收入为60~200英镑时，可减免税收。由于三倍估定税需估算确定金额，故普遍存在勾结征税官员、隐匿税基的行为。三倍估定税是战时税，1802年和平到来，此税被停征。

（三）1803—1815年个人所得税

1803年战争阴云再次笼罩欧洲，为筹集军费，英国开征个人所得税。三倍估定税课税对象是全部收入，需估算申报纳税，导致征税成本过高、税收流失过多。据马丁·唐顿（2018）研究，为吸取教训，个人所得税采用分类计征、部分收入源头课税的方法，税率都是5%，具体如下：第一，不动产租金，初期没有任何扣除，1894年地租允许扣除10%，房租允许扣除15%。第二，债券利息收入，英格兰银行兑付利息时从源头征收。第三，工薪收入与养老金，雇主代扣代缴。分类计征法实现了"广税基、低税率"。1801年三倍估定税的税率是10%，共征得563万英镑税款；1803年个人所得税以5%的税率，共征得534万英镑税款。第四，农民耕种收入，采用估算法确定此收入，苏格兰、英格兰农民耕种收入分别设定为地租的50%、75%，1842年分别降至33.3%、50%。第五，商贸收入，按照过去三年收入均值确定。综上所述，前三种收入是源头征税、据实征收，后两种收入是估算征税。后期征收数据显

[①] 任超：《英国财税法史研究》，法律出版社，2017年，第98页。

示，前三种收入相关税收占个人所得税总额的比重明显较高，如 1855—1856 财年此比重达到 63.5%。

人头税、三倍估定税、个人所得税的共性如下：第一，开征原因都是军费激增；第二，依据支付能力原则，设定不同纳税人的税负担。三种税的不同点如下：第一，支付能力的判定标准不同。依据爵位与财产，判定人头税的支付能力，在中世纪欧洲，爵位越高，封地越多，收入自然越高，支付能力也越强。人头税还依据不动产与动产的价值确定支付能力；三倍估定税依据财产（马车与男仆数量）多寡确定支付能力；个人所得税依据纳税人收入确定支付能力。第二，税制不同。人头税采用累进税率，身份地位越高、财富越多的纳税人所适用税率越高；三倍估定税、个人所得税都采用比例税率，税率分别是 10%、5%。第三，征税效率各异。人头税效率最差，原因在于高爵位不等于高收入，且高爵位者拥有较高权力，征税官级别甚至低于高爵位者，无法保证足额课征；三倍估定税不再依据爵位高低设置不同税率，其效率高于人头税，依据财产数量课税，貌似简单易行，但马车与男仆都是易隐匿的财产，故征收效率低于个人所得税；个人所得税效率优于前两种税，不动产租金、债券利息收入、工薪收入与养老金采用源头课征原则，减少了纳税人藏匿税基的可能性。

五、美国个人所得税起因

1861 年美国爆发南北战争，为筹集军费，正式开征个人所得税。1865 年南北战争以北方军胜利告终，失去征税原因，1972 年个人所得税废除。1894 年国会通过威尔逊－戈尔曼关税法案（Wilson-Gorman Tariff Act），对超过 4000 美元的收入征收 2% 的税，但在 1895 年被最高法院推翻，此税也是个人所得税[①]。18 世纪末 19 世纪初，美国再次卷入战争。1898 年美国与西班牙围绕古巴展开战争，1899 年又爆发了美国与菲律宾战争，1906 年美国宣布美菲战争结束，但菲律宾人民反美起义至少持续到 1908 年。1917 年美国对德国宣战，卷入第一次世界大战。为缓解军费激增带来的财政支出压力，1913 年美国颁布个人所得税法。

六、法国个人所得税起因

据姚好和蔡新苗（2015）记载，1870 年普法战争爆发，法国失败，阿尔

---

① *Income Tax History*，https://www.efile.com/tax-history-and-the-tax-code/。

萨斯省与格林省被割让给德国。此后法国一直等待时机收复失地。1872—1879年，德国、奥匈帝国、意大利结为同盟；1894—1907年，法国、英国、沙皇俄国结为同盟。欧洲局势日趋紧张。1914年6月28日奥匈帝国皇储——斐迪南大公及妻子索菲亚遇刺身亡，行刺者是塞尔维亚民族主义者。奥匈帝国认为塞尔维亚负有责任，提出了十条赔偿条件，塞尔维亚政府没有完全接受。7月26日奥匈帝国向塞尔维亚宣战。塞尔维亚与沙皇俄国关系密切，沙皇俄国开始备战。德国要求沙皇俄国停止备战，被拒绝后，7月31日对俄宣战。法国是沙皇俄国盟国，8月3日德国对法宣战。英国是法、俄盟国，8月4日对德宣战。第一次世界大战爆发，历时4年4个月。为筹集军费，1914年，法国开征个人所得税，1926年个人所得税相关制度逐渐建立起来。

第二节　税制累进

亚当·斯密曾指出："税负分担应遵循支付能力原则，即支付能力越强，税负担越重。[①]"衡量支付能力的指标包括收入、财富、消费。个人所得税就是基于收入衡量支付能力以决定税负担的税种。支付能力原则要求：第一，个人所得越多，个人所得税额越多；第二，个人所得越多，个人所得税占其所得的比重越高。为实现支付能力原则，在征收个人所得税时，很多国家对劳动所得或综合所得采用累进税制。

一、我国累进税制

（一）现行综合所得累进税制

2018年我国修订的《中华人民共和国个人所得税法》规定：综合所得包括工薪所得、劳务报酬所得、稿酬所得、特许权使用费所得。后三项所得的应纳税所得额为该三项收入减除20%的费用后的余额，稿酬所得的应纳税所得额减按70%计算。

综合所得适用7级超额累进税率，如表2.1所示。年免征额（费用扣除）为6万元，当年应税所得低于此值时，免征个人所得税；扣除免征额后的年应税所得未超过3.6万元的部分适用3%的边际税率；扣除免征额后的年应税所

---

① 亚当·斯密：《国富论》，高格译，中国华侨出版社，2018年，第251页。

得处于3.6万~14.4万元、14.4万~30万元、30万~42万元、42万~66万元、66万~96万元的部分，分别适用于10%、20%、25%、30%、35%的边际税率；扣除免征额后的年应税所得超过96万元的部分，适用45%的边际税率。

表2.1　我国现行个人所得税的综合所得累进税率

边际税率级数	扣除免征额后的年应税所得	税率（%）
1	未超过3.6万元的部分	3
2	3.6万~14.4万元的部分	10
3	14.4万~30万元的部分	20
4	30万~42万元的部分	25
5	42万~66万元的部分	30
6	66万~96万元的部分	35
7	超过96万元的部分	45

注：年免征额为6万元。
资料来源：《中华人民共和国个人所得税法》。

（二）1914年北洋政府的其他所得累进税制

1914年北洋政府颁布《所得税条例》，据贾士毅（2016）记载，具体细节如下：对法人所得、公债（社债）利息单独征税，对除上述两种所得外的其他所得适用超额累进税率。其他所得＝一切收入总额－已缴纳所得税的法人分配利益－公债（社债）利息－各种事业所需经费－各种公课。

对于议员岁费、官吏俸给公费年金及其他给予金、各行从业者的薪给放款或存款利息、由不课所得税的法人分配利益，以其收入全额为所得额。其他所得适用税率如表2.2所示。应税所得低于500元的部分，免税；应税所得为500~2000元、2000~3000元、3000~5000元、5000~10000元、10000~20000元、20000~30000元、30000~50000元、50000~100000元、100000~200000元的部分，分别适用0.5%、1%、1.5%、2%、2.5%、3%、3.5%、4%、4.5%的税率；应税所得超过20万元的部分，适用5%的边际税率；自50万元开始，每增加10万元，税率增加0.5%。

表 2.2 中华民国其他所得税率

级别	适用所得	税率（%）
1	500 元以下的部分	0
2	500~2000 元的部分	0.5
3	2000~3000 元的部分	1
4	3000~5000 元的部分	1.5
5	5000~10000 元的部分	2
6	10000~20000 元的部分	2.5
7	20000~30000 元的部分	3
8	30000~50000 元的部分	3.5
9	50000~100000 元的部分	4
10	100000~200000 元的部分	4.5
11	超过 200000 元的部分	5

注：自 50 万元开始，每增加 10 万元，税率增加 0.5%。
资料来源：贾士毅：《民国财政史》，河南人民出版社，2016 年，第 470~471 页。

（三）1936 年国民政府的薪给报酬所得累进税制

1936 年国民政府颁布《所得税暂行条例》。据胡毓杰（1937）记载，薪给报酬所得累进税制的具体内容如下：薪给报酬所得是指公务员、自由职业者、其他从业者的工资薪金所得。该所得依据月薪或年薪的月平均值计算所得税，一次性所得以各月所得计算所得税。所采用税率如表 2.3 所示。月均所得为 30~60 元、60~100 元、100~200 元、200~300 元、300~400 元的部分，分别采用 0.5%、1%、2%、3%、4% 的税率；当月均所得超过 400 元，每增加 100 元，税率增加 2%，直至增至 20%；月均所得未超过 30 元的，免税。此外，以下所得免税：军警或公务员因公伤亡抚恤金，小学教职员薪金，残疾劳工与困难群体抚恤金、养老金与赡养费。

表 2.3 薪给报酬所得超额累进税率

项目	应税所得	适用税率（%）
1	30~60 元的部分	0.5
2	60~100 元的部分	1

续表

项目	应税所得	适用税率（%）
3	100~200元的部分	2
4	200~300元的部分	3
5	300~400元的部分	4
6	400~500元的部分	6
7	500~600元的部分	8
8	600~700元的部分	10
9	700~800元的部分	12
10	800~900元的部分	14
11	900~1000元的部分	16
12	1000~1100元的部分	18
13	超过1100元的部分	20

注：每月所得超过税级距的部分不满5元，超额部分免税；若超额部分达到或超过5元，超额部分以10元计税。

资料来源：胡毓杰：《我国创办所得税之理论与实施》，财政建设学会，1937年，第83~106页。

（四）1943年国民政府的薪给报酬所得累进税率

1943年国民政府颁布《所得税法》，同时废除《所得税暂行条例》。据高秉坊（1943）记载，薪给报酬所得累进税率具体内容如表2.4所示。薪给报酬所得是指公务人员、自由职业者、其他从业者的薪给报酬所得。薪给报酬所得适用17级超额累进税率。以月所得计税，对于年薪制从业者，按月均所得计税。当月均所得未达到100元时，免税；当月均所得为100元时，适用税率是0.1%；月均所得为100~200元、200~300元、300~400元、400~500元、500~600元、600~700元、700~800元、800~900元、900~1000元、1000~1100元、1100~1500元、1500~2000元、2000~3000元、3000~5000元、5000~10000元的部分，适用税率分别是2%、3%、4%、6%、8%、10%、12%、14%、16%、18%、20%、22%、24%、26%、28%；当月均所得超过10000元时，适用税率是30%。

表2.4 薪给报酬所得超额累进税率

项目	月均所得	适用税率（%）
1	100元	0.1
2	100~200元的部分	2
3	200~300元的部分	3
4	300~400元的部分	4
5	400~500元的部分	6
6	500~600元的部分	8
7	600~700元的部分	10
8	700~800元的部分	12
9	800~900元的部分	14
10	900~1000元的部分	16
11	1000~1100元的部分	18
12	1100~1500元的部分	20
13	1500~2000元的部分	22
14	2000~3000元的部分	24
15	3000~5000元的部分	26
16	5000~10000元的部分	28
17	超过10000元的部分	30

注：每月所得超过税级距的部分不满5元，超额部分免税；若超额部分达到或超过5元，超额部分以10元计税。

资料来源：高秉坊：《中国直接税史实》，财政部直接税处经济研究室，1943年，第100页。

（五）1946年国民政府《所得税法》修正案的薪给报酬所得累进税率

1946年国民政府修订《所得税法》，据杨昭智（1947）记载，薪给报酬所得包括两类：业务或技术报酬所得、薪给报酬所得。

1. 业务或技术报酬所得

业务或技术报酬所得为从业务或技术收入总额中扣除以下项目的余额：业

务使用人薪给报酬、业务所房租、业务中必需的舟车旅费、其他直接必要费用。业务或技术报酬所得税率是 10 级超额累进税率：低于 15 万元的所得，免税；介于 15 万~20 万元、20 万~30 万元、30 万~40 万元、40 万~60 万元、60 万~80 万元、80 万~120 万元、120 万~160 万元、160 万~240 万元、240 万~320 万元间的所得，适用税率分别是 3%、4%、5%、6%、8%、10%、12%、14%、17%；高于 320 万元的部分，适用税率是 20%，如表 2.5 所示。

表 2.5 业务或技术报酬所得税率

项目	所得	适用税率（%）
1	15 万~20 万元的部分	3
2	20 万~30 万元的部分	4
3	30 万~40 万元的部分	5
4	40 万~60 万元的部分	6
5	60 万~80 万元的部分	8
6	80 万~120 万元的部分	10
7	120 万~160 万元的部分	12
8	160 万~240 万元的部分	14
9	240 万~320 万元的部分	17
10	超过 320 万元的部分	20

注：低于 15 万元的业务或技术报酬所得免税。
资料来源：杨昭智:《中国所得税》，商务印书馆，1947 年，第 276~277 页。

2. 薪给报酬所得

薪给报酬所得是纳税人每月职务薪给报酬实际收入额。该所得适用 10 级超额累进税率，如表 2.6 所示。薪给报酬所得低于 5 万元时，免税；所得为 5 万~6 万元、6 万~8 万元、8 万~10 万元、10 万~12 万元、12 万~14 万元、14 万~16 万元、16 万~18 万元、18 万~20 万元、20 万~24 万元的分别适用 0.7%、1.2%、1.8%、2.4%、3.2%、4%、5%、6%、8% 的税率；超过 24 万元的所得适用 10% 的边际税率。当薪给报酬所得额超过某税级距的余额不足 500 元时，该税级距对应的边际税率免税；若余额超过 500 元，以 1000 元计征税款。

表 2.6 薪给报酬所得税率

项目	月所得	适用税率（%）
1	5 万～6 万元的部分	0.7
2	6 万～8 万元的部分	1.2
3	8 万～10 万元的部分	1.8
4	10 万～12 万元的部分	2.4
5	12 万～14 万元的部分	3.2
6	14 万～16 万元的部分	4
7	16 万～18 万元的部分	5
8	18 万～20 万元的部分	6
9	20 万～24 万元的部分	8
10	超过 24 万元的部分	10

注：当薪给报酬所得额超过某税级距的余额不足 500 元时，该税级距对应的边际税率免税；若余额超过 500 元，以 1000 元计征税款。

资料来源：杨昭智：《中国所得税》，商务印书馆，1947 年，第 277 页。

二、英国个人所得税超额累进税制

（一）1948—1972 财年

超额累进税制是英国个人所得税的重要特征，大多数开征个人所得税的国家也都采用超额累进税制。英国财政年度是每年 4 月 6 日至次年 4 月 5 日。1948—1972 财年，英国个人所得税采用 10 或 11 级超额累进税制；1948、1950 财年，英国采用了 11 级超额累进税制，税率依次是 10%、12.5%、17.5%、22.5%、27.5%、32.5%、37.5%、42.5%、47.5%、50%、52.5%；1949、1951—1964、1966—1971 财年，取消了最高级税率（52.5%），变为 10 级超额累进税制；1965、1972 财年，仍采用 10 级超额累进税制，但边际税率与其他年份有着很大不同，10 级税率依次是 11.00%、13.75%、19.25%、24.75%、30.25%、35.75%、41.25%、46.75%、52.25%、55%，如表 2.7 所示。此外还有一些年份有着特殊规定。第一，1969、1970 财年，低于 2500 英镑的收入免税；当收入高于 2500 英镑时，高于 2000 英镑的收入都要缴税。为避免 2300 英镑收入的税负担跳跃式增加，2500～2681 英镑的收入将采用 40% 税率缴税。第二，对于 1971、1972 财年低于 3000 英镑的收入免税。1971、1972 财年，3000～3499 英镑的收入分别采用 40%、44% 的边际税率缴税。

表 2.7　1948—1972 财年英国个人所得税率

级数	1948—1964 财年、1966—1971 财年		1965、1972 财年	
	税级距（英镑）	税率（%）	税级距（英镑）	税率（%）
免征额	低于 2000	0	低于 2000	0
1	2000～2500	10[A B]	2000～2500	11.00[B]
2	2501～3000	12.5[A B]	2501～3000	13.75[B]
3	3001～4000	17.5[B]	3001～4000	19.25[B]
4	4001～5000	22.5	4001～5000	24.75
5	5001～6000	27.5	5001～6000	30.25
6	6001～8000	32.5	6001～8000	35.75
7	8001～10000	37.5	8001～10000	41.25
8	10001～12000	42.5	10001～12000	46.75
9	12001～15000	47.5	12001～15000	52.25
10	15001～20000	50	超过 15000	55
11	超过 20000	50[C]	—	—

注：A. 1969、1970 财年低于 2500 英镑的收入免税，但收入高于 2500 英镑，高于 2000 英镑的收入都要缴税。为避免 2300 英镑收入的税负担跳跃式增加，2500～2681 英镑的收入采用 40% 税率缴税。

B. 对于 1971、1972 财年低于 3000 英镑的收入免税。1971、1972 财年，3000～3499 英镑的收入分别采用 40%、44% 的边际税率缴税。

C. 1948、1950 财年税率调整为 52.5%。

资料来源：https://www.gov.uk/browse/tax/income-tax。

（二）1973—1989 财年

1973—1989 财年超额累进税率有着以下特点，如表 2.8 所示。

第一，税率级数有很大变化。1 个财年的超额累进税制有 11 级税率，为 1978 财年；4 个财年的超额累进税制有 10 级税率，为 1974—1977 财年；1 个财年的超额累进税制有 9 级税率，为 1973 财年；1 个财年的超额累进税制有 7 级税率，为 1979 财年；8 个财年的超额累进税制有 6 级税率，即 1980—1987 财年；2 个财年的超额累进税制有 2 级税率，为 1988、1989 财年。

◇ 个人所得税的
收入差距平抑功能研究

第二，最低边际税率各异。最小值是25%，出现在1978、1979、1988、1989财年；最大值是35%，出现在1975、1976财年。

第三，最高边际税率相差较大。最小值是40%，出现在1988、1989财年；最大值是83%，出现在1974—1978财年。据休和布赖恩等（2013）研究：英国个人所得税最高档边际税率曾在1978—1979年达到83%；对于超过特定金额的投资性所得，还会加征15%的税，致使最高档边际税率达到98%。

第四，平均税率相差较大。最小值是32.5%，出现在1988、1989财年；最大值是57.8%，出现在1975、1976财年。

表2.8 1973—1989财年英国个人所得税率

项目	所适用的应税所得（英镑）	税率（%）	所适用的应税所得（英镑）	税率（%）	所适用的应税所得（英镑）	税率（%）
财年	1973		1974		1975	
1	0～5000	30	0～4500	33	0～4500	35
2	5001～6000	40	4501～5000	38	4501～5000	40
3	6001～7000	45	5001～6000	43	5001～6000	45
4	7001～8000	50	6001～7000	48	6001～7000	50
5	8001～10000	55	7001～8000	53	7001～8000	55
6	10001～12000	60	8001～10000	58	8001～10000	60
7	12001～15000	65	10001～12000	63	10001～12000	65
8	15001～20000	70	12001～15000	68	12001～15000	70
9	20000以上	75	15001～20000	73	15001～20000	75
10	—	—	20000以上	83	20000以上	83
财年	1976		1977		1978	
1	0～5000	35	0～6000	34	0～750	25
2	5001～5500	40	6001～7000	40	751～8000	33
3	5501～6500	45	7001～8000	45	8001～9000	40
4	6501～7500	50	8001～9000	50	9001～10000	45
5	7501～8500	55	9001～10000	55	10001～11000	50
6	8501～10000	60	10001～12000	60	11001～12500	55
7	10001～12000	65	12001～14000	65	12501～14000	60

续表

项目	所适用的应税所得（英镑）	税率(%)	所适用的应税所得（英镑）	税率(%)	所适用的应税所得（英镑）	税率(%)
8	12001~15000	70	14001~16000	70	14001~16000	65
9	15001~20000	75	16001~21000	75	16001~18500	70
10	20000 以上	83	21000 以上	83	18501~24000	75
11	—		—		24000 以上	83
财年	1979		1980、1981		1982	
1	0~750	25	0~11250	30	0~12800	30
2	751~10000	30	11251~13250	40	12801~15100	40
3	10001~12000	40	13251~16750	45	15101~19100	45
4	12001~15000	45	16751~22250	50	19101~25300	50
5	15001~20000	50	22251~27750	55	25301~31500	55
6	20001~25000	55	27750 以上	60	31500 以上	60
7	25000 以上	60	—		—	
财年	1983		1984		1985	
1	0~14600	30	0~15400	30	0~16200	30
2	14601~17200	40	15401~18200	40	16201~19200	40
3	17201~21800	45	18201~23100	45	19201~24400	45
4	21801~28900	50	23101~30600	50	24401~32300	50
5	28901~36000	55	30601~38100	55	32301~40200	55
6	36000 以上	60	38100 以上	60	40200 以上	60
财年	1986		1987			
1	0~17200	29	0~17900	27		
2	17201~20200	40	17901~20400	40		
3	20201~25400	45	20401~25400	45		
4	25401~33300	50	25401~33300	50		
5	33301~41200	55	33301~41200	55		
6	41200 以上	60	41200 以上	60		

续表

项目	所适用的应税所得（英镑）	税率（%）	所适用的应税所得（英镑）	税率（%）	所适用的应税所得（英镑）	税率（%）
财年	1988		1989			
1	0~19300	25	0~20700	25		
2	19300以上	40	20700以上	40		

注：应税所得是总所得中减除各类扣除后的所得。财年是每年4月6日到次年4月5日。

资料来源：https://webarchive.nationalarchives.gov.uk/ukgwa/20121106040140/。

（三）1990—2021财年

1990—2021财年，英国个人所得税制始终保持两级或三级超额累进税率，如表2.9所示。

表2.9 1990—2021财年英国个人所得税率

财年	较低税率(Lower Rate) 税级距（英镑）A	税率(%)	起始税率(Starting Rate) 税级距（英镑）A	税率(%)	基本税率(Basic Rate) 税级距（英镑）A	税率(%)	较高税率(Higher Rate) 税级距（英镑）A	税率(%)	附加税率(Additional Rate) 税级距（英镑）A	税率(%)
1990	—	—	—	—	1~20700	25	超过20700	40	—	—
1991	—	—	—	—	1~23700	25	超过23700	40	—	—
1992	1~2000	20	—	—	2001~23700	25	超过23700	40	—	—
1993	1~2500	20	—	—	2501~23700	25C	超过23700	40	—	—
1994	1~3000	20	—	—	3001~23700	25C	超过23700	40	—	—
1995	1~3200	20	—	—	3201~24300	25C	超过24300	40	—	—
1996	1~3900	20	—	—	3901~25500	24D	超过25500	40	—	—
1997	1~4100	20	—	—	4101~26100	23D	超过26100	40	—	—
1998	1~4300	20	—	—	4301~27100	23D	超过27100	40	—	—
1999	—	—	1~1500	10	1501~28000	23E	超过28000	40F	—	—
2000	—	—	1~1520	10	1521~28400	22E	超过28400	40F	—	—
2001	—	—	1~1880	10	1881~29400	22E	超过29400	40F	—	—
2002	—	—	1~1920	10	1921~29900	22E	超过29900	40F	—	—
2003	—	—	1~1960	10	1961~30500	22E	超过30500	40F	—	—

第二章 个人所得税制特性探究（一）

续表

财年	较低税率 (Lower Rate) 税级距(英镑)A	较低税率 税率(%)	起始税率 (Starting Rate) 税级距(英镑)A	起始税率 税率(%)	基本税率 (Basic Rate) 税级距(英镑)A	基本税率 税率(%)	较高税率 (Higher Rate) 税级距(英镑)A	较高税率 税率(%)	附加税率 (Additional Rate) 税级距(英镑)A	附加税率 税率(%)
2004	—	—	1～2020	10	2021～31400	22[E]	超过31400	40[F]		
2005	—	—	1～2090	10	2091～32400	22[E]	超过32400	40[F]		
2006	—	—	1～2150	10	2151～33300	22[E]	超过33300	40[F]		
2007	—	—	1～2230	10	2231～34600	22[E]	超过34600	40[F]		
2008	—	—	—	—	1～34800	20[H]	超过34800	40[F]		
2009	—	—	—	—	1～37400	20[H]	超过37400	40[F]		
2010	—	—	—	—	1～37400	20[H]	37401～150000	40[F]	超过150000	50[I]
2011	—	—	—	—	1～35000	20[H]	35001～150000	40[F]	超过150000	50[I]
2012	—	—	—	—	1～34370	20[H]	34371～150000	40[F]	超过150000	50[I]
2013	—	—	—	—	1～32010	20[H]	32011～150000	40[F]	超过150000	45[J]
2014	—	—	—	—	1～31865	20[H]	31866～150000	40[F]	超过150000	45[J]
2015	—	—	—	—	1～31785	20[H]	31786～150000	40[F]	超过150000	45[J]
2016	—	—	—	—	1～32000	20[K]	32001～150000	40[L]	超过150000	45[M]
2017	—	—	—	—	1～33500	20[K]	33501～150000	40[L]	超过150000	45[M]
2018	—	—	—	—	1～34500	20[K]	34501～150000	40[L]	超过150000	45[M]
2019	—	—	—	—	1～37500	20[K]	37501～150000	40[L]	超过150000	45[M]
2020	—	—	—	—	1～37500	20[K]	37501～150000	40[L]	超过150000	45[M]
2021	—	—	—	—	1～37700	20[K]	37701～150000	40[L]	超过150000	45[M]

注：A. 应税所得等于个人所得税的应税所得扣除各类扣除的余额。

B. 适用于可自由支配信托和积累信托的收入。1993财年以前，信托按基本税率纳税，附加税率为10%。

C. 股息总收入的基本税率为20%。

D. 总股息和储蓄收入的基本税率为20%。

E. 总股息、储蓄收入的基本税率分别是10%、20%。

F. 总股息的较高税率为32.5%。

G. 从2008财年起，取消所有非储蓄收入（如就业、个体贸易利润、养老金和财产收入）的起始税率，非储蓄收入是第一个计入所得税的收入。储蓄的起始税率和起始税率税级距另有规定。如果应纳税的非储蓄收入没有达到起始税率税级距，则起始税率税级距的余额可用于储蓄收入。

H. 总股息的基本税率为10%。

◇ 个人所得税的
   收入差距平抑功能研究

I. 总股息的附加税率为42.5%。

J. 总股息的附加税率为37.5%。

K. 净股息的基本税率为7.5%。

L. 净股息的较高税率为32.5%。

M. 净股息的附加税率为38.1%。

N. 本表税率适用于英格兰、威尔士和北爱尔兰。2017财年，苏格兰纳税人适用一个较低的收入起点。2018财年，苏格兰的个人所得税制与英国其他地区更为不同，两个新的税率——启动税率（Starter Rate）、中间税率（Intermediate Rate）开始适用于苏格兰纳税人，这两个税率的税级距都在其他地区的基本税率的税级距之内。

O. 财年是每年4月6日到次年4月5日。

资料来源：https://assets.publishing.service.gov.uk/government/uploads/system/uploads/attachment_data/file/1032783/Table-a2.ods。

1990—1991财年，共有两级税率，分别是25%与40%。1990、1991财年超额累进税制的区别是后者的税级距有所提高，如25%~40%的税级距从20700英镑升至23700英镑。在1991财年超额累进税制基础上，1992财年新增20%的边际税率，20%~30%的税级距是2000英镑，其他特征与1991财年超额累进税制相同。1993—1995财年，三级边际税率都没有变化，仍为20%、25%、40%；但税级距逐年递增，如25%~40%的税级距从23700英镑增至24300英镑。1996—1997财年，英国仍采用3级超额累进税率，最低、最高税率仍为20%、40%；但第二级税率逐渐降低，1996财年降至24%，1997财年降至23%；各级税率的税级距则略有提高。1998财年的三级边际税率与1997财年完全相同，税级距仍有所提高。

1999财年仍采用3级超额累进税率，但20%的边际税率被撤销，新增10%的边际税率；其他两级边际税率仍为23%与40%。2000财年，将上一财年中23%的边际税率降至22%；10%与40%的边际税率未发生变化。此后，10%、22%、40%的3级超额累进税率一直推行至2007财年，但税级距逐年上涨。2008财年，10%的边际税率被取消，22%的边际税率也降至20%，40%的边际税率未变，此种2级超额累进税率实施至2009财年。

在40%的边际税率之上，2010财年新增50%的边际税率，40%~50%的税级距是15万英镑，再次形成3级超额累进税率。2011、2012财年的边际税率未发生改变，仅提升了部分税级距。2013财年，最高级边际税率50%降至45%，其他两级税率未发生改变。20%、40%、45%的3级超额累进税制一直推行至2021财年；40%~45%的税级距未发生改变，仍为15万英镑；20%~40%税级距逐渐提高，从2013财年的32010英镑增至2021财年的37700英镑。

三、美国综合所得超额累进税制

美国人纳税年度是当年 1 月 1 日至 12 月 31 日。2007—2022 年，美国个人所得税采用超额累进税制，拥有如下特征，如表 2.10 所示。

表 2.10　2007—2022 年美国个人所得税超额累进税率表（美元）

	税率	单身申报	已婚联合（鳏寡）申报	已婚单独申报	户主申报
2007 年	10%	0～7825	0～15650	0～7825	0～11200
	15%	7826～31850	15651～63700	7826～31850	11201～42650
	25%	31851～77100	63701～128500	31851～64250	42651～110100
	28%	77101～160850	128501～195850	64251～97925	110101～178350
	33%	160851～349700	195851～349700	97926～174850	178351～349700
	35%	349700 以上	349700 以上	174850 以上	349700 以上
2008 年	10%	0～8025	0～16050	0～8025	0～11450
	15%	8026～32550	16051～65100	8026～32550	11451～43650
	25%	32551～78850	65101～131450	32551～65725	43651～112650
	28%	78851～164550	131451～200300	65726～100150	112651～182400
	33%	164551～357700	200301～357700	100151～178850	182401～357700
	35%	357700 以上	357700 以上	178850 以上	357700 以上
2009 年	10%	0～8350	0～16700	0～8350	0～11950
	15%	8351～33950	16701～67900	8351～33950	11951～45500
	25%	33951～82250	67901～137050	33951～68525	45501～117450
	28%	82251～171550	137051～208850	68526～104425	117451～190200
	33%	171551～372950	208851～372950	104426～186475	190201～372950
	35%	372950 以上	372950 以上	186475 以上	372950 以上
2010 年	10%	0～8375	0～16750	0～8375	0～11950
	15%	8376～34000	16751～68000	8376～34000	11951～45550
	25%	34001～82400	68001～137300	34001～68650	45551～117650
	28%	82401～171850	137301～209250	68651～104625	117651～190550
	33%	171851～373650	209251～373650	104626～186825	190551～373650
	35%	373650 以上	373650 以上	186825 以上	373650 以上

35

◇ 个人所得税的收入差距平抑功能研究

续表

税率		单身申报	已婚联合（鳏寡）申报	已婚单独申报	户主申报
2011年	10%	0~8500	0~17000	0~8500	0~12150
	15%	8501~34500	17001~69000	8501~34500	12151~46250
	25%	34501~83600	69001~139350	34501~69675	46251~119400
	28%	83601~174400	139351~212300	69676~106150	119401~193350
	33%	174401~379150	212301~379150	106151~189575	193351~379150
	35%	379150以上	379150以上	189575以上	379150以上
2012年	10%	0~8700	0~17400	0~8700	0~12400
	15%	8701~35350	17401~70700	8701~35350	12401~47350
	25%	35351~85650	70701~142700	35351~71350	47351~122300
	28%	85651~178650	142701~217450	71351~108725	122301~198050
	33%	178651~388350	217451~388350	108726~194175	198051~388350
	35%	388350以上	388350以上	194175以上	388350以上
2013年	10%	0~8925	0~17850	0~8925	0~12750
	15%	8926~36250	17851~72500	8926~36250	12751~48600
	25%	36251~87850	72501~146400	36251~73200	48601~125450
	28%	87851~183250	146401~223050	73201~111525	125451~203150
	33%	183251~398350	223051~398350	111526~199175	203151~398350
	35%	398351~400000	398351~450000	199176~225000	398351~425000
	39.6%	400000以上	450000以上	225000以上	425000以上
2014年	10%	0~9075	0~18150	0~9075	0~12950
	15%	9076~36900	18151~73800	9076~36900	12951~49400
	25%	36901~89350	73801~148850	36901~74425	49401~127550
	28%	89351~186350	148851~226850	74426~113425	127551~206600
	33%	186351~405100	226851~405100	113426~202550	206601~405100
	35%	405101~406750	405101~457600	202551~228800	405101~432200
	39.6%	406750以上	457600以上	228800以上	432200以上

续表

税率		单身申报	已婚联合（鳏寡）申报	已婚单独申报	户主申报
2015年	10%	0～9225	0～18450	0～9225	0～13150
	15%	9226～37450	18451～74900	9226～37450	13151～50200
	25%	37451～90750	74901～151200	37451～75600	50201～129600
	28%	90751～189300	151201～230450	75601～115225	129601～209850
	33%	189301～411500	230451～411500	115226～205750	209851～411500
	35%	411501～413200	411501～464850	205751～232425	411501～439200
	39.6%	413200以上	464850以上	232425以上	439200以上
2016年	10%	0～9275	0～18550	0～9275	0～13250
	15%	9276～37650	18551～75300	9276～37650	13251～50400
	25%	37651～91150	75301～151900	37651～75950	50401～130150
	28%	91151～190150	151901～231450	75951～115725	130151～210800
	33%	190151～413350	231451～413350	115726～206675	210801～413350
	35%	413351～415050	413351～466950	206676～233475	413351～441000
	39.6%	415050以上	466950以上	233475以上	441000以上
2017年	10%	0～9325	0～18650	0～9325	0～13350
	15%	9326～37950	18651～75900	9326～37950	13351～50800
	25%	37951～91900	75901～153100	37951～76550	50801～131200
	28%	91901～191650	153101～233350	76551～116675	131201～212500
	33%	191651～416700	233351～416700	116676～208350	212501～416700
	35%	416701～418400	416701～470700	208351～235350	416701～444550
	39%	418400以上	470700以上	235350以上	444550以上
2018年	10%	0～9525	0～19050	0～9525	0～13600
	12%	9526～38700	19051～77400	9526～38700	13601～51800
	22%	38701～82500	77401～165000	38701～82500	51801～82500
	24%	82501～157500	165001～315000	82501～157500	82501～157500
	32%	157501～200000	315001～400000	157501～200000	157501～200000
	35%	200001～500000	400001～600000	200001～300000	200001～500000
	37%	500000以上	600000以上	300000以上	500000以上

◇ 个人所得税的
  收入差距平抑功能研究

续表

税率		单身申报	已婚联合（鳏寡）申报	已婚单独申报	户主申报
2019年	10%	0~9700	0~19400	0~9700	0~13850
	12%	9701~39475	19401~78950	9701~39475	13851~52850
	22%	39476~84200	78951~168400	39476~84200	52851~84200
	24%	84201~160725	168401~321450	84201~160725	84201~160700
	32%	160726~204100	321451~408200	160726~204100	160701~204100
	35%	204101~510300	408201~612350	204101~306175	204101~510300
	37%	510300以上	612350以上	306175以上	510300以上
2020年	10%	0~10275	0~19750	0~9875	0~14100
	12%	10276~41775	19751~80250	9876~40125	14101~53700
	22%	41776~89057	80251~171050	40126~85525	53701~85500
	24%	89057~170050	171051~326600	85526~163300	85501~163300
	32%	170051~215950	326601~414700	163301~207350	163301~207350
	35%	215951~539900	414701~622050	207351~311025	207351~518400
	37%	539900以上	622050以上	311025以上	518400以上
2021年	10%	0~9950	0~19900	0~9950	0~14200
	12%	9951~40525	19901~81050	9951~40525	14201~54200
	22%	40526~86375	81051~172750	40526~86375	54201~86350
	24%	86376~164925	172751~329850	86376~164925	86351~164900
	32%	164926~209425	329851~418850	164926~209425	164901~209400
	35%	209426~523600	418851~628300	209426~314150	209401~523600
	37%	523600以上	628300以上	314150以上	523600以上
2022年	10%	0~10275	0~20550	0~10275	0~14650
	12%	10276~41775	20551~83550	10276~41775	14651~55900
	22%	41776~89057	83551~178150	41776~89057	55901~89050
	24%	89057~170050	178151~340100	89058~170050	89051~170050
	32%	170051~215950	340101~431900	170051~215950	170051~215950
	35%	215951~539900	431901~647850	215951~539900	215951~539900
	37%	539900以上	647850以上	539900以上	539900以上

注：美国财年为当年1月1日至12月31日。表中税级距都不含税前扣除额。
资料来源：https://www.efile.com/irs-income-tax-rates-and-brackets/。

第一，边际税率层级发生过一次变化。2007—2012年，采用边际税率共有6级，分别是10%、15%、25%、28%、33%、35%；在原6级税率基础之上，2013年新增第7级税率（39.6%），此后至今一直推行7级超额累进税制。

第二，边际税率发生过两次变化。2017年，将最高级边际税率从39.6%降至39%，7级边际税率变为10%、15%、25%、28%、33%、35%、39%；2018年进行了较大调整，7级边际税率变更为10%、12%、22%、24%、32%、35%、37%。此后各级税率未发生改变。

第三，申报单位。纳税人申报模式包括：单身申报模式、已婚联合申报模式、已婚单独申报模式、鳏寡申报模式、户主申报模式。单身申报是指未婚人士的申报模式。已婚人士可选择夫妻联合共同申报模式（简称"已婚联合申报"），也可采用夫妻单独分别申报模式（简称"已婚单独申报"）。通常情况下，相较于已婚单独申报模式，已婚联合申报模式可获得更多税收优惠。鳏寡申报模式是丧偶家庭申报模式，该家庭须拥有1个及以上未成年人，故鳏寡申报模式的全称是"鳏夫寡妇与一个受供养儿童申报模式"，其与已婚联合申报模式所适用的超额累进税率完全相同。户主申报模式要求单人纳税人须有1个以上受供养者。

四、法国个人所得税的累进税制

休和布赖恩等（2013）系统阐述了法国个人所得税发展史。

第一阶段（1914—1959年），法国个人所得税制是双重税制：分类所得税制与综合所得税制。分类所得税制涉及7种收入，分别有着不同的比例税率；综合所得税制要求将各类收入加总，使用统一的超额累进税率课税。

第二阶段（1960—1990年），法国个人所得税制是单一税制，统一的超额累进税制开始取代上述双重税制。

第三阶段（1991年至今），法国个人所得税制又恢复至双重税制。1991年"一般社会缴款"开征，1996年"社会债务偿付供款"开征；一般社会缴款额甚至超过按照超额累进税率表征收的个人所得税额。法国的超额累进税率经常发生变化：第一，经常性调整，依据通货膨胀，调整税级距、免征额等税制要素；第二，非经常性调整，在间隔较长的时间后，通常是10年左右，边际税率层级数、边际税率会发生一定调整。

1994年以前为13级超额累进税率，如表2.11所示，当然每年都会调整税级距。1995、1996、1998年法国个人所得税适用6级超额累进税率，但三年的税级距都有一定变化，变化趋势是逐年递增，原因在于通货膨胀，如表

◇ 个人所得税的
  收入差距平抑功能研究

2.12与表2.13所示。2005年法国开始用欧元作为税级距的计量单位，但6级边际税率的超额累进税率一直实施至2006年。

表2.11 1984年法国个人所得税税率

序号	1984年税级距	适用税率（%）
1	14820法郎及以下的部分	0
2	14821~15490法郎的部分	5
3	15491~18370法郎的部分	10
4	18371~29050法郎的部分	15
5	29051~37340法郎的部分	20
6	37341~46920法郎的部分	25
7	46921~56770法郎的部分	30
8	56771~65500法郎的部分	35
9	65501~109140法郎的部分	40
10	109141~150100法郎的部分	45
11	150101~177550法郎的部分	50
12	177551~201970法郎的部分	55
13	201971~228920法郎的部分	60
14	超过228920法郎的部分	65

资料来源：徐瑞娥：《法国个人所得税》，《西欧研究》，1989年第2期，第48、57~58页。

表2.12 1995、1996年法国个人所得税税率

级别	1995年税级距（法郎）	适用税率（%）	1996年税级距（法郎）	适用税率（%）
1	22610及以下的部分	0	25610及以下的部分	0
2	22611~49440的部分	12	25611~50380的部分	10.5
3	49441~87020的部分	25	50381~88670的部分	24
4	87021~140900的部分	35	88671~143580的部分	33
5	140901~229260的部分	45	143581~233620的部分	43
6	229261~282730的部分	50	233621~288100的部分	48
7	超过282730的部分	56.8	超过288100的部分	50

注：1995、1996年资料来自财政部《财政制度国际比较》课题组：《法国财政制度》，中国财政经济出版社，1998年，第56页。

表 2.13　1998、2005 年法国个人所得税税率

级别	1998 年税级距（法郎）	适用税率（%）	2005 年税级距（欧元）	适用税率（%）
1	25890 及以下的部分	0	4192 及以下的部分	0
2	25891~50930 的部分	10.5%	4193~8243 的部分	7.05
3	50931~89650 的部分	24%	8244~14507 的部分	19.74%
4	89651~145160 的部分	33%	14508~23490 的部分	29.74%
5	145161~236190 的部分	43%	23491~38219 的部分	38.54%
6	236191~291270 的部分	45%	38220~47132 的部分	43.94%
7	超过 291270 的部分	54%	超过 47132 的部分	49.58

资料来源：1998 年资料来自李楠、程扬勇：《法国的个人所得税制度及其对我国的启示》，《法国研究》，2005 年第 1 期，第 266~276 页。2005 年资料来自何代欣：《综合与分类相结合的个人所得税研究：以法国为例》，《法国研究》，2013 年第 1 期，第 1~5 页。

2007—2010 年法国个人所得税开始使用 4 级超额累进税制，如表 2.14 所示。2007—2009 年 4 级边际税率分别是 5.5%、14%、30%、40%，2010 年最高级边际税率升至 41%，其他边际税率未变更。

表 2.14　2007—2010 年法国个人所得税税率

级别	2007 年税级距（欧元）	适用税率（%）	2008 年税级距（欧元）	适用税率（%）	2009 年税级距（欧元）	适用税率（%）	2010 年税级距（欧元）	适用税率（%）
1	5515 及以下的部分	0	5614 及以下的部分	0	5852 及以下的部分	0	5963 及以下的部分	0
2	5516~10847 的部分	5.5	5615~11198 的部分	5.5	5853~11673 的部分	5.5	5964~11896 的部分	5.5
3	10848~24432 的部分	14	11199~24872 的部分	14	11674~25926 的部分	14	11897~26420 的部分	14
4	24433~65560 的部分	30	24873~66679 的部分	30	25927~69505 的部分	30	26421~70830 的部分	30
5	超过 65560 的部分	40	超过 66679 的部分	40	超过 69505 的部分	40	超过 70830 的部分	41

资料来源：2007、2008 年资料来自何代欣：《综合与分类相结合的个人所得税研究：以法国为例》，《法国研究》，2013 年第 1 期，第 4~5 页。2009 年资料来自驻法国经商参处公参马社：《驻在国相关情况》，https://interview.mofcom.gov.cn/detail/201605/1505.html。2010 年资料来自国家税务总局税收科学研究所：《外国税制概览》，中国税务出版社，2012 年，第 113 页。

第三节 税基广泛

广税基原则是指个人所得税纳税人数量多且来自多个行业。一些经济体个人所得税采用分类所得税制，对不同经济行为产生的所得采用不同税率；另一些经济体采用综合所得税制，将纳税人各类收入加总在一起，采用相同税率对总收入缴税。

一、我国个人所得税制

1980年我国开征个人所得税，至今已先后7次修订个人所得税法。我国现行个人所得税制是分类与综合相结合税制，2018年以前的个人所得税制是分类税制。

（一）1980年个人所得税制

1980年第五届全国人民代表大会审议通过《中华人民共和国个人所得税法》，以此为标志，个人所得税正式开征。个人所得包括：工资薪金所得、劳务报酬所得、特许权使用费所得、利息股息红利所得、财产租赁所得、其他所得。

1. 工薪所得

工薪所得适用7级超额累进税率，如表2.15所示。月应税所得低于800元的部分，免税；月应税所得为801~1500元、1501~3000元、3001~6000元、6001~9000元、9001~12000元的部分，分别适用5%、10%、20%、30%、40%的税率；超过12000元的部分，适用45%的税率。

表2.15 1980年我国个人所得税的工薪所得累进税率

序号	未扣除免征额的月应税所得	税率（%）
1	800元及以下的部分	0
2	801~1500元的部分	5
3	1501~3000元的部分	10
4	3001~6000元的部分	20

续表

序号	未扣除免征额的月应税所得	税率（%）
5	6001~9000元的部分	30
6	9001~12000元的部分	40
7	超过12000元的部分	45

资料来源：《中华人民共和国个人所得税法》。

2. 劳务报酬所得、特许权使用费所得、财产租赁所得

若上述所得的一次收入未达到4000元，减除800元费用；若一次收入超过4000元，减除20%的费用；其余额的20%为个人所得税。

3. 利息股息红利所得、其他所得

对于利息股息红利所得、其他所得，不予扣除费用，其收入额的20%为个人所得税。

（二）现行个人所得税制

我国现行个人所得税制是分类与综合相结合税制。个人所得分为九项：工薪所得、劳务报酬所得、稿酬所得、特许权使用费所得、经营所得、利息股息红利所得、财产租赁所得、财产转让所得与偶然所得。

1. 综合所得

工薪所得、劳务报酬所得、稿酬所得与特许权使用费所得并称为"综合所得"，适用7级超额累进税率。

2. 经营所得

《中华人民共和国个人所得税法实施条例》规定，经营所得包括四种：第一，个体工商户生产经营所得，个人独资企业、合伙企业的生产经营所得；第二，个人从事有偿服务获得的所得，如办学、医疗、咨询等；第三，个人对企事业单位的承包经营、承租经营与转包转租所得；第四，个人其他生产经营所得。

经营所得适用5级超额累进税率，如表2.16所示。经营所得低于6万元的部分，免税；扣除免征额后的年应税所得未超过3万元的部分，适用5%的

税率；扣除免征额后的年应税所得为3万～9万元、9万～30万元、30万～50万元的部分，分别适用10%、20%、30%的税率；扣除免征额后的年应税所得超过50万元的部分，适用35%的税率。

表2.16 我国现行个人所得税的经营所得累进税率

边际税率级数	扣除免征额后的年应税所得	税率（%）
1	未超过3万元的部分	5
2	3万～9万元的部分	10
3	9万～30万元的部分	20
4	30万～50万元的部分	30
5	超过50万元的部分	35

注：年免征额为6万元。
资料来源：《中华人民共和国个人所得税法》。

3. 适用20%比例税率的所得

（1）利息股息红利所得。

利息股息红利所得是指自然人所拥有股权或债权产生的红利、股息、利息。该所得适用20%的比例税率。

（2）财产租赁所得。

财产租赁所得是指自然人将财产出租给他人所获的租金，财产包括不动产、机器与设备等。该所得按次缴税，当每次所得低于4000元时，减除费用800元，余额作为应纳税所得额；当每次所得高于4000元时，扣除20%的费用额，余额作为应纳税所得额。财产租赁所得适用20%的比例税率。

（3）财产转让所得。

财产转让所得是指自然人将其财产转让给他人所获的收入，财产包括不动产、设备、证券与股份等。该所得适用20%的比例税率。

（4）偶然所得。

偶然所得是指个人获奖、中彩票等具有偶然因素的所得。该所得适用20%的比例税率。

（三）1914年北洋政府的分类所得税

据贾士毅（2016）记载，1914年北洋政府《所得税条例》的部分内容如下。

1. 课税范围

民国时期，拥有住所或一年以上居所的人负有纳税义务；无住所或一年以上居所，但拥有财产、企业或享有公债（社债）利息的人，就其所得负有纳税义务。

2. 法人所得

法人所得适用税率是2%，法人所得计算公式如下所示。

法人所得＝各事业年度总收入－本年度支出－前年度盈余金－各种公课及保险金－责任预备金

3. 公债（社债）利息

除国债外，公债（社债）利息适用税率是1.5%。

4. 其他所得

除法人所得、公债（社债）利息外，其他所得适用超额累进税率，如表2.2所示。

（四）1936年国民政府的分类所得税

1936年国民政府颁布《所得税暂行条例》。据胡毓杰（1937）研究，所得税开征前，关税、盐税、统税是国民政府税收的主要来源，三项税收之和占税收总额的比重约为80%。这三项税收都是间接税，缺点在于：第一，普通劳动者须缴纳消费税，但营利企业所得利润与资本所有者利息所得免税；第二，税负易转嫁，贫者负担高于富者。相对而言，所得税具有如下优点。第一，负担公平。富者多纳税，贫者少纳税，未达到纳税标准者不纳税；直接税可维持贫民生活，所缴税收有益于国家和社会。第二，纳税普及。若税收不普及，会产生一些不纳税的特殊阶层，引发社会不满。第三，富有弹性。和平时期轻税政策能增进人民财富的形成；若遇灾变，可提高税率以补充国家财力不足。第四，收入确实。除特殊情形外，所得税金额容易估算。据胡毓杰（1937）记载，《所得税暂行条例》具体内容如下。

1. 营利事业所得

本所得包括三项：第一，公司、商号、工厂或个人资本超过2000元的营

◇ 个人所得税的

　　收入差距平抑功能研究

利所得；第二，官商合营企业所得；第三，临时营利事业所得。以上三类所得以净收益额计算所得税。不以营利为目标的法人所得免税。

前两项营利事业所得采用全率累进税制，如表2.17所示，共计5级边际税率。当所得占资本金的比重为5%～10%、10%～15%、15%～20%、20%～25%时，适用税率分别是3%、4%、6%、8%；当所得占资本金的比重不小于25%时，适用税率是10%。

表2.17 第一、二项营利事业所得的全率累进税率

序号	应税所得	适用税率（%）
1	5%≤所得占资本金的比重<10%	3
2	10%≤所得占资本金的比重<15%	4
3	15%≤所得占资本金的比重<20%	6
4	20%≤所得占资本金的比重<25%	8
5	所得占资本金的比重≥25%	10

资料来源：胡毓杰：《我国创办所得税之理论与实施》，财政建设学会，1937年，第83～106页。

对于第三项所得，若能计算"所得占资本金的比重"，应按照表2.17计算所得税。若缺乏资本金数额无法计算该比重，可采用表2.18计算所得税。该税制是全额累进税制，当应税所得为100～1000元、1000～2500元、2500～5000元时，适用税率分别是3%、4%、6%；当应税所得超过5000元后，每增加1000元，适用税率增加1%，直至增至20%。

表2.18 第三项营利事业所得的全额累进税率

序号	应税所得（元）	适用税率（%）
1	100≤所得<1000	3
2	1000≤所得<2500	4
3	2500≤所得<5000	6
4	5000≤所得<6000	7
5	6000≤所得<7000	8
6	7000≤所得<8000	9
7	8000≤所得<9000	10
8	9000≤所得<10000	11

续表

序号	应税所得（元）	适用税率（%）
9	10000≤所得<11000	12
10	11000≤所得<12000	13
11	12000≤所得<13000	14
12	13000≤所得<14000	15
13	14000≤所得<15000	16
14	15000≤所得<16000	17
15	16000≤所得<17000	18
16	17000≤所得<18000	19
17	18000及以上	20

资料来源：胡毓杰：《我国创办所得税之理论与实施》，财政建设学会，1937年，第83~106页。

2. 证券、存款所得

证券、存款所得是指公债、公司债、股票、存款的股息或利息所得，以每次或结算时获得的利息计算所得税，适用税率是5%。免税项目包括各级政府机关存款、公务员及劳工的法定储蓄金、教育慈善机构的基金存款、教育储蓄金未超过100元的年利息。

3. 薪给报酬所得

薪给报酬所得适用税率如表2.3所示。

（五）1943年国民政府《所得税法》

1943年国民政府颁布《所得税法》，同时废除《所得税暂行条例》。据高秉坊（1943）记载，具体内容如下。

1. 营利事业所得

营利事业所得包括三项：第一，公司、商号、工厂或个人资本的2000元以上利润；第二，官商合办营利事业所得；第三，临时营利事业所得。以上三类所得以净收益额计算所得税。不以营利为目标的法人所得，免税。

第一、二项营利事业所得适用9级全率累进税率，如表2.19所示。当所得占资本金的比重未达到10%时,无须缴纳所得税;当该比重为10%~15%、15%~20%、20%~25%、25%~30%、30%~40%、40%~50%、50%~60%、60%~70%时,适用税率依次是4%、6%、8%、10%、12%、14%、16%、18%;当所得占资本金的比重达到或超过70%时,适用20%的税率。

表2.19　第一、二项营利事业所得全率累进税率

序号	应税所得	适用税率（%）
1	10%≤所得占资本金的比重<15%	4
2	15%≤所得占资本金的比重<20%	6
3	20%≤所得占资本金的比重<25%	8
4	25%≤所得占资本金的比重<30%	10
5	30%≤所得占资本金的比重<40%	12
6	40%≤所得占资本金的比重<50%	14
7	50%≤所得占资本金的比重<60%	16
8	60%≤所得占资本金的比重<70%	18
9	所得占资本金的比重≥70%	20

资料来源:高秉坊:《中国直接税史实》,财政部直接税处经济研究室,1943年,第98~99页。

对于第三项营利事业所得,若能按资本额计算"所得占资本金的比重",则税率与第一、二项营利事业所得税率相同;若无法计算"所得占资本金的比重",第三项营利事业所得适用14级全额累进税率,如表2.20所示。当应税所得低于200元时,免征所得税;当所得为200~2000、2000~4000、4000~6000、6000~8000、8000~10000、10000~12000、12000~14000、14000~16000、16000~18000、18000~20000、20000~50000、50000~100000、100000~200000元时,适用税率分别是4%、6%、8%、10%、12%、14%、16%、18%、20%、22%、24%、26%、28%;当所得达到或超过200000元时,所适用税率为30%。

表2.20　第三项营利事业所得全额累进税率

序号	应税所得（元）	适用税率（%）
1	200≤所得<2000	4
2	2000≤所得<4000	6

续表

序号	应税所得（元）	适用税率（%）
3	4000≤所得<6000	8
4	6000≤所得<8000	10
5	8000≤所得<10000	12
6	10000≤所得<12000	14
7	12000≤所得<14000	16
8	14000≤所得<16000	18
9	16000≤所得<18000	20
10	18000≤所得<20000	22
11	20000≤所得<50000	24
12	50000≤所得<100000	26
13	100000≤所得<200000	28
14	所得≥200000	30

资料来源：高秉坊：《中国直接税史实》，财政部直接税处经济研究室，1943年，第99页。

2. 证券、存款所得

证券、存款所得包括公债、公司债、股票与存款的利息或股息所得。以下项目免税：各级政府机关存款、公务人员及劳工的法定储蓄金、教育慈善机构或团体的基金存款、教育储蓄金的年利息未达到100元者。政府发行的证券及国家金融机关存款储蓄所得，适用税率为5%；其他非政府发行的证券及非国家金融机关存款储蓄所得，适用税率为10%。

3. 薪给报酬所得

薪给报酬所得适用税率如表2.4所示。

（六）1943年国民政府《财产租赁出卖所得税法》

据杨昭智（1947）记载，1943年国民政府《财产租赁出卖所得税法》包括以下内容。

◇ 个人所得税的
　　收入差距平抑功能研究

1. 税基

税基是以下财产的租赁所得或出售所得，包括土地、房屋、堆栈、码头、森林、矿场、舟车与机械。

2. 财产租赁所得额

财产租赁所得额 ＝ 每年租赁总收入 － 改良费用必要损耗 － 公课

改良费用必要损耗标准额＝租赁总收入额×20%

若以出产物计算财产租赁收入，应按各年该出产物出产后三个月平均市价计算。

财产租赁所得适用税率为15级超额累进税率，如表2.21所示。所得额低于3000元，免税；所得额为3000~25000、25000~50000、50000~100000元的部分，适用税率分别是10%、15%、20%；当所得额超过10万元后，每增加10万元，边际税率提高5%，直至提高至80%。

表2.21 财产租赁所得税的税率

序号	应税所得	适用税率（%）
1	3000~25000 元的部分	10
2	2.5万~5万元的部分	15
3	5万~10万元的部分	20
4	10万~20万元的部分	25
5	20万~30万元的部分	30
6	30万~40万元的部分	35
7	40万~50万元的部分	40
8	50万~60万元的部分	45
9	60万~70万元的部分	50
10	70万~80万元的部分	55
11	80万~90万元的部分	60
12	90万~100万元的部分	65
13	100万~110万元的部分	70
14	110万~120万元的部分	75
15	超过120万元的部分	80

资料来源：杨昭智：《中国所得税》，商务印书馆，1947年，第248页。

3. 财产出卖所得额

$$财产出卖所得额＝出卖价格－原价$$

若在1937年7月1日后取得或建造应税财产，取得或建造价格为该财产原价。早于1937年6月30日取得或建造应税财产，若纳税人能提供取得或建造应税财产的原始价格凭证，以凭证价格计为原价；否则，农村地区的房屋、土地、矿场与森林均以出卖价的30%计为原价，城市地区的房屋、土地、码头、堆栈、机械与舟车均以出卖价的20%计为原价。设定地上权、水佃权，一次付给租金者或设定典权超过15年者，其课税参照财产出卖的规定。

财产出卖所得适用11级超额累进税率，如表2.22所示。当农地出卖所得低于1万元、其他财产出卖所得低于0.5万元时，免税；当农地出卖所得为1万～5万元、其他财产出卖所得为0.5万～5万元时，适用税率是10%；当各类财产出卖所得为5万～15万元、15万～30万元、30万～50万元、50万～75万元、75万～100万元、100万～125万元、125万～150万元、150万～175万元、175万～200万元时，适用税率分别是14%、16%、18%、20%、22%、25%、30%、35%、40%；当各类财产出卖所得高于200万元时，适用税率是50%。

表2.22 财产出卖所得税的税率

序号	应税所得	适用税率（%）
1	农地：1万～5万元的部分 其他财产：0.5万～5万元的部分	10
2	5万～15万元的部分	14
3	15万～30万元的部分	16
4	30万～50万元的部分	18
5	50万～75万元的部分	20
6	75万～100万元的部分	22
7	100万～125万元的部分	25
8	125万～150万元的部分	30
9	150万～175万元的部分	35
10	175万～200万元的部分	40
11	超过200万元的部分	50

资料来源：杨昭智：《中国所得税》，商务印书馆，1947年，第248～249页。

（七）1946年国民政府《所得税法》修正案

1946年国民政府修订《所得税法》，据杨昭智（1947）记载，相对于旧法，税级距大幅提升，以应对通货膨胀。纳税义务人包括：中华民国人民、国内有住所且在国外有收入的人。驻华的他国外交官职务所得免税，但要求其所属国对中华民国驻该国外交官职务所得也免税。应税所得包括如下内容。

1. 营利事业所得

营利事业所得是指各类组织经营营利性业务所产生的净收益。

（1）股份有限公司、股份两合公司、有限公司的营利所得

股份有限公司、股份两合公司、有限公司的营利所得，适用9级全率累进税率，如表2.23所示。

表2.23 股份有限公司、股份两合公司、有限公司营利所得的全率累进税率

序号	应税所得	适用税率（%）
1	5%≤所得占资本金的比重<10%	4
2	10%≤所得占资本金的比重<15%	6
3	15%≤所得占资本金的比重<20%	8
4	20%≤所得占资本金的比重<25%	10
5	25%≤所得占资本金的比重<30%	13
6	30%≤所得占资本金的比重<35%	16
7	35%≤所得占资本金的比重<40%	20
8	40%≤所得占资本金的比重<50%	25
9	所得占资本金的比重≥50%	30

资料来源：杨昭智：《中国所得税》，商务印书馆，1947年，第275~276页。

当所得占资本金的比重低于5%时，免征所得税；当该比重为5%~10%、10%~15%、15%~20%、20%~25%、25%~30%、30%~35%、35%~40%、40%~50%时，适用税率分别是4%、6%、8%、10%、13%、16%、20%、25%；当该比重达到或超过50%时，所适用税率为30%。对于从事制造业的股份有限公司、股份两合公司、有限公司，在依据上述税率计算得到的所得税额基础上减征10%。

(2) 无限公司、两合公司、合伙独资及其他组织营利事业所得

无限公司、两合公司、合伙独资及其他组织营利事业所得适用11级全额累进税率，如表2.24所示。当应税所得低于15万元时，免税；当应税所得为15万~20万元、20万~30万元、30万~50万元、50万~80万元、80万~120万元、120万~180万元、180万~250万元、250万~350万元、350万~500万元、500万~700万元时，适用税率分别是4%、6%、8%、10%、12%、14%、16%、19%、22%、25%；当应税所得达到或超过700万元时，适用税率为30%。

表2.24 无限公司、两合公司、合伙独资及其他组织营利事业所得全额累进税率

序号	应税所得	适用税率（%）
1	15万元≤所得<20万元	4
2	20万元≤所得<30万元	6
3	30万元≤所得<50万元	8
4	50万元≤所得<80万元	10
5	80万元≤所得<120万元	12
6	120万元≤所得<180万元	14
7	180万元≤所得<250万元	16
8	250万元≤所得<350万元	19
9	350万元≤所得<500万元	22
10	500万元≤所得<700万元	25
11	700万元及以上	30

注：对于应税所得属于制造业者，其税额依前项各款减征10%。
资料来源：杨昭智：《中国所得税》，商务印书馆，1947年，第275~276页。

2. 证券、存款所得

证券、存款所得是指公司债、公债、存款与非金融机构借贷款的利息所得，适用税率是10%。

3. 财产租赁所得

(1) 土地、房屋、堆栈、森林、矿场与渔场租赁所得。

土地、房屋、堆栈、森林、矿场与渔场租赁所得是各期租赁收入总额中减

除必要改良费用与税费的余额。该所得适用12级超额累进税率，如表2.25所示。当所得低于5万元时，免税；当所得为5万~10万元、10万~15万元、15万~25万元、25万~40万元、40万~60万元、60万~90万元、90万~120万元、120万~200万元、200万~300万元、300万~500万元、500万~700万元时，适用税率依次是3%、4%、5%、6%、7%、8%、10%、12%、14%、17%、21%；超过700万元的所得适用25%的边际税率。

表2.25 土地、房屋、堆栈、森林、矿场、渔场租赁所得税率

序号	所得	适用税率（%）
1	5万~10万元的部分	3
2	10万~15万元的部分	4
3	15万~25万元的部分	5
4	25万~40万元的部分	6
5	40万~60万元的部分	7
6	60万~90万元的部分	8
7	90万~120万元的部分	10
8	120万~200万元的部分	12
9	200万~300万元的部分	14
10	300万~500万元的部分	17
11	500万~700万元的部分	21
12	超过700万元的部分	25

资料来源：杨昭智：《中国所得税》，商务印书馆，1947年，第277~278页。

（2）码头、舟车与机械租赁所得。

码头、舟车与机械租赁所得也采用表2.25的12级超额累进税率，但要加征10%的税款。

（3）免税条款。

以下项目免税：第一，各级政府财产租赁所得；第二，完全用于本事业的，文化、教育、公益、慈善事业的财产租赁所得。

4. 一时所得

一时所得包括行商一时所得、其他一时所得。该所得等于每次收入额中减除原有本金及获得该一时所得必要开支后的余额。一时所得适用9级超额累进

税率，如表 2.26 所示。所得低于 2 万元时，免税；所得为 2 万～5 万元、5 万～10 万元、10 万～20 万元、20 万～40 万元、40 万～80 万元、80 万～150 万元、150 万～300 万元、300 万～500 万元的部分，适用税率分别是 6%、8%、10%、12%、15%、18%、22%、26%；所得超过 500 万元的部分，适用税率为 30%。

表 2.26　一时所得税率

序号	所得	适用税率（%）
1	2 万～5 万元的部分	6
2	5 万～10 万元的部分	8
3	10 万～20 万元的部分	10
4	20 万～40 万元的部分	12
5	40 万～80 万元的部分	15
6	80 万～150 万元的部分	18
7	150 万～300 万元的部分	22
8	300 万～500 万元的部分	26
9	超过 500 万元的部分	30

资料来源：杨昭智：《中国所得税》，商务印书馆，1947 年，第 278 页。

5. 薪给报酬所得

薪给报酬所得适用税率如表 2.6 所示。

6. 综合所得

综合所得税是二次征收税，个人所得在依据上述各类所得税征税后，若全年所得总额超过 60 万元，须加征综合所得税。

综合所得是个人前述各类所得的全年总额之和中，扣除两个项目，并添加一个项目。扣除项目包括：第一，共同生活家属或所抚养亲属，每人每年 10 万元；第二，家中有中等以上学校的学生，每人每年 5 万元。添加项目是拥有直接所得、共同生活的家属，在扣除各类所得税与土地税后，其全年税后所得的 60% 要合并入户主税后所得。故综合所得全称是家庭税后综合所得，适用税率如表 2.27 所示。

表 2.27　综合所得税率

序号	所得	适用税率（%）
1	60万～100万元的部分	5
2	100万～200万元的部分	6
3	200万～400万元的部分	8
4	400万～600万元的部分	10
5	600万～800万元的部分	13
6	800万～1000万元的部分	16
7	1000万～1500万元的部分	20
8	1500万～2000万元的部分	24
9	2000万～3000万元的部分	29
10	3000万～4000万元的部分	35
11	4000万～5000万元的部分	42
12	超过5000万元的部分	50

资料来源：杨昭智：《中国所得税》，商务印书馆，1947年，第278～279页。

二、英国个人所得税制

英国财年是每年4月6日到次年4月5日。2019—2022财年英国个人所得税制具有"分类""分区域"的特点，如表2.28所示。分类是指应税所得分为三类，分别是综合所得、储蓄所得与红利所得；分区域是指英国分为四个区域——英格兰、北爱尔兰、威尔士与苏格兰，前三个区域采用相同税率，而苏格兰税率与众不同。其原因在于：2007年苏格兰民族党成为苏格兰议会中第一大党，该党的政治目标是苏格兰独立，为此苏格兰议会要求英国议会下放权力，个人所得税征税权现已成为苏格兰议会所行使权力之一。

表 2.28　2019—2022 财年英国个人所得税率

地区	级别	税率（%）	税级距（英镑）			
			2022 财年	2021 财年	2020 财年	2019 财年
英格兰、北爱尔兰、威尔士	储蓄所得起始税率	10（2015 财年起为 0）	5000 以下	5000 以下	5000 以下	5000 以下
	基本税率	20	37700 及以下	37700 及以下	37500 及以下	37500 及以下
	较高税率	40	37701～150000	37701～150000	37501～150000	37501～150000
	附加税率	45	150000 以上	150000 以上	150000 以上	150000 以上
苏格兰	储蓄所得起始税率	10（2015 财年起为 0）	5000 以下	5000 以下	5000 以下	5000 以下
	启动税率	19	2162 及以下	2097 及以下	2085 及以下	2049 及以下
	基本税率	20	2163～13118	2098～12726	2086～12658	2050～12444
	中间税率	21	13119～31092	12727～31092	12659～30930	12445～30930
	较高税率	40（2018 财年为 41）	31093～150000	31093～150000	30931～150000	30931～150000
	顶级税率	46	150000 以上	150000 以上	150000 以上	150000 以上

注：A. 英文中，储蓄所得起始税率是 Starting rate for savings，启动税率是 Starter rate，基本税率是 Basic rate，中间税率是 Intermediate rate，较高税率是 Higher rate，顶级税率是 Top rate，附加税率是 Additional rate。

B. 以上税级距都不含免征额，2022、2021 财年非老人个人扣除额都是 12570 英镑；2020、2019 财年非老人个人扣除额都是 12500 英镑。

C. 财年是每年 4 月 6 日到次年 4 月 5 日。

资料来源：https://www.gov.uk/government/publications/rates－and－allowances－income－tax/income－tax－rates－and－allowances－current－and－past#tax－rates－and－bands。

英格兰、北爱尔兰与威尔士的综合所得适用 3 级超额累进税率。除储蓄所得起始税率外，3 级边际税率分别是 20%、40%、45%；当总所得未超过 5000 英镑时，对储蓄所得免税。2019—2020 财年中，20%～40%的税级距是 37500 英镑；2021—2022 财年中，该税级距增至 37700 英镑。2019—2022 财年中，税级距未发生改变，始终为 150000 英镑。

除储蓄所得起始税率外，苏格兰超额累进税率不是 3 级，而是 5 级。5 级边际税率分别是 19%、20%、21%、40%（2018 财年为 41%）、46%。苏格兰关于储蓄所得起始税率的规定与英格兰、北爱尔兰、威尔士的规定相同。2019—2022 财年中，储蓄所得起始税率与启动税率间税级距未发生变化，始终是5000英镑；启动税率与基本税率间税级距自2049英镑升至2162英镑；基本税率与中间税率间税级距自12444英镑升至13118英镑；中间税率与较高税率间税级距自30930英镑升至31092英镑；较高税率与顶级税率间税级距未发生变化，都为150000英镑。

红利个人所得税方面，如表2.29所示，2022财年针对红利所得也采用3级超额累进税率，税级距与同年综合所得3级超额累进税率相同；但红利所得3级税率分别是8.75%、33.75%、39.35%，不同于综合所得3级税率（20%、40%、45%）。红利所得个人所得税的税率不存在地区差异。

表2.29 2022财年红利个人所得税率

级别	税率（%）	税级距
基本税率	8.75	37700英镑及以下
较高税率	33.75	37701~150000英镑
附加税率	39.35	150000英镑以上

注：A. 以上税级距都不含个人扣除额，这些税级距与表2.28中相应年份税级距相同。

B. 当红利所得低于个人扣除额时，无须纳税。

C. 2016—2017财年红利扣除额是5000英镑，2018—2022财年红利扣除额是2000英镑。

D. 在2021财年，若某纳税人取得3000英镑红利、29570英镑工资，则其总收入是32570英镑。缴纳个人所得税步骤如下：第一，个人扣除额是12570英镑，32570－12570＝20000英镑；第二，17000英镑工资收入适用于基本税率（20%）；第三，红利收入3000英镑要扣除红利扣除额（2000英镑），可得1000英镑，适用8.75%的税率。

E. 财年是每年4月6日到次年4月5日。

资料来源：https://www.gov.uk/tax-on-dividends。

三、美国个人所得税制

美国国税局相关规定如下[①]。美国个人所得税制是综合所得税制，各种类型收入加总为总收入，按照统一税率纳税。总收入是指个人获得的所有收入，收入形式包括金钱、商品、财产或服务，上述形式收入均不能免税。若该人已婚并与配偶居住在共有财产州，州法律规定收入一半归于该人。共有财产州包括亚利桑那州、加利福尼亚州、爱达荷州、路易斯安那州、内华达州、新墨西

---

① Publication 501（2023），Dependents, Standard Deduction, and Filing Information, https://www.irs.gov/publications/p501#en_US_2021_publink1000220771。

哥州、得克萨斯州、华盛顿州和威斯康星州。若个人是自雇人员,且从事服务业,则该人总收入是从事该服务业收到的所有款项。若自雇人员从事制造业、手工业或采矿业,该人总收入是总销售额扣除商品成本。若符合纳税申报条件,但不提交纳税申报表,行政相对人将被处以罚金;若蓄意不申报,该人将被刑事起诉。申报模式取决于个人是否结婚,单身或已婚状态的判定时间是12月31日。年龄也是重要申报条件之一,2021年规定若个人出生日期早于1957年1月2日,则该人年龄是65岁及以上。

2021年个人达到下述条件需申报纳税,如表2.30所示。第一,单身申报模式,65岁以下、65岁及以上个人申报纳税下限值分别是12550、14250美元。第二,户主申报模式,65岁以下、65岁及以上户主申报纳税下限值分别是18800、20500美元。第三,夫妻联合申报模式,若夫妻年龄都低于65岁,则申报纳税下限值是25100美元;若夫妻一方年龄是65岁及以上,则申报纳税下限值是26450美元;若夫妻两方年龄是65岁及以上,则申报纳税下限值是27800美元。第四,夫妻单独申报模式,无论夫妻多大年龄,申报纳税下限值都是5美元。第五,鳏寡申报模式,65岁以下、65岁及以上个人申报纳税下限值分别是25100、26450美元。

表2.30 2021年美国申报个人所得税的条件

申报模式	年龄	申报纳税下限值(美元)
单身申报	65岁以下	12550
	65岁及以上	14250
户主申报	65岁以下	18800
	65岁及以上	20500
夫妻联合申报	夫妻年龄都低于65岁	25100
	夫妻一方年龄是65岁及以上	26450
	夫妻两方年龄是65岁及以上	27800
夫妻单独申报	任何年龄	5
鳏寡申报	65岁以下	25100
	65岁及以上	26450

资料来源:https://www.irs.gov/publications/p501#en_US_2021_publink1000270109。

◇ 个人所得税的
　　收入差距平抑功能研究

美国国家税务局规定[①]：已婚夫妇可选择已婚联合申报模式或已婚单独申报模式，但夫妻双方必须在一年中同时选择其中一种。一般来讲，已婚联合申报模式更有利于纳税人。若纳税人只想对自身税负担负责，不负责配偶税负担，可选择已婚单独申报模式。符合下列条件之一，即可认定为"已婚"：第一，异性或同性的两人依法结婚；第二，被州共同法认定，处于婚姻关系的异性或同性，共同居住的两人；第三，已婚、不共同居住，但未处于法定分居关系的两人；第四，法定分居，但离婚诉讼未终结的两人。

相对于已婚单独申报模式，已婚联合申报模式通常能减少税负担，具体如下[②]：第一，已婚联合申报模式可从应税所得中扣除配偶分类扣除，已婚单独申报模式只能选择标准扣除。第二，大多数情况下，已婚单独申报模式不享有照顾儿童与受供养者的税收免除优惠。第三，已婚单独申报模式不享有劳动所得税收免除优惠。第四，已婚单独申报模式不能从应税所得中扣除存入美国储蓄基金的利息收入，该基金用于教育费用。第五，已婚单独申报模式不享有老人或残疾人税收优惠，除非纳税人全年与配偶分居。第六，相对于已婚联合申报模式，已婚单独申报模式将负担更多的社保费或铁路退休职工福利费。第七，已婚单独申报模式不能扣除学生贷款利息支出。第八，已婚单独申报模式不享有教育税收优惠（美国机会与终生学习税收抵免）。第九，相对于已婚联合申报模式，已婚单独申报模式的儿童税收优惠额较低。第十，大多数情况下，已婚单独申报模式不能扣除收养子女费用或享有收养子女税收优惠。

鳏寡申报模式相关规定如下[③]：第一，定义。本申报模式是指配偶去世后，纳税人可在两年内继续使用已婚联合申报模式，该纳税人必须有一个受供养儿童，因此，该模式全称是"鳏夫寡妇与一个受供养儿童申报模式"。第二，认定时限。若配偶在某纳税年度去世，纳税人仍可按照已婚联合申报模式缴税；此后两年，可采用鳏寡申报模式。第三，申报方法。若配偶死于2021年，纳税人未在2021年再婚，可采用已婚联合申报模式，需就2021年配偶去世前全部所得与纳税人全部所得申报纳税。第四，认定条件。一是在配偶去世当年，纳税人按照已婚联合申报模式缴税；二是配偶去世之日起两年内，纳税人未再婚；三是纳税人拥有一个亲生子女或继子女（不包括收养子女），该子女

---

① IRS Tax Return Filing Status, https://www.efile.com/irs-tax-filing-status/。
② Marriage and Taxes, https://www.efile.com/tax-deduction/income-deduction/marriage-tax/。
③ Qualifying Surviving Spouse Tax Filing Status, https://www.efile.com/qualifying-widow-widower-tax-filing-status/。

能被认定为受供养者；四是除短暂离家外，子女全年与纳税人生活在一起；五是纳税人负担一半以上家计支出，该支出包括食品费用、房租、按揭贷款利息、家庭保险费、不动产税、修理费与抚养费等。第五，申报变更。若在配偶去世两年内，纳税人再婚，该人不可采用鳏寡申报模式，可采用已婚联合申报模式或已婚单独申报模式；在配偶去世两年后，若纳税人未再婚，可视情况，转为户主申报或单身申报。

户主申报模式相关规定如下[①]：第一，定义。户主申报模式是指纳税人处于单身状态，且拥有1个以上受供养者。第二，相对于单身申报模式，户主申报模式的优势为适用较低税率和较高标准税前扣除。第三，认定条件。一是本纳税年度截止日（12月31日）前，纳税人处于单身、离婚或法定分居非婚姻状态，纳税人没有按照已婚联合申报模式纳税；二是纳税人负担半数以上全年家计支出，该支出包括房租、按揭贷款利息、保险费、不动产税、修缮支出、食品支出与其他支出；三是一年中连续六个月以上，配偶未与纳税人生活在一起（配偶短暂离家情形除外）；四是纳税人必须拥有一个以上亲生子女、继子女或收养子女，且上述子女与纳税人在一年中生活时长超过半年（短暂离家情形除外）；五是纳税人必须将上述子女申报为受供养者，其他受供养者还可包括父母、亲属等。

单身申报模式相关规定如下[②]：第一，定义。该模式是不符合户主申报模式条件的未婚人士所需采用的申报模式。第二，关键时点。该时点是纳税年度最后一天（12月31日），若纳税人在该日结婚且未处于法定分居状态，则该人不可采用单身申报模式，只可采用已婚联合申报模式或已婚单独申报模式；若纳税人在该日未结婚、离婚或法定分居，则该人须采用单身申报模式。在配偶去世当年，纳税人可采用已婚联合申报模式缴税；配偶去世后两年内，纳税人可采用户主申报模式缴税。相对于其他模式，单身申报模式标准税前扣除额较低，相同边际税率的税级距也偏低，即单身申报模式下纳税人税负明显高于其他模式下相同条件纳税人税负。

---

① IRS Head of Household Filing Status，https://www.efile.com/irs-head-of-household-tax-filing-status/。
② Single IRS Tax Return Filing Status，https://www.efile.com/single-tax-filing-status/。

第三章　个人所得税制特性探究（二）

承袭第二章，本章继续研究个人所得税特性，包括优待弱势群体、正外部性纠正、兼顾个人与家庭、无处不在的公平元素。优待弱势群体是指个人所得税制一般设有免征额、税前扣除或税收优惠，对特定弱势群体采用免税或低税措施。正外部性纠正是指个人所得税对捐赠等拥有正外部性的行为予以一定扣除，以减轻正外部性行为提供者税负担。兼顾个人与家庭是指个人是收入获取者，需与家人分享收入，为减轻多人口家庭税负担，采用个人申报制的经济体一般拥有特定税前扣除制度，以减轻拥有受供养者个人的税负担；部分国家甚至采用家庭申报模式，以均衡单身家庭与多人口家庭税负担。无处不在的公平元素是指本章与第二章所提及的个人所得税特性中，存在着普遍的公平元素，如横向公平与纵向公平，前者是指相同收入者需拥有相同税负担，后者是指高收入者税负应重于低收入者税负。

第一节　优待弱势群体

优待弱势群体是指个人所得税制中存在一些税前扣除、税收抵免等税收优惠措施，以降低老弱病残乃至中低收入者税负担。常见的优惠措施包括病人医药费的税前扣除、对儿童等受供养群体的税前扣除、对失业救济金的免税措施等。

一、我国个人所得税制

（一）1980年个人所得税制

优待弱势群体表现在以下方面。
第一，针对抚恤金、福利费、救济金，免税。
第二，针对保险赔款，免税。

第三，针对干部职工的退休费或退职费，免税。

（二）现行个人所得税制

优待弱势群体表现在以下方面。

第一，针对救济金、福利费与抚恤金，免税。

第二，针对保险赔款，免税。

第三，针对烈属、孤老人员、残疾人员所得，减征税款。

第四，自然灾害导致的重大损失，减征税款。

第五，赡养老人专项附加扣除。若纳税人需赡养60周岁以上老人，则独生子女每月可扣除2000元；若纳税人为非独生子女，2000元/月的扣除额需协商确定分配结果，每个子女最多每月可扣除1000元；若老人子女已去世，可由孙子女或外孙子女扣除①。

第六，子女教育专项附加扣除。教育包括学前教育、学历教育，前者为3周岁当月至进入小学前1个月，后者为全日制学历教育入学当月至结束当月，全日制学历教育包括小学、中学、技工、专科、本科、硕士、博士阶段的全日制学历教育②。

第七，3岁以下婴幼儿照护专项附加扣除③。自婴儿出生当月到年满3周岁的前一个月。扣除额为每个婴儿每月1000元。可选择父亲或母亲收入全额扣除，也可在父母双方收入中各扣除50%④。

第八，大病医疗专项附加扣除。若某人在纳税年度内产生同基本医疗保险有关的医疗费用，其自付部分超过1.5万元，则在8万元以内部分可从应税所得中扣除。该人可选择在自身或配偶的税前收入中扣除，若该人为未成年人，可选择在该人父母一方税前收入中扣除⑤。

（三）民国时期所得税制

优待弱势群体表现在以下方面。

1914年中华民国《所得税条例》，针对法定赡养费，免税。

1936年国民政府《所得税暂行条例》，针对军警或公务员因公伤亡的抚恤

---

① 国务院：《个人所得税专项附加扣除暂行办法》，2018年。
② 国务院：《个人所得税专项附加扣除暂行办法》，2018年。
③ 国务院：《国务院关于提高个人所得税有关专项附加扣除标准的通知》，2023年。
④ 国务院：《3岁以下婴幼儿照护个人所得税专项附加扣除标准》，2022年。
⑤ 国务院：《个人所得税专项附加扣除暂行办法》，2018年。

金，残疾劳工与困难群体抚恤金、养老金与赡养费，免税。

1943年国民政府《所得税法》，针对下列所得免税：军警、官佐、士兵与公务员因公伤亡的抚恤金、残疾劳工及无力生活者抚恤金、养老金与赡养费。

1943年国民政府《财产租赁出卖所得税法》，针对下列所得免税：未超过3000元的财产租赁所得、未超过5000元的财产出售所得、未超过1万元的农业用地出售所得。

1946年国民政府《所得税法》，针对公务人员因公伤亡的抚恤金免税。

二、英国个人所得税制

优待弱势群体的特性体现在英国个人所得税的税前扣除制度上。

（一）1948—1972财年

1948—1972财年，英国优待弱势群体的相关税前扣除包括：小额收入扣除、盲人扣除、老年扣除、低收入老年扣除、单身父母扣除、未成年子女扣除、管家或受供养亲属扣除。

第一，小额收入扣除。1952年开设小额收入扣除制度，如表3.1所示。1952—1954财年，扣除比例是2/9，适用收入上限值是250英镑；超过250英镑但低于350英镑的部分，边际扣除率是40%。1955—1958财年，小额收入扣除比例都是2/9，适用收入上限是300英镑；超过此值后，边际扣除率提升至45%，但仅适用于400英镑以下收入。1959—1961财年，小额收入扣除的第一档扣除率、适用收入上限值与1955—1958财年相同；第二档扣除率是40%，适用于405英镑以下收入。1962财年，第一档扣除率仍为2/9，适用收入上限值是400英镑；400~550英镑的收入，适用50%的扣除率。1963—1969财年，第一档扣除率是2/9，适用收入上限是450英镑；第二档扣除率是50%；1963—1964、1965—1968、1969财年，第二档扣除率适用收入上限分别是680、705、710英镑。1970—1971财年，第一档扣除率是2/9，适用收入上限是450英镑；第二档扣除率分别是55%、52.50%，适用收入上限都是750英镑。1972财年，小额收入扣除第一档扣除率是2/9，适用于550英镑以下收入；第二档扣除率是52.50%，适用于550~805英镑收入。

第三章 个人所得税制特性探究（二）

表 3.1 1948—1972 财年英国个人所得税小额收入扣除

财年	扣除比例	适用收入上限（英镑）	边际扣除率	适用收入上限（英镑）
1948—1951	—	—	—	—
1952—1954	2/9	250	40%	350
1955—1956	2/9	300	45%	400
1957—1958	2/9	300	45%	400
1959—1960	2/9	300	40%	405
1961	2/9	300	40%	405
1962	2/9	400	50%	550
1963—1964	2/9	450	50%	680
1965—1968	2/9	450	50%	705
1969	2/9	450	50%	710
1970	2/9	450	55%	750
1971	2/9	450	52.50%	750
1972	2/9	550	52.50%	805

注：财年是每年 4 月 6 日到次年 4 月 5 日。
资料来源：https://webarchive.nationalarchives.gov.uk/ukgwa/20121106040140/。

第二，盲人扣除。1962—1972 财年，盲人扣除是 100 英镑；对于都是盲人的夫妻，本扣除额翻倍。本扣除可与单身或已婚人士扣除同时扣除[①]。

第三，老年扣除，如表 3.2 所示。本扣除适用于 65 岁及以上老年人，与劳动所得扣除互斥。1948—1951、1952—1972 财年，扣除比例分别是 1/5、2/9。1948—1954、1955—1958、1959—1972 财年，超过收入限额后扣除比例分别是 62.50%、60.00%、55.00%。1948—1952、1953—1956、1957、1958—1962、1963—1968、1969—1970 财年，收入限额分别是 500、600、700、800、900、1000 英镑。1971—1972 财年，分为两种情况：对于单身人士，收入限额是 1000 英镑；对于已婚人士，收入限额是 1200 英镑。当老年人收入未达到收入限额时，老年扣除为收入额与扣除比例的乘积；当老年人收入超过收入限额时，老年扣除＝收入限额＋(全部收入－收入限额)×超过收入限

---

① Income tax personal allowances and reliefs, https://webarchive.nationalarchives.gov.uk/ukgwa/20121106040140/。

◇ 个人所得税的
　　收入差距平抑功能研究

额后扣除比例。

第四，低收入老年扣除，如表 3.2 所示。对于收入低于免税限额的老人，采用本扣除。1957 财年后开设本扣除制度。一是低收入单身老年扣除，1957—1972 财年，免税限额为 250～634 英镑不等；二是低收入已婚老年扣除，1957—1972 财年，免税限额为 400～929 英镑不等。低收入单身老年扣除与低收入已婚老年扣除存在互斥性。1957—1972 财年，超额部分边际扣除最高限额为 50～245 英镑不等；超过最高限额后的扣除比例为 45%～50% 不等。本扣除计算方法如下：若收入低于免税限额，免税；若收入超过免税限额且（收入－免税限额）<超额部分边际扣除最高限额，总扣除额＝免税限额＋（收入－免税限额）×超过最高限额后扣除比例。

表 3.2 1948—1972 财年英国个人所得税的老年扣除与低收入老年扣除（英镑）

财年	老年扣除[A]			低收入老年扣除[B]			
	扣除比例	收入限额	超过收入限额后扣除比例	免税限额		超额部分边际扣除最高限额	超过最高限额后扣除比例
				单身	已婚		
1948—1951	1/5	500	62.50%	—	—	—	—
1952	2/9	500	62.50%	—	—	—	—
1953—1954	2/9	600	62.50%	—	—	—	—
1955—1956	2/9	600	60.00%	—	—	—	—
1957	2/9	700	60.00%	250	400	50	50.00%
1958	2/9	800	60.00%	275	440	55	50.00%
1959—1961	2/9	800	55.00%	275	440	55	45.00%
1962	2/9	800	55.00%	300	480	75	45.00%
1963	2/9	900	55.00%	325	520	130	45.00%
1964	2/9	900	55.00%	360	575	160	45.00%
1965	2/9	900	55.00%	390	625	180	45.00%
1966	2/9	900	55.00%	390	625	230	45.00%
1967	2/9	900	55.00%	401	643	265	45.00%
1968	2/9	900	55.00%	415	665	255	45.00%
1969	2/9	1000	55.00%	425	680	330	45.00%

续表

财年	老年扣除A			低收入老年扣除B			
	扣除比例	收入限额	超过收入限额后扣除比例	免税限额		超额部分边际扣除最高限额	超过最高限额后扣除比例
				单身	已婚		
1970	2/9	1000	55.00%	475	740	225	50.00%
1971	2/9	1000/1200C	55.00%	504	786	330	47.50%
1972	2/9	1000/1200C	55.00%	634	929	245	50.00%

注：A. 老年扣除是对65岁及以上老年人的个人所得扣除，用于替代劳动所得扣除；若老年人收入没有超过第三列的收入限额，其全部收入（劳动和非劳动所得）都可扣除老年扣除。当收入超过限额时，老年扣除＝收入限额＋（全部收入－收入限额）×超过收入限额后扣除比例。

B. 若收入低于免税限额，免税。若收入超过免税限额且（收入－免税限额）<超额部分边际扣除最高限额，总扣除额＝免税限额＋（收入－免税限额）×超过最高限额后扣除比例。

C. 1971—1972财年，单身老年扣除是1000英镑，已婚老年扣除是1200英镑。

D. 财年是每年4月6日到次年4月5日。

资料来源：Income tax personal allowances and reliefs，https://webarchive.nationalarchives.gov.uk/ukgwa/20121106040140/。

第五，单身父母扣除。对于单身父母，1969—1972财年应税所得可扣除100英镑[1]。

第六，未成年子女扣除。一是11岁以下子女扣除，1948—1950、1951、1952—1954、1955—1962、1963—1970、1971—1972财年，11岁以下子女扣除分别是60、70、85、100、115、155英镑。二是11-15岁子女扣除，1948—1950、1951、1952—1954、1955—1956、1957—1962、1963—1970、1971—1972财年，11-15岁子女扣除分别是60、70、85、100、125、140、180英镑。三是16岁及以上子女扣除，1948—1950、1951、1952—1954、1955—1956、1957—1962、1963—1970、1971—1972财年，16岁及以上子女扣除分别是60、70、85、100、150、165、205英镑[2]。

第七，管家或受供养亲属扣除。1948—1952、1953—1959、1960—1972

---

[1] Income tax personal allowances and reliefs，https://webarchive.nationalarchives.gov.uk/ukgwa/20121106040140/。

[2] Income tax personal allowances and reliefs，https://webarchive.nationalarchives.gov.uk/ukgwa/20121106040140/。

财年，本扣除分别是50、60、75英镑。"体弱多病的纳税人将女儿留下来（作为管家）"不适用本扣除，只能采用少量扣除，1948—1952财年扣除额是25英镑，1953—1972财年扣除额是40英镑，1973财年后扣除额是55英镑。对于单身女性纳税人拥有一位受供养亲属的情形，1967—1972、1973财年扣除额分别是110、145英镑。当受供养亲属收入超过特定限额时，超额部分需从扣除额中减除[①]。

（二）1973—1989财年

1973—1989财年，英国优待弱势群体的相关税前扣除包括：老年扣除、盲人扣除。

第一，老年扣除，包括单身老年扣除与已婚老年扣除。一是单身老年扣除，分为三种情形：65~74岁、75~79岁、80岁及以上。1973—1986财年各年龄段单身老年扣除额都自950英镑升至3400英镑。1987—1989财年，各年龄段单身老年扣除额出现差异，如1989财年，65~74岁、75~79岁、80岁及以上的单身老年扣除额分别是3400、3540、3540英镑；1988财年上述年龄段单身老年扣除额依次是3180、3180、3310英镑。同年中，老年、非老年单身扣除额之比约为1.3∶1。二是已婚老年扣除，也分为三种情形：65~74岁、75~79岁、80岁及以上。1973—1986财年，各年龄段已婚老年扣除相同，其间扣除额不断上涨，自1425英镑增至4505英镑。1987—1989财年，不同年龄段已婚老年扣除存在差异，1989财年65~74岁、75~79岁、80岁及以上的已婚老年扣除分别是5385、5565、5565英镑；1988财年上述年龄段已婚老年扣除依次是5035、5035、5205英镑。同年中，已婚老年扣除与单身老年扣除之比约为1.58∶1。对于已婚老人，若收入小于收入限额，则全额扣除；若收入大于收入限额，则扣除额=扣除限额+（收入－收入限额）×边际扣除率。1975—1988财年的边际扣除率是2/3，1989财年的边际扣除率是1/2[②]。

第二，盲人扣除。1973—1989财年盲人扣除额不断上涨，自130英镑增至540英镑，年均增长9.3%。若夫妻都是盲人，扣除额翻倍[③]。

[①] Income tax personal allowances and reliefs, https://webarchive.nationalarchives.gov.uk/ukgwa/20121106040140/.

[②] Income tax personal allowances and reliefs, https://webarchive.nationalarchives.gov.uk/ukgwa/20121106040140/.

[③] Income tax personal allowances and reliefs, https://webarchive.nationalarchives.gov.uk/ukgwa/20121106040140/.

（三）1990—2021 财年

1990—2021 财年，英国优待弱势群体的相关税前扣除包括：老年扣除、盲人扣除、股息扣除、储蓄扣除、储蓄所得补充税率。

第一，老年扣除，包括个人扣除与夫妻扣除，如表 3.3 所示。一是老年个人扣除。65~74 岁老人的扣除额逐渐增加，自 1990 财年的 3670 英镑增加至 2014 财年的 10500 英镑；1990—2014 财年，本扣除与非老年个人扣除之比的平均值是 1.34∶1。2015 财年后，本扣除与非老年个人扣除合并。75 岁及以上老人的扣除额也是逐渐增加，从 1990 财年的 3820 英镑增至 2015 财年的 10660 英镑；1990—2015 财年，本扣除与非老年个人扣除之比的平均值是 1.38∶1。2016 财年后，本扣除与非老年个人扣除合并。二是老年夫妻扣除。65~74 岁夫妻扣除方面，该扣除额逐渐增加，自 1990 财年的 2145 英镑涨至 2008 财年的 6535 英镑；2009 财年后，本扣除终止。75 岁及以上夫妻扣除方面，扣除额也不断增长，1990—2021 财年自 2185 英镑涨至 9125 英镑。老年夫妻扣除还设立了收入限额制度，1990—2021 财年收入限额自 12300 英镑增至 30400 英镑。如果个人收入超过收入上限，其老年夫妻扣除将减少，减少额为超过收入上限部分的一半，但夫妻扣除额不得低于夫妻扣除下限值（2019 财年为 3450 英镑）[①]。

表 3.3　1990—2021 财年英国的老年税前扣除（英镑）

财年	老年个人扣除		老年夫妻扣除		
	65~74 岁	75 岁及以上	65~74 岁	75 岁及以上	收入上限A
1990	3670	3820	2145	2185	12300
1991	4020	4180	2355	2395	13500
1992	4200	4370	2465	2505	14200
1993	4200	4370	2465	2505	14200
1994	4200	4370	2665[B]	2705[B]	14200
1995	4630	4800	2995[C]	3035[C]	14600
1996	4910	5090	3115[C]	3155[C]	15200

---

① Income tax personal allowances and reliefs，between 1990 to 1991 and 2021 to 2022，https：//assets.publishing.service.gov.uk/government/uploads/system/uploads/attachment_data/file/1032778/Table-a1.ods。

◇ 个人所得税的
收入差距平抑功能研究

续表

财年	老年个人扣除 65~74岁	老年个人扣除 75岁及以上	老年夫妻扣除 65~74岁	老年夫妻扣除 75岁及以上	收入上限A
1997	5220	5400	3185C	3225C	15600
1998	5410	5600	3305C	3345C	16200
1999	5720	5980	5125D	5195C	16800
2000	5790	6050	5185DE	5255DE	17000
2001	5990	6260	5365DE	5435DE	17600
2002	6100	6370	5465DE	5535DE	17900
2003	6610	6720	5565DE	5635DE	18300
2004	6830	6950	5725DE	5795DE	18900
2005	7090	7220	5905DE	5975DE	19500
2006	7280	7420	6065DE	6135DE	20100
2007	7550	7690	6285DE	6365DE	20900
2008	9030	9180	6535DE	6625DE	21800
2009	9490	9640	—	6965DE	22900
2010	9490	9640	—	6965DE	22900
2011	9940	10090	—	7295DE	24000
2012	10500	10660	—	7705DE	25400
2013	10500F	10660G	—	7915DE	26100
2014	10500F	10660G	—	8165DE	27000
2015	—	10660G	—	8355DE	27700
2016	—	—	—	8355DE	27700
2017	—	—	—	8445DE	28000
2018	—	—	—	8695DE	28900
2019	—	—	—	8915DE	29600
2020	—	—	—	9075DE	30200
2021	—	—	—	9125DE	30400

注：A. 如果个人收入超过收入上限，他们的夫妻扣除将减少，减少额为超过收入上限部分的一半，但夫妻扣除额不得低于夫妻扣除下限值（2019财年为3450英镑）。

B. 可获得扣除额统一比例为20%。
C. 可获得扣除额统一比例为15%。
D. 可获得扣除额统一比例为10%。
E. 夫妻中至少有一人在1935年4月6日前出生。
F. 本扣除适用于1938年4月6日至1948年4月5日间出生者。
G. 本扣除适用于1938年4月5日及之前出生的人。
H. 财年是每年4月6日到次年4月5日。

资料来源：Income tax personal allowances and reliefs, between 1990 to 1991 and 2021 to 2022, https://assets.publishing.service.gov.uk/government/uploads/system/uploads/attachment_data/file/1032778/Table—a1.ods。

第二，盲人扣除。专门给盲人设立的税前收入扣除，若夫妻双方都是盲人，本扣除额翻倍；1990年本扣除额是1080英镑，2021年增至2520英镑[1]，2022年再度提升至2600英镑。盲人扣除相关规定如下[2]：第一，本扣除与个人扣除可同时扣除，不存在互斥关系。第二，若纳税人与伴侣都是盲人，两人都可享有盲人扣除。第三，苏格兰与北爱尔兰规定：申请本扣除时，申请人不得从事对视力要求很高的工作，还需拥有严重视觉障碍医学证明。第四，英格兰与威尔士规定：申请本扣除时，需在市政委员会注册登记且拥有严重视觉障碍医学证明。第五，若盲人不纳税或收入低于盲人扣除额，本扣除可转移给伴侣；盲人和其伴侣应处于婚姻或同居状态，伴侣可以是盲人，也可以不是盲人。

第三，股息扣除。2016财年设立本扣除，无论股息和非股息收入总额多大，低于5000英镑的股息收入，免税；2018财年，该扣除额降至2000英镑。

第四，储蓄扣除。2016财年开设本扣除，直至2021年未发生变更。储蓄扣除是指储蓄收入免税金额。同年，英国个人所得税制是3级超额累进税制，当纳税人总所得适用的最高边际税率是第1、2、3级税率时，储蓄扣除额分别设定为1000、500、0英镑。2016财年的个人扣除额、起始税率（Starting Rate）、个人储蓄扣除额的作用是：总应税所得17000英镑纳税人的储蓄收入免税。直至2021财年，储蓄扣除未发生变更[3]。

---

[1] Income tax personal allowances and reliefs, between 1990 to 1991 and 2021 to 2022, https://assets.publishing.service.gov.uk/government/uploads/system/uploads/attachment_data/file/1032778/Table—a1.ods。

[2] Blind person's allowance, https://www.gov.uk/blind-persons-allowance/what-youll-get。

[3] Income tax personal allowances and reliefs, between 1990 to 1991 and 2021 to 2022, https://assets.publishing.service.gov.uk/government/uploads/system/uploads/attachment_data/file/1032778/Table—a1.ods。

第五，储蓄所得补充税率。对于储蓄所得，英国还规定了补充税率，如表3.4所示。表3.4应与表2.9"1990—2021财年英国个人所得税率"结合起来看。2008财年，英国超额累进税制去除10%的边际税率，但对于部分储蓄所得仍采用10%的边际税率。其规定如下：若总所得（包括劳动所得、红利所得、储蓄所得）低于储蓄所得补充税率的税级距，储蓄所得适用相应的税率。如2013财年，若总所得低于2790英镑，则储蓄所得适用10%的税率。2015财年开始，边际税率降为0，当总所得未超过5000英镑时，储蓄所得免税。

表3.4 储蓄所得补充税率

财年	税级距（英镑）[A]	税率（%）
2008	2320	10
2009	2440	10
2010	2440	10
2011	2560	10
2012	2710	10
2013	2790	10
2014	2880	10
2015	5000	0
2016	5000	0
2017	5000	0
2018	5000	0
2019	5000	0
2020	5000	0
2021	5000	0

注：A. 应税收入是应纳税总收入中减去各种扣除的余额。
B. 财年是每年4月6日到次年4月5日。
资料来源：https://assets.publishing.service.gov.uk/government/uploads/system/uploads/attachment_data/file/1032778/Table-a1.ods。

三、美国个人所得税制

美国个人所得税制的税前扣除包括标准扣除与分类扣除。

（一）标准扣除

第一，老年扣除，65岁及以上纳税人可采用本扣除。2021年，已婚联合申报与鳏寡申报模式下，老年扣除额是1350美元；其他模式下，该扣除额是1700美元。第二，盲人扣除，经医学鉴定且注册在案的盲人可享有本扣除。2021年，已婚联合申报与鳏寡申报模式下，盲人扣除额是1350美元；其他模式下，该扣除额是1700美元。第三，灾害扣除。美国总统会宣布自然灾害受灾区域，如2022年1月发生山火的科罗拉多州、2021年12月发生飓风与洪水的肯塔基州，相关纳税人可将相关金额加入标准扣除额[①]。

（二）分类扣除

第一，医疗扣除。纳税年度中，纳税人、配偶与受供养者的医疗费用支出可作为医疗扣除从调整后总所得（Adjusted Gross Income）中扣除。2021年，纳税人可就医疗费用自付金额申请医疗扣除，医疗扣除额＝医疗费用自付金额－调整后总所得×7.5%。例如，某人调整后总所得是4万美元，医疗费用自付金额是5000美元，医疗扣除额＝5000－40000×7.5%＝2000(美元)[②]。

第二，长期护理保险费。本费用不同于医疗费，抵扣下限值是调整后总所得的10%[③]。

第三，意外事故及盗窃损失。本扣除已被废除，只有美国总统宣布的、联邦政府认定的灾难所引发的损失，且损失金额高于调整后总所得10%的部分，可用于扣除调整后总所得[④]。

（三）税收抵免

税收抵免包括两类：不退式税收抵免、可退式税收抵免。不退式税收抵免是指当税收抵免额超过个人所得税额时，美国国税局不会支付给申请者相应的差额。例如，某人被批准了5000美元不退式税收抵免，其个人所得税额是3000美元，则个人所得税额降为零，但国税局不会支付任何资金给该人。可

---

① Tax deductions for income tax returns, https://www.efile.com/tax-deduction/.
② How to claim a medical expense tax deduction, https://www.efile.com/medical-deductions/.
③ Itemized tax deductions on schedule A, https://www.efile.com/itemized-tax-deductions-schedule-A/.
④ Itemized tax deductions on schedule A, https://www.efile.com/itemized-tax-deductions-schedule-A/.

◇ 个人所得税的

　　收入差距平抑功能研究

退式税收抵免是指当税收抵免额超过个人所得税额时，美国国税局将支付给申请者相应的差额。例如，某人被批准了 5000 美元可退式税收抵免，其个人所得税额是 3000 美元，则个人所得税额降为零，并由国税局支付 2000 美元给该人。

（1）不退式税收抵免

第一，受供养者或儿童照顾费用税收抵免①。受供养者或儿童包括：13 岁以下需要照顾的孩子、缺乏自理能力的配偶或 13 岁及以上的孩子。申请条件如下：一是申报模式可以是单身、已婚联合、已婚单独、户主、鳏寡申报模式其中之一。二是纳税人必须通过劳动取得收入，若纳税人已婚且采用已婚联合申报模式缴税，配偶必须也从事劳动取得收入；若纳税人或配偶是全日制学生或残疾人，可不必从事劳动工作。三是纳税人雇佣他人照顾受供养者，且看护者不是纳税人的受供养者。四是雇佣他人看护受供养者的原因是纳税人（采用已婚联合申报模式下的配偶）需要工作、找工作、上学或身有残疾。五是受供养者或儿童与纳税人在一个纳税年度中的生活时长超过半年。六是儿童参加夏日露营不得过夜，否则相关费用不能计入受供养者、儿童照顾费用税收抵免。抵免方法如下②：本抵免额为部分或全部受供养对象照顾费用的 20%～35%。该比例取决于纳税人收入：若收入低于 1.5 万美元，适用 35% 的比例；此后，收入每增加 2000 美元，该比例降低 1%；当收入达到或超过 4.3 万美元时，该比例降至 20%。1 位受供养者照顾费用上限是 3000 美元，2 位及以上受供养者照顾费用上限是 6000 美元，故受供养者或儿童照顾费用税收抵免上限是 2100 美元。计算本抵免额前，必须将雇主为儿童或受供养者提供的其他费用从总照顾费用中扣除，因为上述费用已从纳税人调整后总所得中扣除；若纳税人采用单身（或已婚单独）申报模式，雇主费用最大值是 5000（或 2500）美元。本项抵免是不退式税收抵免，若纳税人不纳税，本抵免不会给纳税人带来任何收益。

第二，受供养者税收抵免与扣除③。一是 2021 年未成年人预先税收抵免，每位未成年人可抵免 3600 美元。以往年份未成年人税收抵免是不退式抵免；

---

① Child and dependent care expense tax credit, https://www.efile.com/child-dependent-care-expenses-credit/。

② Child and dependent care expense tax credit, https://www.efile.com/child-dependent-care-expenses-credit/。

③ Dependents and tax credits, deductions, https://www.efile.com/tax-deductions-credits-for-parents-with-children-dependents/。

2021年未成年人预先税收抵免是可退式抵免,以应对新冠疫情。2021年上半年及以前,拥有住所的美国公民,即使不缴税或没有收入,也能从中获益。二是其他受供养者的税收抵免,给予每位受供养者500美元的税收抵免,但本抵免是不退式抵免。

第三,老年与残疾高级税收抵免[①]。一是申请人必须是美国公民或者获批在美居民。二是在2021年12月31日,申请人年龄达到或超过65岁,或者在该时点前因永久性残疾病休,有应税所得。三是本抵免是不退式抵免政策,只能抵扣纳税款项,不得超过纳税款项。四是残疾人需持有相关证明。五是调整后总所得、非应税所得不得超过上限值,否则纳税人不得申请老年与残疾高级税收抵免。若某纳税人采用单身、户主或鳏寡申报模式缴税,则调整后总所得不得超过17500美元,非应税所得不得超过5000美元,否则不得申请老年与残疾高级税收抵免,其他申报模式申请上限值请见表3.5。

表3.5　2021年老年与残疾高级税收抵免的申请上限值(美元)

申报模式及其他条件	调整后总所得上限值	非应税所得上限值A
单身、户主或鳏寡申报	17500	5000
已婚联合申报且夫妻中一人符合条件	20000	5000
已婚联合申报且夫妻中两人符合条件	25000	7500
已婚单独申报B	12500	3750

注:A. 非应税所得包括社保所得、补偿款、年金或残疾抚恤金。
B. 申请者和其配偶在2021年全年分居。
C. 调整后总所得、非应税所得不得超过相应数额,否则纳税人不得申请老年与残疾高级税收抵免。
资料来源:https://www.docuclix.com/external/?_y=0 a46139f0 f1e59e3952f1c25fb7e4b3d。

第四,退休金缴款税收抵免[②]。一是本抵免的最高数额是1000或2000美元,前者适用于单身、已婚单独、户主申报,后者适用于已婚联合、鳏寡申报。二是实际抵免额取决于纳税人缴款数量与所能获取的抵免额占缴款额的比重,此比重可以是10%、20%或50%,取决于调整后总所得金额与申报模式。三是本抵免是不退式税收抵免。举例说明,2021年某单身纳税人收入是1.8

---

① Elderly and disabled senior tax credit, https://www.efile.com/elderly-disabled-tax-credit/.
② Retirement contributions credit or saver's credit, https://www.efile.com/tax-credit/savers-credit-retirement-savings-contributions-credit/.

万美元,将 4000 美元存入退休金账户,若抵免额占缴款额的比重适用 50%,则退休金缴款抵免额是 2000 美元,该人个人所得税负担是 1000 美元,除抵免该个人所得税额外,仍剩余 1000 美元,但得不到任何补偿。

第五,收养税收抵免[①]。凡收养 18 岁以下未成年人(包括需要特殊照顾的孩子),无论被收养者是不是美国公民,都可申请本抵免。每名被收养者每年最高可申请抵免 14440 美元,该抵免额可抵扣纳税人未来五年的税款。符合以下条件之一可申请本抵免:一是本纳税年度末(12 月 31 日),被收养者是 18 岁以下美国公民或居民(或外国人);二是若被收养者需要特殊照顾,可申请增加税收抵免额;三是纳税人必须支付收养费用,包括收养涉及的律师费与诉讼费、旅费(离家期间饮食住宿费用)与其他费用。2021 年本抵免最高限额是 14440 美元/名被收养者;调整后总所得达到 216660 美元后,本抵免额将逐渐减少;当调整后总所得达到最高限额 256660 美元及以上时,本抵免额清零。

第六,抵押贷款保险费税收抵免[②]。若贷款者无法支付 20% 的首付款,出借人可能需要贷款者购买私人抵押贷款保险。美国国税局为该抵押贷款保险费设置了税收抵免。若某人被州或地方政府颁发了抵押贷款税收抵免证,该人可申请本抵免。本抵免适用于低或中等收入者,以助其通过抵押贷款购置新居。本抵免是不退式抵免,只可抵扣纳税额,抵扣额不能超过纳税额。本抵免可向后延展三年。如可将最高抵免额 2000 美元用于两年的税收抵免,每年抵免 1000 美元。当同时申报抵押贷款保险费税收抵免、抵押贷款利息扣除时,抵免额将用于抵消部分或全部扣除额。若纳税人不采用抵押贷款保险费税收抵免,也可将该费用从调整后总所得中扣除,2021 年扣除额是 600 美元及以上。抵押贷款利息扣除方面,若调整后总所得未超过上限值——10 万美元(已婚联合申报者未超过 20 万美元),纳税人可将所支付贷款利息作为分类扣除,从调整后总所得中扣除;若调整后总所得超过前述上限值,可扣金额将逐渐递减,直至调整后总所得达到 10.9 万美元(已婚联合申报:21.8 万美元),可扣金额清零。

第七,抵押贷款手续费税收抵免[③]。抵押贷款手续费是为降低贷款利率,

---

① The adoption tax credit, https://www.efile.com/tax-credit/tax-credit-adoption/.
② Home mortgage deduction, interest expenses, https://www.efile.com/home-mortgage-interest-tax-deduction/#premiums。
③ Home mortgage deduction, interest expenses, https://www.efile.com/home-mortgage-interest-tax-deduction/#premiums。

贷款人支付给抵押贷款出借人的费用，需符合以下条件：一是运用贷款建造或购买首套房；二是用首套房作为抵押物；三是所支付利息建立在贷款形成的基础上；四是在支付发生当年申报扣除该费用；五是所支付费用不是结算单上单独列出的费用（如评估费、财产税）；六是所支付费用的资金不得从抵押贷款交易商或出借人处借得；七是该费用以抵押贷款本金的百分比计算；八是该费用金额在结算单中明确标明。抵押贷款手续费包括两种类型：折扣点费、起始点费。

折扣点费是为降低抵押贷款利率，贷款人预先支付的费用。每个点等于贷款额的百分之一。所支付费用每增加1%，贷款利率就降低一定比例（通常为0.25%），月供自然也会减少。申请折扣点费抵免的条件包括：一是抵押贷款被用于建设、购买或修缮住房，且该住房是抵押品；二是支付折扣点费的资金属于自有财产，而非借自他人；三是该房是申请人首套房或二套房，且该房已出租。例如，乔治以5%的年贷款利率借入10万美元的抵押贷款，月按揭款是537美元；当购买三个折扣点时，贷款利率降至4.25%，即每个折扣点可降低贷款利率0.25%，则月按揭款降至492美元。

起始点费是贷款者支付给贷款负责人的费用，以弥补贷款人创设和处理贷款业务的成本，该费用可预先支付，也可在整个贷款存续期中支付。每个起始点费是贷款额的1%。起始点费可作为房屋折旧费申报税收抵免；申请时间取决于付款方式，可以是贷款当年，也可以是整个贷款存续期；非出租房屋不得申请税收抵免。

（2）可退式税收抵免

第一，儿童税收抵免①。若纳税人拥有16岁及以下的符合条件儿童，该人可申请儿童税收抵免。此抵免是部分金额可退式抵免，要求符合条件儿童必须拥有社会保障号。本抵免设置的目的是减少纳税人养育儿童的负担。2018—2020年，该抵免额最大值是每名儿童每年2500美元，该抵免可退金额为超过2500美元应税所得的15%，但可退金额不得超过1400美元。若申报人纳税额为零，则该人必须拥有2500美元劳动所得。2022年该抵免最大可退金额升至1500美元。申领条件：一是在当年12月31日，该儿童年龄必须是16岁及以下；二是该儿童是美国居民、公民或外国侨民；三是该儿童必须是申请人税收申报表中的受供养者；四是该儿童必须与申请人有特定亲属关系，如儿女、继

---

① Child tax credit qualifications，https://www.efile.com/do-i-qualify-for-the-child-tax-credit-who-is-eligible/.

子女、兄弟姐妹、同父或同母兄弟姐妹、孙子女、侄子女或养子女；五是该儿童必须与申请人共同居住超183晚，特殊情形下，允许临时离家；六是申请人负担该子女一半以上的生活费用。

2021年属于特殊年份。依据美国援助计划，儿童税收抵免可全额预支；将儿童填入纳税申报表，即可通过银行账户获取该抵免；对17岁及以下儿童，抵免额为250美元/月；对6岁以下儿童，抵免额增至300美元/月；取消纳税人劳动所得最低限额2500美元的要求，使得无劳动所得者也可申请该抵免。

第二，保险费税收抵免[①]。本抵免是可退式税收抵免，可在一个纳税年度中提前申报。基于纳税人所得和所加入人力市场的医保计划，确定保险费税收抵免额。申请保险费税收抵免需具备以下条件：一是申请人没有资格通过雇主或政府计划获得医疗保险。二是雇主不提供雇主医疗保险方案。三是申请人需通过市场购买医疗保险。四是申请人收入为贫困线收入的100%～400%的。2022年阿拉斯加、夏威夷和其他地区的联邦贫困水平线（federal poverty level）年收入分别是16990、15630、13590美元；除阿拉斯加、夏威夷外，2021年美国联邦贫困水平线年收入是12880美元，每增加1名家庭成员，下限值增加4480美元，上限值增加4480美元的400%，如单人户收入范围是12880～51520美元，双人户收入范围是17420～69680美元，三人户收入范围是21960～87840美元[②]。五是申请人不能是其他人税收申报表中的受供养者。六是除非申请人是家庭暴力受害者或被配偶遗弃，否则不得以已婚单独申报模式申报纳税。此外，作为美国救助计划法案与第三轮一揽子刺激政策组成部分，2021年保险费税收抵免让更多家庭从中受益。总体上，本抵免获得者的医疗费用不超过家庭收入的8.5%；收入超过联邦贫困水平线年收入400%的纳税人，也可获得部分保险费税收抵免。

第三，纾困金抵免[③]。本抵免由联邦政府设立，以应对2020年新冠疫情。该政策以"刺激性支票或支付"而被广泛熟知。"刺激性支票或支付"是纾困金抵免预付款。2020—2021年共发放3轮纾困金，发放标准如表3.6所示。

---

① Premium tax credit form 8962, https://www.efile.com/tax-credit-health-insurance-premium-credit/。

② FPL calculator (federal poverty level) - 2024, https://povertylevelcalculator.com/。

③ Recovery rebate, employee retention credit, https://www.efile.com/covid-19/recovery-rebate-credit/。

表 3.6 2020—2021 年美国三轮纾困金发放标准（美元）

纾困金发放轮次	单身、户主、已婚单独或鳏寡申报	已婚联合申报	每位受供养者
第一轮	1200	2400	500
第二轮	600	1200	600
第三轮	1400	2800	1400

资料来源：https://www.efile.com/covid-19/recovery-rebate-credit/。

第一轮纾困金是 2018 或 2019 年纾困金抵免预付额，第二轮纾困金是 2019 或 2020 年纾困金抵免预付额，第三轮纾困金是 2021 年纾困金抵免预付额。此外，每轮纾困金发放都设有递减点与上限值。当申请人调整后总所得超过递减点时，纾困金将减少超额部分的 5%；当申请人调整后总所得达到或超过上限值时，将失去纾困金申请资格。以第三轮纾困金为例，对于单身申报纳税人，递减点、上限值对应调整后总所得分别是 7.5 万、8 万美元；对于已婚联合申报纳税人，递减点、上限值对应调整后总所得分别是 15 万、16 万美元；对于户主申报纳税人，递减点、上限值对应调整后总所得分别是 11.25 万、12 万美元。

第四，劳动所得税收抵免[①]。相对于其他群体，本抵免更有利于中低收入者，尤其有利于单身无受供养者的纳税人。劳动所得源自纳税人自雇或为他人工作。申请本抵免的条件包括：一是申请人与儿童都要有合法社会保障号，若申请人采用已婚联合申报模式纳税，其配偶也需有合法社会保障号；二是申请人必须拥有劳动所得，该人可被他人雇佣，也可自雇；三是申请人原本不可采用已婚单独申报模式缴税，但 2021 年申请人与配偶可分别采用未婚身份申请劳动所得税收抵免，不过要求申请人与配偶在 1 年中的共同居住时间不得超过半年，或者两者处于法定分居状态，并且两者在本年末要分别居住；四是申请人不得将其他人申报劳动所得税收抵免的自然人作为合格儿童（qualified child）；五是两人不得将同一自然人作为合格儿童，申请劳动所得税收抵免；六是若申请人没有合格儿童，在本年末该人年龄需在 25～65 岁，2021 年年龄下限降至 19 岁，该人在美居住时间超过半年。2021 年美国国税局规定了申领劳动所得税收抵免的收入限值、抵免额最大值等，如表 3.7 所示。

[①] Earned income tax credit，EIC or EITC，https://www.efile.com/tax-credit/earned-income-credit/。

◇ 个人所得税的

收入差距平抑功能研究

表3.7 2021年劳动所得税收抵免的收入限值、抵免额最大值（美元）

合格儿童数	0个	1个	2个	3个及以上
调整后总所得下限值（单身、户主、鳏寡申报）	7100	10640	14950	14950
抵免额递减门槛值（单身、户主、鳏寡申报）	8880	19520	19520	19520
调整后总所得上限值（单身、户主、鳏寡申报）	21430	42158	47915	51464
抵免额递减门槛值（已婚联合申报模式）	14820	25470	25470	25470
调整后总所得上限值（已婚联合申报模式）	27380	48108	53865	57414
抵免额最大值	1502	3618	5980	6728
投资所得上限值	10000			

资料来源：https://www.efile.com/tax-credit/earned-income-credit/。

一是收入限值包括调整后总所得下限值、抵免额递减门槛值、调整后总所得上限值。当调整后总所得处于上、下限值之间时，纳税人可申请劳动所得税收抵免；当调整后总所得超过抵免额递减门槛值时，劳动所得税收抵免额将逐渐减少；当调整后总所得达到或超过上限值时，劳动所得税收抵免额为零。例如，2021年单身、户主、鳏寡申报模式下，当申请人有2个合格儿童时，调整后总所得下限值、抵免额递减门槛值、调整后总所得上限值分别是14950、19520、47915美元。再如，2021年已婚联合申报模式下，当申请人有1个合格儿童时，抵免额递减门槛值、调整后总所得上限值分别是25470、48108美元，此模式未设定下限值。设置调整后总所得下限值的原因在于：避免出现"不劳而获"的问题。设置抵免额递减门槛值、调整后总所得上限值的原因在于：让劳动所得税收抵免更好地惠及中低收入群体。

二是抵免额最大值。2021年无论采用何种申报模式，当申请人有0、1、2、3个及以上合格儿童时，抵免额最大值分别是1502、3618、5980、6728美元。

三是投资所得上限值。2021年投资所得不得超过1万美元，否则不可申请劳动所得税收抵免。

四是构建指标值变动机制。相对于2021年，2022年各指标值都有不同程度的变化，如表3.8所示。如2022年，当申请人无合格儿童时，抵免额最大值是560美元，仅为2021年相应值的37%；当申请人有1、2、3个及以上合格儿童时，抵免额最大值分别是3733、6164、6935美元，都为2021年相应值的1.03倍。

表 3.8 2022 年劳动所得税收抵免的收入限值、抵免额最大值（美元）

合格儿童数	0个	1个	2个	3个及以上
调整后总所得下限值（单身、户主、鳏寡申报）	7320	10980	15410	15210
抵免额递减门槛值（单身、户主、鳏寡申报）	9160	20130	20130	20130
调整后总所得上限值（单身、户主、鳏寡申报）	16480	43492	49399	53057
抵免额递减门槛值（已婚联合申报模式）	15290	26260	26260	26260
调整后总所得上限值（已婚联合申报模式）	22610	49622	55529	59187
抵免额最大值	560	3733	6164	6935
投资所得上限值	10000			

资料来源：https://www.efile.com/tax-credit/earned-income-credit/。

第二节　正外部性纠正

正外部性纠正是指税前扣除或免税政策，有助于促进一些正外部性产品供给，如科技发展具有正外部性，对科技成果奖励的免税有助于科学家加大精力投入，促进科技发展。

一、我国个人所得税制

（一）1980 年至今

第一，1980 年个人所得税制中，科技文化成果奖金、军官士兵的复员费或转业费，免税。

第二，现行个人所得税制中，特许权使用费、稿酬所得、劳务报酬所得，以收入减除 20% 的费用作为收入额，稿酬所得在此基础上再减除 30% 作为收入额。

第三，现行个人所得税制中，个人就其所得向教育等公益慈善组织捐款，捐款额超过 30% 应纳税所得额的部分不予扣除，低于 30% 的部分可从应纳税所得额中扣除。

第四，现行个人所得税制中，省、部、军级以上单位、国际组织、外国组织颁发的科技、文教、卫生、体育、环保等奖金，免税。

(二) 民国时期

第一，北洋政府所得税制。1914年北洋政府颁布《所得税条例》，免税项目包括：现役军官薪金、美术或著作所得、教师薪金、非营利组织法人所得。

第二，国民政府所得税制。在1936年国民政府《所得税暂行条例》、1943年国民政府《所得税法》中，小学教职员薪金，免税。1943年国民政府《财产租赁出卖所得税法》中，各级政府财产租赁所得或出卖所得，免税；教育文化公益事业财产租赁所得或出卖所得，且全部用于自身公益事业的，免税。1946年国民政府《所得税法》修正案中，从事文化、教育、慈善与公益事业的组织，且营业所得完全用于自身事业的，免税；小学教员薪给报酬，免税；证券存款所得税方面，各级政府机关存款，公务人员及劳工法定储蓄金，文化、教育、公益、慈善组织的基金存款，所得利息免税；各级政府财产租赁所得，免税；完全用于本事业的，文化、教育、公益与慈善事业财产租赁所得，免税。

二、美国个人所得税制

(一) 慈善捐赠税前扣除

慈善捐赠属于分类扣除项目之一，可从税前所得中扣除，相关规定如下[①]：2020—2021年，慈善捐赠扣除最大值是300美元。若以现金形式直接捐赠给慈善机构，则无须申报，纳税人会直接获得本扣除；否则，纳税人需要申报本扣除。2021年起，已婚联合申报者将获得最高600美元扣除额。对于虚构、夸大捐赠额的纳税人，将处以夸大数额50%的罚款。2021年起，纳税人给公立慈善机构捐赠的现金不得超过调整后总所得的60%。长期增值的股票或财产可依据其公允市值抵扣调整后总所得，但扣除上限是调整后总所得的30%。为保证能顺利从调整后总所得中扣除慈善捐款，需注意以下三点：一是公立慈善机构是在美国国税局注册的非营利组织；二是要保留捐款凭证——慈善机构所开具的税票；三是对非现金捐赠，需获得有资质评估机构对捐赠物的估值证明。例如，某人给公立慈善机构捐赠现款1110美元，其调整后总所得是3万美元，3万的30%为9000美元，高于1110美元，故该人的慈善捐赠扣除额是1110美元。

---

① Itemized tax deductions on schedule A, https://www.efile.com/itemized-tax-deductions-schedule-A/.

（二）能源节约住房改造税收抵免

本抵免是不退式税收抵免，相关规定如下[①]：为节约能源，对房屋进行改造的纳税人可申请本抵免。2022—2023年纳税人仍可申请本抵免；若安装下述装置且在2021年投入使用，可申请本抵免：太阳能供电设备（如太阳能电板）、太阳能供暖设备、小型风力发电设备、地热泵、燃料电池（对于每1/2千瓦房屋容量，最高抵免额是500美元）。本抵免包括居住用节能房产抵免与非商业节能房产抵免。一是若家庭安装节能装置，可申请居住用节能房产抵免，抵免额为一定抵免比例的所购置节能装置费用。若节能装置安装于2016年12月31日—2019年12月31日、2020年1月1日—2022年12月31日、2023年1月1日—2023年12月31日，抵免比例分别为30%、26%、22%。二是非商业节能房产抵免，若2021年购置特定商品，可申请商品购买价格的10%作为抵免额，但不得超过500美元。针对不同装置规定不同抵免限额：300美元（生物质炉）、50美元（高级主要空气循环风扇）、300美元（空气源热泵）、300美元（中央空调）、150美元（气体、丙烷或石油热水锅炉）、150美元（气体、丙烷或石油炉）、300美元（气体、丙烷、石油或电动热泵热水器）、500美元（节能门，安装成本不计入）、500美元（节能天窗，安装成本不计入）、200美元（节能窗户，安装成本不计入）、500美元绝缘材料（节能窗户，安装成本不计入）、500美元金属或沥青屋顶（节能窗户，安装成本不计入）。

（三）电动车辆税收抵免

本抵免是不退式税收抵免，相关规定如下[②]：若2021年购买电动或混动车辆，可申请本税收抵免，包括两种抵免，插电式电驱机动车税收抵免与替代性机动车辆税收抵免。一是插电式电驱机动车税收抵免，要求电动车是新购置的，拥有4千瓦时以上容量的外插式充电电池，电动车重量低于1.4万磅（1磅=0.454千克），购置电动车当年需开始申报本抵免；本抵免额最小值是2500美元，当电池达到5千瓦时后，每增加1千瓦时，抵免额增加417美元，直至增至7500美元；本抵免适用于两轮电动车，但要求该车是新购的、时速

[①] Tax credits for energy efficient home Improvements, https://www.efile.com/tax-credit/energy-credit/.

[②] The old electric vehicle or EV tax credit, https://www.efile.com/electric-vehicle-car-tax-credits/#alternative-motor-vehicle-tax-credit.

能达到45英里/小时（1英里/小时＝1.6093千米/小时）、电池容量能达到或超过2.5千瓦时、重量低于1.4万磅，抵免额是车成本的10%，但不得超过2500美元。二是替代性机动车辆税收抵免，特定燃料电池车一手购买者可申报本抵免，该车购置时间需处于2015—2021年。该车电池能将化学能直接转为电能。此外，各州为购买替代性机动车辆提供奖励。例如，加利福尼亚州会提供4500美元退税。

（四）税收抵免债券持有者的税收抵免

本抵免是不退式税收抵免，适用于以下税收抵免债券持有人：新合格区域研究院债券（new qualified zone academy bonds）、清洁可再生能源债券（clean renewable energy bonds）、合格节能债券（qualified energy conservation bonds）和合格学校建设债券（qualified school construction bonds）①。

（五）一般商业税收抵免

本抵免是不退式税收抵免，包括一系列内容，以推动科学研究、增加投资、完善儿童保育服务②。

（六）美国机会税收抵免

本抵免是可退式税收抵免，学生教育费税收抵免，适用于高等教育，如大学、学院、职业学校、非营利研究机构或营利研究机构，相关规定如下③：每个学生每年最多可获得2500美元税收抵免，该学生须接受学历教育。申请人、申请人受供养者或第三方须为该生支付相关费用，且该生在读机构能在美国教育部官网上查到。所支付费用包括学费、书费、设备费与其他费用，但不包括住宿与伙食费。当费用未超过2000美元时，全额抵免；若费用为2000~4000美元，抵免额＝2000＋（费用－2000）×25%；若费用超过4000美元，抵免额为2500美元。该税收抵免的40%为可退式税收抵免，例如，若税收抵免额为2500美元且申请人无须缴纳个人所得税，可获得1000美元退税。一个纳税年度中，该学生必须在一个学年中入学时间不少于半学年。2021年，修正调整

---

① Tax credits for IRS tax returns, https://www.efile.com/tax-credits/。
② Tax credits for IRS tax returns, https://www.efile.com/tax-credits/。
③ Student education tax credits, https://www.efile.com/education-or-student-tax-credits/#american-opportunity-credit。

后总所得（modified adjusted gross income）上限值是18万美元（已婚联合申报）或9万美元（单身、户主或鳏寡申报），若修正调整后总所得超过上限值，则不可申请美国机会税收抵免，可为申请人、配偶或合格受供养者申请美国机会税收抵免。纳税年度结束前，申请人被判处任何毒品重罪，都将丧失美国机会税收抵免申请资格。

（七）终身学习税收抵免

本抵免是不退式抵免，适用于本科生、研究生和职业学位课程、提高工作技能的研究生课程，相关规定如下[①]：每个符合条件的学生每年最多可申请2000美元终身学习税收抵免。申请人、申请人受供养者或第三方须为该生支付相关费用，且该生在读机构能在美国教育部官网上查到。该抵免适用于所有高等教育与成人继续教育课程。该抵免无申请时限要求，无最低入学时限要求。当高等教育学杂费未超过1万美元时，该抵免额为高等教育学杂费的20%；当高等教育学杂费超过1万美元时，该抵免额为2000美元。2021年修正调整后总所得上限值是18万美元（已婚联合申报）或9万美元（单身、户主或鳏寡申报），若修正调整后总所得超过上限值，则不可申请终身学习税收抵免。申请人可就本人、配偶或受供养者所支付的特定费用申请终身学习税收抵免。特定费用包括学费、杂费、书费、设备费与其他课程资料费，但食宿费除外。即使被判处涉毒重罪，该生也不会丧失终身学习税收抵免申请资格。

在同一年，不可为同一学生同时申请终身学习税收抵免与美国机会税收抵免；但在同一年，可为一名学生申请终身学习税收抵免，为另一名学生申请美国机会税收抵免。

（八）雇员保留抵免

本抵免是可退式抵免，包括三种：家庭休假抵免、雇员本人病假抵免与雇员亲属病假抵免。这三种抵免的申请人是雇主，而非雇员，相关规定如下[②]：

第一，家庭休假抵免。一是申请条件，新冠疫情导致子女无人照顾或无法上学，雇员被迫请假居家照顾子女，但雇主仍为该雇员支付薪金。二是抵免额，家庭休假抵免额为该雇员日常工资的三分之二，抵免额上限值是每天200

[①] Student education tax credits，https://www.efile.com/education-or-student-tax-credits/#american-opportunity-credit。

[②] Recovery rebate, employee retention credit，https://www.efile.com/covid-19/recovery-rebate-credit/。

美元或总额1万美元。三是申请时限，该抵免最长申请时限是10周。若同时申请本抵免与病假抵免，最初申请时限增至12周，其中，2周为病假抵免，10周为家庭休假抵免。雇主还可申请医疗计划费用税收抵免。

第二，雇主本人病假抵免。某雇员因新冠疫情隔离或就医，但雇主仍支付薪酬给该雇员。雇主可申请病假抵免，抵免额为雇员日常工资，抵免额上限值是每天511美元或总额5110美元（80工作时）。雇主还可申请医疗计划费用税收抵免。

第三，雇员亲属病假抵免。由于新冠疫情，雇员子女或其他亲属被隔离，雇员被迫请假照顾该人，雇主仍为雇员发放工资。雇主可申请本抵免，抵免额为雇员日常薪金的三分之二，每天最高限额是200美元，但总额不得超过2000美元（80工作时）。雇主还可申请医疗计划费用税收抵免。

第三节 兼顾个人与家庭

兼顾个人与家庭是指征收个人所得税时，将个人收入与家庭负担相结合，原因在于大多数个人都处于家庭生活中，家庭成员各尽所能挣得收入，之后将收入在成员间分配。

一、我国个人所得税制

（一）现行个人所得税制

自开征以来，我国个人所得税就以个人为征收单位。2019年《个人所得税专项附加扣除暂行办法》正式实施，包括六项扣除：继续教育专项附加扣除、子女教育专项附加扣除、住房租金专项附加扣除、住房贷款利息专项附加扣除、大病医疗专项附加扣除与赡养老人专项附加扣除。2022年新增"3岁以下婴幼儿照护专项附加扣除"。此办法出台，说明我国个人所得税征收兼顾个人与家庭。

（二）民国时期个人所得税制

1914年北洋政府颁布《所得税条例》，以个人为征收单位。1936年国民政府开征所得税，也以个人为征收单位。该做法一直持续至1945年。1946年国民政府《所得税法》修正案首先对个人所得征收分类所得税，若全年所得总额超过60万元，则采用综合所得税方式对个人所得进行二次征收。综合所得可扣除项目包括：第一，共同生活家属或所抚养亲属，每人每年十万元；第二，家中有中等以上学校的学生，每人每年五万元。设立上述扣除项目说明，民国后期所得税征收单位逐渐从"个人"变为"家庭"。

二、英国个人所得税制

（一）1948—1972财年

1948—1972财年，英国个人所得税的税前扣除包括多种类别，其中，劳动所得扣除、国民保险缴费扣除、单身扣除体现了"关注个人"的特性；妻子劳动所得扣除、已婚扣除、未成年子女扣除、管家或受供养亲属扣除体现了"兼顾家庭"的特性。这说明英国个人所得税申报单位是个人与家庭相结合。

第一，劳动所得扣除。1948—1972财年英国劳动所得扣除如表3.9所示。1948—1951财年，劳动所得扣除只有一档扣除比例，是1/5，适用于纳税人2000英镑以下的收入，最大扣除额是400英镑。1952—1956财年，劳动所得扣除比例调整为2/9，适用于2025英镑以下的收入，最大扣除额调整为450英镑。1957—1958财年，劳动所得扣除比例仍为2/9，适用于4005英镑以下的收入，最大扣除额为890英镑。1959—1970财年，2/9的劳动所得扣除比例仍适用于4005英镑以下的收入；在此基础上，添加了1/9的劳动所得扣除比例，适用于4005~9945英镑的收入，故劳动所得扣除最大值为1550英镑［$4005 \times 2/9 + (9945 - 4005) \times 1/9 = 1550$］。1971、1972财年，4005英镑以下的劳动所得扣除2/9，剩余劳动所得可扣除15%，不再设立扣除上限。总之，1948—1972财年，英国劳动所得扣除比例与最大扣除额都在不断上升。

表3.9　1948—1972财年[B] 英国劳动所得扣除与妻子劳动所得扣除

财年	劳动所得扣除						妻子劳动所得扣除	
	0~2000英镑的比例	2000~2025英镑的比例	2025~4005英镑的比例	4005~9945英镑的比例	剩余部分的比例	最大值（英镑）	比例	最大值（英镑）
1948—1951	1/5	—	—	—	—	400	4/5	110
1952—1956	2/9	2/9	—	—	—	450	7/9	140
1957—1958	2/9	2/9	2/9	—	—	890[A]	7/9	140
1959—1962	2/9	2/9	2/9	1/9	—	1550	7/9	140
1963—1964	2/9	2/9	2/9	1/9	—	1550	7/9	200

续表

| 财年 | 劳动所得扣除 ||||| | 妻子劳动所得扣除 ||
	0～2000英镑的比例	2000～2025英镑的比例	2025～4005英镑的比例	4005～9945英镑的比例	剩余部分的比例	最大值（英镑）	比例	最大值（英镑）
1965—1968	2/9	2/9	2/9	1/9	—	1550	7/9	220
1969—1970	2/9	2/9	2/9	1/9	—	1550	7/9	255
1971	2/9	2/9	2/9	15％	15％		7/9	325
1972	2/9	2/9	2/9	15％	15％		7/9	460

注：A. 原表中此值是 450 英镑，不合理。此值 = 4005×2/9 = 890。
B. 财年是每年 4 月 6 日到次年 4 月 5 日。
资料来源：https://webarchive.nationalarchives.gov.uk/ukgwa/20121106040140/ 和 http://www.hmrc.gov.uk/stats/tax_structure/menu.htm。

第二，妻子劳动所得扣除。1948—1972 财年英国妻子劳动所得扣除如表 3.9 所示。1948—1951 财年，妻子劳动所得扣除比例是 4/5，最大扣除额是 110 英镑。1952—1972 财年，妻子劳动所得扣除比例降至 7/9；1952—1962、1963—1964、1965—1968、1969—1970、1971、1972 财年，妻子劳动所得最大扣除额分别是 140、200、220、255、325、460 英镑。综上所述，1948—1972 财年，英国妻子劳动所得扣除的扣除比例有所下调，但最大扣除额不断上涨。

第三，国民保险缴费扣除，如表 3.10 所示。18 岁以上男性雇员的扣除额逐渐上涨，1948、1949—1951、1952－1954、1955、1956—1957、1958—1960、1961—1962、1963—1964 财年，其国民保险缴费扣除额依次是 6、8、9、11、12、13、18、22 英镑。1961—1962 财年，男、女性自雇人员的扣除额分别是 23、19 英镑；1963—1964 财年，男、女性自雇人员的扣除额分别提升至 27、22 英镑。1965 财年后，不再设立国民保险缴费扣除。

表 3.10　1948—1972 财年英国个人所得税国民保险缴费扣除（英镑）

| 财年 | 国民保险缴费扣除（英镑）A |||
| | 18 岁以上男性雇员 | 自雇人员C ||
		男性	女性
1948	6		
1949—1951	8	—	—

续表

财年	国民保险缴费扣除（英镑）A		
	18岁以上男性雇员	自雇人员C	
		男性	女性
1952—1954	9	—	—
1955	11	—	—
1956—1957	12	—	—
1958—1960	13	—	—
1961—1962	18B	23	19
1963—1964	22B	27	22
1965—1972	—	—	—

注：A. 本扣除适用于国民保险缴费者。直至1960财年，本扣除都在劳动所得扣除、小额收入扣除之前扣除。此后，本扣除在劳动所得扣除、小额收入扣除之后扣除。

B. 所有雇员都采用此扣除额。

C. 对于失业者，国民保险缴费的扣除额为1英镑，低于自雇人员扣除额。对于受雇、自雇、失业的18岁以下人员，本扣除额为8～12英镑。

D. 财年是每年4月6日到次年4月5日。

资料来源：https://webarchive.nationalarchives.gov.uk/ukgwa/20121106040140/。

第四，单身扣除。本扣除是单身人士税前扣除，与已婚扣除互斥。1948—1951、1952—1954、1955—1962、1963—1964、1965—1968、1969、1970—1971、1972财年，单身扣除额分别是110、120、140、200、220、255、325、460英镑，如表3.11所示。

表3.11 1948—1972财年英国个人所得税的税前扣除（英镑）

财年	单身	已婚	单身父母	11岁以下子女	11～15岁子女	16岁及以上子女	子女收入限额	管家或受供养亲属A
1948—1949	110	180	—	60	60	60	60	50
1950	110	180	—	60	60	60	60	50
1951	110	190	—	70	70	70	70	50
1952	120	210	—	85	85	85	85	50
1953—1954	120	210	—	85	85	85	85	60
1955—1956	140	240	—	100	100	100	85	60

续表

财年	单身	已婚	单身父母	11岁以下子女	11~15岁子女	16岁及以上子女	子女收入限额	管家或受供养亲属A
1957	140	240	—	100	125	150	100	60
1958	140	240	—	100	125	150	100	60
1959	140	240	—	100	125	150	100	60
1960	140	240	—	100	125	150	100	75
1961	140	240	—	100	125	150	100	75
1962	140	240	—	100	125	150	100	75
1963—1964	200	320	—	115	140	165	115	75
1965—1966	220	340	—	115	140	165	115	75
1967	220	340	—	115	140	165	115	75
1968	220	340	—	115	140	165	115	75
1969	255	375	100	115	140	165	115	75
1970	325	465	100	115	140	165	115	75
1971	325	465	100	155	180	205	115	75
1972	460	600	100	155	180	205	115	75

注：A. "受供养亲属"不适用的情形是：体弱多病的纳税人将女儿留下来（作为管家），对此只能采用少量扣除，1948—1952财年扣除额是25英镑，1953—1972财年扣除额是40英镑，1973财年后扣除额是55英镑。对于单身女性纳税人拥有一个受供养亲属的情形，1967—1972财年扣除额是110英镑，1973财年后扣除额是145英镑。当受供养亲属的收入超过特定限额时，超额部分需从扣除额中减除。

B. 财年是每年4月6日到次年4月5日。

资料来源：https://webarchive.nationalarchives.gov.uk/ukgwa/20121106040140/。

第五，已婚扣除。本扣除专属于已婚人士，与单身扣除互斥。1948—1950、1951、1952—1954、1955—1962、1963—1964、1965—1968、1969、1970—1971、1972财年，已婚扣除分别是180、190、210、240、320、340、375、465、600英镑，如表3.11所示。

第六，未成年子女扣除。按照三个年龄段，设置不同的扣除标准，如表3.11所示。1972财年，11岁以下、11~15岁、16岁及以上子女的扣除额分别是155、180、205英镑。

第七，管家或受供养亲属扣除。1948—1952财年、1953—1959财年、1960—1972财年该扣除额分别为50、60、75英镑，如表3.11所示。

（二）1973—1989 财年

1973—1989 财年，英国个人所得税扣除包括非老年扣除、老年扣除与盲人扣除，如表 3.12 所示。非老年扣除包括单身扣除、已婚扣除。单身扣除从 1973 财年的 595 英镑增至 1989 财年的 2785 英镑，已婚扣除从 1973 财年的 775 英镑增至 1989 财年的 4375 英镑，已婚扣除与单身扣除互斥；已婚扣除与单身扣除之比逐渐上涨，从 1973 财年的 1.3∶1 增至 1.57∶1。老年扣除也分为单身扣除与已婚扣除，并按照三个年龄段设置了不同的扣除标准。

表 3.12 1973—1989 财年英国个人所得税扣除（英镑）

财年	非老年扣除 单身[A]	非老年扣除 已婚[BC]	老年扣除 单身 65~74岁	老年扣除 单身 75~79岁	老年扣除 单身 80岁及以上	老年扣除 已婚[B] 65~74岁	老年扣除 已婚[B] 75~79岁	老年扣除 已婚[B] 80岁及以上	收入限额[E]	盲人扣除[D]
1973	595	775	—	—	—	—	—	—	—	130
1974	625	865	—	—	—	—	—	—	—	130
1975	675	955	950	950	950	1425	1425	1425	3000	180
1976	735	1085	1010	1010	1010	1555	1555	1555	3250	180
1977	945	1455	1250	1250	1250	1975	1975	1975	3500	180
1978	985	1535	1300	1300	1300	2075	2075	2075	4000	180
1979	1165	1815	1540	1540	1540	2455	2455	2455	5000	180
1980	1375	2145	1820	1820	1820	2895	2895	2895	5900	180
1981	1375	2145	1820	1820	1820	2895	2895	2895	5900	360
1982	1565	2445	2070	2070	2070	3295	3295	3295	6700	360
1983	1785	2795	2360	2360	2360	3755	3755	3755	7600	360
1984	2005	3155	2490	2490	2490	3955	3955	3955	8100	360
1985	2205	3455	2690	2690	2690	4255	4255	4255	8800	360
1986	2335	3655	2850	2850	2850	4505	4505	4505	9400	360
1987	2425	3795	2960	2960	3070	4675	4675	4845	9800	540
1988	2605	4095	3180	3180	3310	5035	5035	5205	10600	540
1989	2785	4375	3400	3540	3540	5385	5565	5565	11400	540

注：A. 可作为妻子劳动所得扣除额。

B. 本扣除适用于已婚男子，用于替代单身扣除。
C. 额外个人扣除额、遗孀丧偶扣除额与已婚扣除额相同，高于单身扣除额。
D. 本扣除可与单身（已婚）扣除同时存在。若夫妻双方都是盲人，本扣除额翻倍。
E. 1975—1988 财年，边际扣除率是 2/3。1989 财年边际扣除率是 1/2。
F. 财年是每年 4 月 6 日到次年 4 月 5 日。

资料来源：https://webarchive.nationalarchives.gov.uk/ukgwa/20121106040140/。

（三）1990—2021 财年

1990—2021 财年，税前扣除包括两类：非老年扣除、老年扣除。非老年扣除包括个人扣除、夫妻扣除、盲人扣除、股息扣除、储蓄扣除，如表 3.13 所示。个人扣除与夫妻扣除能体现英国个人所得税制兼顾个人与家庭的特性。第一，个人扣除。1990 财年个人扣除额是 3005 英镑，此后逐渐增加，2021 财年增至 12570 英镑。2010 财年，新增个人扣除额累退条款：当个人所得超过 10 万英镑时，个人扣除额将减少一定数额，减少额是收入超过 10 万英镑部分的一半，本条款适用于 65 岁以下的纳税人。第二，夫妻扣除。本扣除是在个人扣除之外给已婚夫妇的额外扣除。额外个人扣除额、遗孀丧偶扣除额与夫妻扣除额相等。夫妻扣除在 1990 财年是 1720 英镑，1999 财年增至 1970 英镑。

表 3.13 1990—2021 财年英国的非老年税前扣除（英镑）

财年	个人扣除	夫妻扣除[A]	盲人扣除[B]	股息扣除	基本储蓄税率扣除额	较高储蓄税率扣除额
1990	3005	1720	1080	—	—	—
1991	3295	1720	1080	—	—	—
1992	3445	1720	1080	—	—	—
1993	3445	1720	1080	—	—	—
1994	3445	1720[C]	1200	—	—	—
1995	3525	1720[D]	1200	—	—	—
1996	3765	1790[D]	1250	—	—	—
1997	4045	1830[D]	1280	—	—	—
1998	4195	1900[D]	1330	—	—	—
1999	4335	1970[D]	1380	—	—	—
2000	4385	—	1400	—	—	—
2001	4535	—	1450	—	—	—

续表

财年	个人扣除	夫妻扣除[A]	盲人扣除[B]	股息扣除	基本储蓄税率扣除额	较高储蓄税率扣除额
2002	4615	—	1480	—	—	—
2003	4615	—	1510	—	—	—
2004	4745	—	1560	—	—	—
2005	4895	—	1610	—	—	—
2006	5035	—	1660	—	—	—
2007	5225	—	1730	—	—	—
2008	6035	—	1800	—	—	—
2009	6475	—	1890	—	—	—
2010	6475[E]	—	1890	—	—	—
2011	7475[E]	—	1980	—	—	—
2012	8105[E]	—	2100	—	—	—
2013	9440[E]	—	2160	—	—	—
2014	10000[E]	—	2230	—	—	—
2015	10600[E]	—	2290	—	—	—
2016	11000[E]	—	2290	5000[F]	1000[G]	500[G]
2017	11500[E]	—	2320	5000[F]	1000[G]	500[G]
2018	11850[E]	—	2390	2000[F]	1000[G]	500[G]
2019	12500[E]	—	2450	2000[F]	1000[G]	500[G]
2020	12500[E]	—	2500	2000[F]	1000[G]	500[G]
2021	12570[E]	—	2520	2000[F]	1000[G]	500[G]

注：A. 夫妻扣除是在个人扣除之外给已婚夫妇的额外扣除。额外个人扣除额、遗孀丧偶扣除额与夫妻扣除额相等。

B. 若夫妻双方都有严重视觉障碍，可获得双倍盲人扣除。

C. 可获得的扣除额统一比例为20%。

D. 可获得的扣除额统一比例为15%。

E. 当个人所得超过10万英镑时，个人扣除额将减少一定数额，减少额是收入超过10万英镑部分的一半。本条款适用于65岁以下的纳税人。

F. 2016财年的股息扣除：无论股息和非股息收入总额多大，低于5000英镑的股息收入免税。2018财年，该金额降至2000英镑。

G. 2016财年的个人储蓄扣除是指储蓄收入免税金额。英国个人所得税制是3级超额

◇ 个人所得税的
  收入差距平抑功能研究

累进税制,当纳税人总所得适用的最高边际税率是第 1、2、3 级税率时,储蓄扣除额分别设定为 1000、500、0 英镑。2016 财年的个人扣除额、起始税率、个人储蓄扣除额的作用是总应税所得 17000 英镑纳税人的储蓄收入免税。

H. 财年是每年 4 月 6 日到次年 4 月 5 日。

资料来源:https://assets.publishing.service.gov.uk/government/uploads/system/uploads/attachment_data/file/1032778/Table—a1.ods。

(四) 2019—2022 财年税前扣除

个人扣除方面,2019—2020 财年,个人扣除额是 12500 英镑;2021—2022 财年,此扣除额升至 12570 英镑,如表 3.14 所示。此外,推行个人扣除额递减制度,当个人收入超过个人扣除收入上限(10 万英镑)时,个人扣除实际额=个人扣除额-(个人收入-收入上限)÷2。

表 3.14 2019—2022 财年个人扣除(英镑)

项目	2022 财年	2021 财年	2020 财年	2019 财年
个人扣除额	12570	12570	12500	12500
收入上限^A	100000	100000	100000	100000

注:A. 当个人收入超过个人扣除收入上限(10 万英镑)时,个人扣除实际额=个人扣除额-(个人收入-收入上限)÷2。

B. 财年是每年 4 月 6 日到次年 4 月 5 日。

资料来源:https://www.gov.uk/government/publications/rates-and-allowances-income-tax/income-tax-rates-and-allowances-current-and-past#tax-rates-and-bands。

夫妻扣除方面,2019—2022 财年,夫妻扣除上限值自 8915 英镑升至 9415 英镑;夫妻扣除下限值自 3450 英镑升至 3640 英镑,如表 3.15 所示。夫妻扣除相关规定如下[①]:第一,申报条件。纳税人已婚或拥有合法同性伴侣,纳税人与配偶或同性伴侣生活在一起,纳税人、配偶(同性伴侣)生于 1935 年 4 月 6 日之前。第二,免税额。夫妻扣除能减少 364~941.5 英镑的年个人所得税额。第三,扣除方法。对于 2005 年 12 月 5 日前所注册的婚姻关系,丈夫收入被用于已婚伴侣扣除;对晚于此日期注册的异性或同性婚姻,夫妻扣除可从较高收入者收入中扣除;若纳税人已结婚或注册了合法同性关系,则该人可在剩余财年中获得本扣除;若申报夫妻扣除的双方离婚或分居,或一方死亡,则

---

① Married couple's allowance, https://www.gov.uk/married-couples-allowance。

本扣除可持续至本财年末。第四，保留本扣除的情形。纳税人不能与配偶或同性伴侣生活在一起，但仍可申报夫妻扣除的情形包括：生病或年老导致伴侣处于家庭护理中、伴侣出差在外、伴侣身处于武装部队、伴侣坐牢、伴侣接受训练或教育。

表 3.15　2019—2022 财年夫妻扣除与盲人扣除（英镑）

项目	2022 财年	2021 财年	2020 财年	2019 财年
夫妻扣除上限值	9415	9125	9075	8915
夫妻扣除下限值	3640	3530	3510	3450

注：财年是每年 4 月 6 日到次年 4 月 5 日。
资料来源：https://www.gov.uk/government/publications/rates－and－allowances－income－tax/income－tax－rates－and－allowances－current－and－past♯tax－rates－and－bands。

婚姻扣除方面，若异性或同性伴侣的出生日期都晚于 1935 年 4 月 6 日，可申报婚姻扣除，而非夫妻扣除，相关规定如下[①]：第一，申报条件。互为伴侣的双方，低收入方所得小于个人扣除额（2022 财年为 12570 英镑）；高收入方所得适用的最高税率是基本税率，即在接受婚姻扣除前，高收入方所得为 12571~50270 英镑；同居但没有注册的伴侣不可申报本扣除；对于苏格兰纳税人，高收入方所得适用的最高税率可达到中间税率，即收入为 12571~43662 英镑；不影响申报的情形：正在领取退休金、居住在国外但一方可获得个人扣除额；若伴侣双方拥有红利、存款或其他工作带来的收入，需主动申报。第二，伴侣整体税负下降，但低收入方可能因此缴税，举例说明如下：当低收入方所得为 11500 英镑时，低于 12570 英镑的个人扣除额，低收入方无须缴税；高收入方所得是 2 万英镑，其个人扣除额是 12570 英镑，则应税所得为 7430 英镑；作为整体，双方应税所得为 7430 英镑（7430＋0＝7430）。若低收入方将 1260 英镑的个人扣除额转移给高收入方，则低收入方应税所得从 0 英镑增至 190 英镑（11500－12570＋1260＝190）；高收入方应税所得从 7430 英镑降至 6170 英镑；作为整体，双方应税所得为 6360 英镑。第三，终止条款。当低收入方收入变化或伴侣关系解除时，本扣除终止。

[①]　Marriage Allowance，https://www.gov.uk/marriage－allowance。

三、美国个人所得税制

(一) 纳税申报模式税级距差异

美国纳税申报模式包括:单身申报模式、已婚联合申报模式、已婚单独申报模式、鳏寡申报模式、户主申报模式。鳏寡申报模式税率与已婚联合申报模式相同。先计算已婚联合申报、已婚单独申报、户主申报税级距为单身申报税级距的倍数,再计算 2007—2012 年、2013—2022 年间各倍数的均值,如表 3.16 所示。

表 3.16 已婚联合申报、已婚单独申报、户主申报税级距为单身申报税级距倍数的均值

2007—2012 年均值	已婚联合申报	已婚单独申报	户主申报	2013—2022 年均值	已婚联合申报	已婚单独申报	户主申报
1 与 2 级间税级距	2.00	1.00	1.43	1 与 2 级间税级距	1.99	1.00	1.42
2 与 3 级间税级距	2.00	1.00	1.34	2 与 3 级间税级距	1.99	1.00	1.33
3 与 4 级间税级距	1.67	0.83	1.43	3 与 4 级间税级距	1.83	0.91	1.21
4 与 5 级间税级距	1.22	0.61	1.11	4 与 5 级间税级距	1.60	0.80	1.05
5 与 6 级间税级距	1.00	0.50	1.00	5 与 6 级间税级距	1.49	0.75	1.00
—	—	—	—	6 与 7 级间税级距	1.16	0.62	1.03

已婚联合申报方面,2007—2012 年,1 与 2、2 与 3 级间税级距都是单身申报相应税级距的两倍,3 与 4、4 与 5、5 与 6 级间税级距分别为单身申报相应税级距的 1.67、1.22、1.00 倍;2013—2022 年,1 与 2、2 与 3、3 与 4、4 与 5、5 与 6、6 与 7 级间税级距分别为单身申报相应税级距的 1.99、1.99、1.83、1.60、1.49、1.16 倍。

已婚单独申报方面,2007—2022 年,1 与 2、2 与 3 级间税级距与单身申报相应税级距相同;2007—2012 年,3 与 4、4 与 5、5 与 6 级间税级距分别为单身申报相应税级距的 0.83、0.61、0.50 倍;2013—2022 年,3 与 4、4 与 5、5 与 6、6 与 7 级间税级距分别为单身申报相应税级距的 0.91、0.80、0.75、0.62 倍。

户主申报方面,2007—2012 年,1 与 2、2 与 3、3 与 4、4 与 5、5 与 6 级间税级距分别为单身申报相应税级距的 1.43、1.34、1.43、1.11、1.00 倍;2013—2022 年,1 与 2、2 与 3、3 与 4、4 与 5、5 与 6、6 与 7 级间税级距分

别为单身申报相应税级距的 1.42、1.33、1.21、1.05、1.00、1.03 倍。

综上所述，随着边际税率的提高，已婚联合申报、已婚单独申报、户主申报的税级距为单身申报税级距的倍数值呈现递减趋势。已婚联合申报、户主申报情形下，此倍数始终不小于1；已婚单独申报情形下，此倍数都不大于1。低收入已婚纳税人，特别是收入低于2与3级间税级距的人，更多地选择已婚联合申报模式缴税；而高收入已婚纳税人，特别是收入高于最高税级距的人，应选择单独申报。但考虑到美国个人所得税法的很多扣除、减免制度更偏重于已婚联合申报模式，可判定美国现行个人所得税制更鼓励纳税人结婚，而非离婚。

（二）税前扣除

1. 标准扣除

税前扣除是指可从总收入中减除的、不用缴税的部分收入。税前扣除包括：标准扣除、老年扣除、盲人扣除，相关规定如下[①]：美国纳税人申报缴纳个人所得税时，需在五种申报模式中选择其一，即单身申报、户主申报、已婚单独申报、已婚联合申报与鳏寡申报（如表3.17所示）。

表 3.17　2021 年标准扣除

申报模式	年龄	标准扣除额
单身申报	低于 65 岁	12550 美元。盲人：14250 美元
单身申报	65 岁及以上	14250 美元。盲人：15950 美元
户主申报	低于 65 岁	18800 美元。盲人：20500 美元
户主申报	65 岁及以上	20500 美元。盲人：22200 美元
已婚单独申报A	低于 65 岁	12550 美元。盲人：14250 美元
已婚单独申报	65 岁及以上	14250 美元。盲人：15950 美元
已婚联合申报B	低于 65 岁	25100 美元，夫妻一方为盲人：26450 美元；夫妻双方为盲人：27800 美元

[①] Tax deductions for income tax returns，https://www.efile.com/tax-deduction/。

◇ 个人所得税的
　收入差距平抑功能研究

续表

申报模式	年龄	标准扣除额
已婚联合申报	65 岁及以上	一人 65 岁及以上：26450 美元；两人 65 岁及以上：27800 美元。夫妻一方为盲人：29150 美元；夫妻双方为盲人：30500 美元
鳏寡申报	低于 65 岁	25100 美元。盲人：26450 美元
鳏寡申报	65 岁及以上	26450 美元。盲人：27800 美元
受供养者扣除	无论多大年纪，受供养者的标准扣除不得超过 1100 美元或者"该人劳动所得与 350 美元之和"。若受供养者所得不低于其申报纳税的标准扣除额时，前述条款不适用 c
非居民外国人扣除	非居民外国人和双重税务身份者不允许申报标准扣除，必须申报分类扣除

注：A. 一个家庭中，若夫妻一方采用分类扣除，则另一方必须采用分类扣除、不得采用标准扣除。

B. 若夫妻双方中，一方年龄是 62 岁，且为盲人，另一方为 67 岁，则标准扣除计算方法是 25100+1350+1350=27800（美元），25100 美元为双方都低于 65 岁的标准扣除，两个 1350 美元分别是一位达到或超过 65 纳税人的老年扣除、另一位的盲人扣除。

C. 举例说明如下：第一，若受供养者劳动所得是 700 美元，则受供养者标准扣除额为 1100 美元，因为 1100>700+350。第二，若受供养者收入是 3200 美元，则受供养者标准扣除额是 3550 美元，因为，3200+350>1100。第三，若受供养者所得是 15000 美元，其申报纳税的标准扣除额是 12550 美元，则 2450 美元为应税所得，受供养者标准扣除额为 0。

资料来源：https://www.efile.com/tax-deduction/federal-standard-deduction/。

单身申报模式下，低于 65 岁纳税人的标准扣除额是 12550 美元，若该人是盲人需增加 1700 美元的盲人扣除，合计 14250 美元；65 岁及以上纳税人的标准扣除额是 14250 美元，若该人是盲人，扣除额增至 15950 美元。

户主申报模式下，若纳税人年龄小于 65 岁，则标准扣除额是 18800 美元，若该人是盲人，扣除额为 20500 美元；若纳税人年龄是 65 岁及以上，标准扣除额为 20500 美元，若该人为盲人，标准扣除额增加 1700 美元，为 22200 美元。

已婚单独申报模式下，标准扣除额相关规定与单身申报模式相同。一个家庭中，夫妻双方必须同时选用分类扣除或标准扣除，不可一方选分类扣除、另一方选标准扣除。

已婚联合申报模式下，若夫妻双方年龄都低于 65 岁，则标准扣除额是

25100美元。若一方为盲人，则标准扣除额增至26450美元；若两方都是盲人，标准扣除额增至27800美元。已婚家庭由夫妻两人构成，故有些情况下，确定标准扣除额稍显复杂。例如，夫妻双方中，一方年龄是62岁，且为盲人，另一方为67岁，则标准扣除计算方法是25100+1350+1350=27800（美元），25100美元为双方都低于65岁的标准扣除，两个1350美元分别是一位达到或超过65岁纳税人的老年扣除、另一位的盲人扣除。

鳏寡申报模式的申报条件为配偶去世后两年（不含去世当年），且有一个儿童作为受供养者。当纳税人年龄低于65岁，其标准扣除额是25100美元，若纳税人是盲人，则可享受26450美元的盲人扣除；当纳税人年龄达到65岁及以上时，其标准扣除额提升至26450美元，若该纳税人是盲人，则可享受27800美元的盲人扣除。

美国税法允许范围内，纳税人可申报受供养者扣除。无论多大年纪，受供养者的标准扣除不得超过1100美元或者"该人劳动所得与350美元之和"。若受供养者所得不低于其申报纳税的标准扣除额时，前述条款不适用。举例说明如下：第一，若受供养者劳动所得是700美元，则受供养者标准扣除额为1100美元，因为1100＞700+350。第二，若受供养者收入是3200美元，则受供养者标准扣除额是3550美元，因为，3200+350＞1100。第三，若受供养者所得是15000美元，其申报纳税的标准扣除额是12550美元，则2450美元为应税所得，受供养者标准扣除额为0。

受供养者扣除是指针对纳税人抚养或赡养人口的税前扣除。符合下列条件，可视为受供养者[①]：第一，受供养者是纳税人亲属。一是纳税人的子女、继子女、孙子女、子女（继子女或收养子女）的后代；二是纳税人的女婿、儿媳、姐夫、内兄、弟媳、嫂子；三是纳税人的兄弟姐妹、同父异母或同母异父的兄弟姐妹、继兄弟或继姐妹；四是纳税人的父母、继父母、岳父或公爹、岳母或婆母、有血缘关系的阿姨（叔叔或外甥等）。值得注意的是，离婚或死亡不会改变任何婚姻导致的亲属关系（如女婿、儿媳等）。第二，总收入。2021、2022年受供养者总收入要分别少于4300、4400美元。第三，经济支持。纳税人负担受供养者半数以上的年生活费用，包括：食品费、着装费、医疗费与教育费等。第四，暂时离家。受供养者应与纳税人生活在一起，但由于上学、出差、入伍、医疗、休假等，受供养者暂时离家，不算作离开纳税人。第五，出生或死亡。受供养者死于一年某天，但其受供养者扣除按一年计算；某儿童生

---

① Qualifying relative, person as a dependent, https://www.efile.com/qualifying-relative/.

于一年某天，其受供养者扣除也按一年计算。

2013—2022年标准扣除额呈现逐年递增走势，表3.18中数据为65岁以下、非盲人的纳税人标准扣除额。单身申报模式、已婚单独申报模式下，标准扣除额相同，记为D_1；户主申报模式标准扣除额，记为D_2；已婚联合申报模式、鳏寡申报模式下，标准扣除额相同，记为D_3；三者比值大致为$D_1：D_2：D_3=1：1.5：2$，户主扣除额约为单身扣除额的1.46~1.50倍。2013—2022年，单身扣除占人均总收入的比重为10%~20%，单身扣除占人均净收入的比重为12%~24%。

表3.18 2013—2022年各申报模式下标准扣除[B]（美元）

申报模式	2013年	2014年	2015年	2016年	2017年	2018年	2019年	2020年	2021年	2022年
单身	6100	6200	6300	6300	6350	12000	12200	12400	12550	12950
户主	8950	9100	9250	9300	9350	18000	18350	18650	18800	19400
已婚单独	6100	6200	6300	6300	6350	12000	12200	12400	12550	12950
已婚联合	12200	12400	12600	12600	12700	24000	24400	24800	25100	25900
鳏寡	12200	12400	12600	12600	12700	24000	24400	24800	25100	25900
均值[A]	9110	9260	9410	9420	9490	18000	18310	18610	18820	19420
人均总收入	54332	56627	58149	58853	61168	64067	66079	64475	—	—
人均净收入	45857	47792	49076	49610	51580	54055	55621	53644	—	—
单身扣除占人均总收入的比重（%）	11.23	10.95	10.83	10.70	10.38	18.73	18.46	19.23		
单身扣除占人均净收入的比重（%）	13.30	12.97	12.84	12.70	12.31	22.20	21.93	23.12		

注：A. 均值为单身、户主、已婚单独、已婚联合、鳏寡申报模式下各扣除额的算术平均值。

B. 表中数据是65岁以下、非盲人的纳税人标准扣除额。

资料来源：各类扣除数据来自 https://www.efile.com/tax-deduction/federal-standard-deduction/，人均总收入、人均净收入数据来自 https://data.oecd.org/natincome/net-national-income.htm#indicator-chart。

2014—2022年各申报模式下标准扣除同比增长率如表3.19所示。单身、户主、已婚单独、已婚联合、鳏寡申报模式下，各扣除额同比增长率都不小于零；2016年标准扣除额变化最小，仅有户主申报模式的标准扣除额从2015年的9250美元增至2016年的9300美元。2018年各申报模式下标准扣除额增速最大，五种模式标准扣除额同比增长率为88%～93%。2014—2020年，单身申报模式标准扣除额年均增长率是10.67%，而同期美国人均总收入、人均净收入年均增长率分别是2.48%、2.27%。因此，标准扣除额呈现明显增长刚性。

表3.19　2014—2022年各申报模式下标准扣除同比增长率（%）

申报模式	2014年	2015年	2016年	2017年	2018年	2019年	2020年	2021年	2022年
单身	1.64	1.61	0.00	0.79	88.98	1.67	1.64	1.21	3.19
户主	1.68	2.20	0.54	0.54	92.51	1.94	1.63	0.80	3.19
已婚单独	1.64	1.61	0.00	0.79	88.98	1.67	1.64	1.21	3.19
已婚联合	1.64	1.61	0.00	0.79	88.98	1.67	1.64	1.21	3.19
鳏寡	1.64	1.61	0.00	0.79	88.98	1.67	1.64	1.21	3.19
均值	1.65	1.73	0.11	0.74	89.68	1.72	1.64	1.13	3.19
人均总收入	4.22	2.69	1.21	3.93	4.74	3.14	−2.43	—	—
人均净收入	4.22	2.69	1.09	3.97	4.80	2.90	−3.55	—	—

资料来源：各类扣除数据来自https://www.efile.com/tax-deduction/federal-standard-deduction/，人均总收入、人均净收入数据来自https://data.oecd.org/natincome/net-national-income.htm#indicator-chart。

2. 分类扣除

分类扣除包括医疗扣除、长期护理保险费、已缴税收、按揭贷款利息、慈善捐赠、意外事故及盗窃损失、工作费用与杂项扣除。医疗扣除、长期护理保险费、慈善捐赠、意外事故及盗窃损失，前文已讨论，不再赘述，其他分类扣除相关规定如下[①]：

第一，已缴税收。州与地方销售税、所得税、财产税可从调整后总所得中扣除，但总额不得超过1万美元。

第二，按揭贷款利息。因购置、建设或改建房屋而贷款，需要支付贷款利息，该利息可从调整后总所得中扣除。当贷款发生日晚于2017年12月15日时，可扣除利息的贷款上限值是75万美元（单身、已婚联合、鳏寡或户主申报）或37.5万美元（已婚单独申报）；当贷款发生日早于2017年12月15日

---

① Itemized tax deductions on schedule A，https://www.efile.com/itemized-tax-deductions-schedule-A/。

时，可扣除利息的贷款上限值是 100 万美元（单身、已婚联合、鳏寡或户主申报）或 50 万美元（已婚单独申报）。

第三，工作费用与杂项扣除。工作费用与杂项扣除的上限值是调整后总所得的 2%。工作必需且无法补偿的项目包括工具费、材料费、制服费、应付款与定金、求职费用、车程费、家庭办公扣除。2018—2025 年，工作费用与杂项扣除被中止。

（三）分类扣除与标准扣除的比较

2018—2025 年，分类扣除额没有上限值；但标准扣除额存在上限值。当分类扣除小于标准扣除时，纳税人可选择标准扣除；反之，纳税人可选择分类扣除。例如，2022 年某家庭的医疗扣除、已缴税收、按揭贷款利息、慈善捐赠等分类扣除额是 2 万美元，2022 年单身、户主、已婚单独、已婚联合、鳏寡申报模式的标准扣除额分别是 12950、19400、12950、25900、25900 美元；因此，单身、户主申报模式纳税人应采用分类扣除额以减少税负，而其他三种申报模式纳税人采用标准扣除额更能减轻税负担。

（四）自雇者病假与家庭休假抵免

本抵免是可退式税收抵免，当税收抵免额超过个人所得税额时，美国国税局将支付给申请者相应差额，相关规定如下[①]。

1. 自雇者病假与家庭休假抵免 I 的确定

令 $A = \min(自雇者感染新冠病毒无法工作的天数, 10)$

$B = \min(自雇者照顾感染新冠病毒亲属而无法工作的天数, 10 - A)$

即 A、B 之和不得超过 10。

$C = 自雇产业获得的年净收益 \div 260$

每年工作日约为 260 天，故 C 为自雇产业日净收益。

$D = A \times \min(C, 511)$

自雇者感染新冠病毒无法工作时，每日抵扣额是日净收益，但不得超过 511 美元。

$E = \min(D \times 67\%, 200)$

---

① Credits for sick leave and family leave for certain self-employed individuals, https://www.efile.com/tax-service/pdf/0451.pdf。

自雇者照顾感染新冠病毒亲属而无法工作时,每日抵扣额是日净收益的 67%,但不得超过 200 美元。

$F = B \times E$

$G = D + F$

$H = F +$ 他人支付的不超过 200 美元/天的家庭休假工资总额

$I = H - \min(H, 2000)$

自雇者有时会受雇于他人,故可获得家庭休假工资。

$J = \min(H, 2000) +$ 他人支付的不超过 200 美元/天的病假工资总额 $+ D$

自雇者有时会受雇于他人,故可获得病假工资。

$K = J - \min(J, 5110)$

$L = I + K$

若 $G-L \leq 0$,则自雇者病假与家庭休假抵免 I =0;否则,自雇者病假与家庭休假抵免 I =$G-L$。

2. 自雇者病假与家庭休假抵免 II 的确定

$A =$ 子女感染新冠病毒导致自雇者无法工作的天数

$B =$ 自雇产业获得的年净收益 ÷ 260

每年工作日约为 260 天,故 B 为自雇产业日净收益。

$C = \min(B \times 67\%, 200)$

$D = A \times C$

$E = D +$ 他人支付的家庭休假工资总额

$F = E - \min(E, 10000)$

若 $D-F \leq 0$,自雇者病假与家庭休假抵免 II =0;否则,自雇者病假与家庭休假抵免 II =$D-F$。

第四节　无处不在的公平元素

"公"是指正直无私,"平"是指均等、不偏袒;故个人所得税的"公平"是指在民众之间,公开、公正地分摊税负担,以促进收入分配合理化,将收入差距抑制在可控范围内。公平包括横向公平与纵向公平,横向公平是指相同收入者税负担相同,纵向公平是指高收入者税负担应高于低收入者税负担。公平元素渗透于个人所得税的各个特性中。

◇ 个人所得税的
　　收入差距平抑功能研究

一、"源于战争"中的公平元素

我国税赋中，税代表交换公共产品所支付的实物，赋代表为筹集军费所支付的金钱。税是平时税，赋是战时税。西汉算缗钱与个人所得税的税基有相似之处，算缗钱也源于战争。我国民国时期、英国、美国与法国的个人所得税均起源于战争。其中的公平理念，已由明末清初大儒顾炎武讲得很清楚："天下兴亡，匹夫有责"[1]。若一国战败，被迫割地赔款，无论国民身份高低，都将深受其害，因此全体国民应勠力同心、共同对敌、有钱出钱、有力出力，凸显公平理念。

二、"税制累进"中的公平元素

累进税制是我国现行个人所得税、民国所得税、英国个人所得税、美国个人所得税的共同特征。累进税制包括多个边际税率和税前扣除制度。收入低于税前扣除的纳税人不纳税；收入超过税前扣除的低收入者，适用较低的边际税率，税负较轻；高收入者适用较高的边际税率，税负较重；这体现了纵向公平理念。若不考虑不同类别从业者的辛劳程度，且一国采用综合所得超额累进税率，相同收入者的税负相同，体现了横向公平理念。

三、"税基广泛"中的公平元素

税基广泛是个人所得税的一大特征。个人所得税制包括分类所得税制、综合所得税制、分类与综合相结合税制。我国现行个人所得税制是分类与综合相结合税制，民国时期所得税初期是分类所得税制，后期在分类所得税制基础上开征二次综合所得税。英国个人所得税初期是分类所得税制，现已基本转变为综合所得税制。美国现行个人所得税采用综合所得税制。分类所得税制的特点是源头代扣代缴、各行业存在一定税率差别；对需要纳税人亲力亲为、耗费较多体力的劳动所得，采用轻税政策；对无须纳税人亲身参与，依靠财产租赁或转让获取的所得，采用重税政策。综合所得税制表面上将各种所得一视同仁，采用相同累进税率表征税；实则采用一定的税前扣除政策，对劳动所得采用轻税率，对财产所得采用重税率。依靠劳动所得的纳税人多属于中低收入者，故广税基特性一定程度上体现了纵向公平理念。

---

[1] （清）顾炎武：《日知录集释》，（清）黄汝成编，栾保群校注，中华书局，2020年，第247页。

四、"优待弱势群体"中的公平元素

我国现行个人所得税制、民国所得税制、英美所得税制都有针对老弱病残及中低收入者的优待条款。针对赡养老人、大病医疗，我国现在采用专项附加扣除制度；民国时期曾对残疾劳工与困难群体的抚恤金、养老金与赡养费，采取免税措施。英国对盲人、老年群体设定专项税前扣除。美国设置了一系列扣除制度，包括老年扣除、盲人扣除、灾害扣除、医疗扣除、长期护理保险费、意外事故及盗窃损失，并且构建了一系列税收抵免制度，包括受供养者或儿童照顾费用税收抵免、受供养者税收抵免与扣除、老年与残疾高级税收抵免、退休金缴款税收抵免、收养税收抵免、儿童税收抵免、保险费税收抵免与纾困金抵免等。这些条款反映了个人所得税对弱势群体的人文关怀与物质支持，体现出明确的纵向公平理念。

五、"正外部性纠正"中的公平元素

正外部性纠正措施包括与科技、文化、体育、环保、节能减排、医疗、教育等相关的税前扣除与税收免除措施。正外部性产品收益具有外溢性，故提供成本大于收益，导致供给不足。正外部性纠正措施有利于增加正外部性产品供给者收益，增加供给量。从公平角度讲，正外部性纠正措施有利于促进正外部性产品供给者、外溢收益受益者、正常产品供给者之间的横向公平。纠正措施强弱程度与正外部性外溢性程度呈现一定正相关性，如我国现行个人所得税制下，个人就其所得向教育等公益慈善组织捐款，当捐款额未达到应纳税所得额的30%时，捐款越多，扣除额越多，即正外部性纠正措施在设计上遵循纵向公平原则。

六、"兼顾个人与家庭"中的公平元素

兼顾个人与家庭的相关政策如下：第一，我国现行个人所得税制下，七项专项附加扣除制度将家庭负担引入税前扣除，兼顾家庭利益与个人利益。第二，1946年国民政府《所得税法》修正案先征收分类所得税，然后针对全年所得超过60万元的个人征收综合所得税；计算综合所得税时，考虑共同生活亲属的收入状况、中等以上学校的学生负担。第三，英国个人所得税也兼顾个人与家庭。1948—1972财年，可在税前所得中扣除劳动所得扣除、妻子劳动所得扣除、单身扣除或已婚扣除、未成年子女扣除等。1973—2021财年，英国个人所得税扣除包括非老年扣除、老年扣除与盲人扣除，非老年扣除可分为

单身扣除、已婚扣除，老年扣除可分为老年单身扣除、老年已婚扣除；已婚者家庭负担高于未婚者，故已婚扣除明显高于单身扣除，老年已婚扣除明显高于老年单身扣除。第四，美国个人所得税有五种申报模式：单身申报模式、已婚单独申报模式、已婚联合申报模式、鳏寡申报模式、户主申报模式。标准扣除额方面，单身申报模式、已婚单独申报模式最低，户主申报模式居中，已婚联合申报模式、鳏寡申报模式最高；受供养者也有一定扣除额。上述措施表明，个人所得税制构建上考虑了家庭负担与个人收入的关系，以促进不同家庭负担状态下相同收入者的横向公平。

七、不遵循公平原则的后果

不遵循公平原则的后果是税制崩溃，下面以我国民国时期所得税制为例，加以说明。

（一）1914年北洋政府所得税形同虚设

据杨昭智（1947）研究，1915年，民国财政部决定开征所得税，分为两期：第一期征收对象是当商、银钱商、盐商、官方特许经营公司与行栈、议员岁费、管理薪给年金给予金、律师薪俸与大商号经纪人薪俸，1918年重申要开征第一期所得税，预计每年可征收700万~800万元；第二期所得税针对一般所得征收，约有1000万元。最终，流于纸面，没有推行，全成泡影。1919、1920年所得税被反复讨论，但都未付诸实施。1921年民国财政部公布了一系列规范性文件（《所得税条例实施细则》《所得税调查及审查委员会议规程》《所得税征收规则》《征收所得税考成条例》《所得税收款储拨章程》等），要求各地在当年1月开征所得税，但各省议会、商会要求缓征该税。最终，除针对官俸所得征税得到1万余元外，其他所得税从未开征，故有人称此时所得税为"官俸所得税"。

其失败原因如下：第一，所得税不能缩小贫富差距，军阀频繁征税征粮，加之匪患肆虐，普通民众难以谋生，而一些土豪劣绅依靠私人武装压榨百姓，积累大量财富；所得税是对纳税人收入所征的税，而非财富税，无益于缩小贫富差距，只会导致普通民众生活更为艰难，故反对呼声较大。第二，政令难出北京城，北洋政府没有控制全国的能力，各地各自为政；北洋军阀内部派系林立，相互攻伐，不断削弱，败于北伐战争。第三，缺乏征收所得税的基础，各类组织与个人没有清晰的会计账簿。第四，北洋政府后期，财政入不敷出，官员薪俸难以开支，所得税最终停征。

(二) 1936年国民政府《所得税暂行条例》广受诟病

对于《所得税暂行条例》，上海商会批评其有违税收公平原则，据江苏省中华民国工商税收史编写组和中国第二历史档案馆（1994）记载，具体内容如下：第一，免征额太低加重低收入阶层负担。工薪所得月均30~60元，适用边际税率是0.5%，该级税率应取消，原因在于很多劳工的月工资是40、50元，终日操劳，全家仅够温饱，如突发疾病或其他意外，就会立即陷入困境。故对这些人征税，会加重其负担。第二，对股票利息征收所得税，不利于税收公平。公司、商号、工厂或个人资本超过2000元的营利所得需缴纳所得税；若股票利息再缴纳所得税，则会出现重复征税问题。相对而言，个人或合伙开设且不发行股票的企业，只需缴纳一次所得税。若有钱人只将钱存入银行，则仅需就所得利息缴纳一次所得税；而实业家开设股份公司，公司营利所得、股东个人红利所得都需缴纳所得税，若再将所得款项存入银行，则共需缴纳三次所得税。第三，仅对公务员及劳工法定储蓄金免税，不利于税收公平。《所得税暂行条例》免税条款规定，公务员及劳工法定储蓄金免税；其他行业法定储蓄金不免税，但其收入水平低于公务员，常入不敷出，政府尚未创立失业救济制度，提交储蓄金可备不时之需，故各行业从业人员储蓄金也应免税。第四，著作出版具备正外部性，对其征税加剧著作书籍短缺。我国高等学校大多采用外国课本，对于著作人所得免税，有利于促进文化教育事业发展。第五，对保险赔款征税，不利于保护弱势群体权益。如水火险，保险赔款一般低于损失，受灾者难以恢复其产业；再如人寿险，保险赔款用于埋葬死者、支持家属必备消费。因此保险赔款应免税。

(三) 1943年国民政府《所得税法》沦为掠夺之手

1936年国民政府开征所得税，该税初衷包括：第一，为政府提供充足税源；第二，按能力征税，高收入者多缴税，低收入者少缴税，以缩小收入差距。但恶性通货膨胀逐渐使得所得税实际效果与其初衷背道而驰。

据郑起东（2011）研究，若设定1937年6月为基期，1945年8月国民党法币发行额增长394倍，物价增长1585倍；仍设定1937年6月为基期，1948年8月国民党法币发行额增长45万倍，重庆市物价上涨超过150万倍，上海市物价上涨超过490万倍。1948年8月，国民政府发行金圆券，1元金圆券可兑换300万法币，同时强令兑换人民的黄金、白银与外汇。通货膨胀却愈演愈烈，1948年8月19日，1两黄金可兑换200元金圆券；1949年6月22日，1

◇ 个人所得税的

　　收入差距平抑功能研究

两黄金兑换金圆券数额高达 900 亿元，即金圆券发行的 10 个月里，黄金价格上涨 4.5 亿倍。

一方面，恶性通胀使得预算制度形同虚设，所得税预算额实际购买力远低于政府预期，导致国民政府开征所得税第一初衷落空；另一方面，恶性通胀时常将低收入群体"赶入"纳税阶层，这些弱势群体糊口尚且困难，却还要缴纳所得税，而高收入阶层或将财产隐匿于国外，或买通税吏，避税逃税，这导致国民政府开征所得税第二初衷落空。

1948 年，随着金圆券推行，物价上涨根本无从控制，大资产者掌控紧俏物资囤积居奇，民众只得抢购各种物资。大到房产，小到葱蒜，无不涨价，使得民众生活越发困难。

1949 年 2 月，为增强税收筹集资金的能力，国民政府推行《财政金融改革案》，所得税相关规定如下：第一，营利所得税采用"包税制"，估定税额，行业协会负责催缴。第二，改变缴税计量单位，用"关元"缴纳关税，用"税元"缴纳包括所得税在内的其他税收，货物税与盐税改征实物。1 关元=4 角美金，1 税元=1 市分黄金。换言之，民众薪酬支付方式是金圆券，缴税时却要将金圆券换成黄金。恶性通胀背景下，此举无异于"杀鸡取卵"，民众生活更为艰难。1949 年 10 月 1 日，新中国成立，国民党反动派统治宣告终结，其所得税制也随之废除。

综上所述，公平原则充斥着个人所得税制各个领域，突出表现为横向公平原则与纵向公平原则。横向公平原则要求相同收入者拥有相等税负担；纵向公平原则要求高收入者税负担应重于低收入者税负担。此分解法容易理解，但存在缺陷，原因在于：不同收入者数量众多，处于某一特定金额的相同收入者相对较少，若只计算某个金额下相同收入者的横向公平效应，则该效应会被低估；若计算各个金额相同收入者效应之和，现阶段缺乏理论工具，无法完成。学界现在的做法是计算 APK 排序效应代替横向公平效应，这也是本书第四章所用方法，将个人所得税的收入差距平抑功能分解为 APK 排序效应、纵向公平效应，并进一步分解为各类个人所得税、个人所得税各要素的分效应。严格来讲，APK 排序效应并不等同于横向公平效应，前者既包含相同收入者排序变化测量值，也包含不同收入者排序变化测量值，故第四章所用方法存在一定偏差。为纠正该偏差，第五章采用 KL 分解法测算个人所得税的收入差距平抑功能。

第四章 个人所得税收入差距平抑功能的 APK 分解法及其扩展

MT 指数是量化个人所得税收入差距平抑功能的经典指数，该指数是税前、税后基尼系数之差。分解 MT 指数，有利于评价个人所得税对不同公平原则的遵循程度，有利于量化不同个人所得税要素对收入差距平抑功能的贡献。MT 指数存在多种分解方法，其中，APK 分解法使用频率最高，将 MT 指数分解为纵向公平效应、APK 排序效应。本章从三个方面扩展该法：挖掘 APK 排序效应的背后含义、将 MT 指数分解为各类个人所得税制分效应、将纵向公平效应分解为各边际税率分效应。

第一节 个人所得税收入差距平抑功能的 APK 分解法

本节重点研究总效应、APK 排序效应、纵向公平效应的定义与正负性，并依据微观家庭数据，计算我国个人所得税的 APK 排序效应、纵向公平效应与 MT 指数，讨论 APK 排序效应的背后含义，分析比较五种个人所得税模式的 APK 排序效应，具体内容如下[1]。

一、总效应、纵向公平效应与 APK 排序效应

（一）总效应、纵向公平效应与 APK 排序效应的定义

总效应是税前收入基尼系数与税后收入基尼系数之差，纵向公平效应是税前收入基尼系数与按税前收入排序的税后收入集中度之差，APK 排序效应是税后收入基尼系数与按税前收入排序的税后收入集中度之差。总效应、纵向公

---

[1] 胡华：《中国个人所得税的 APK 排序效应研究》，《中央财经大学学报》，2021 年第 2 期，第 21~27 页。

平效应、APK 排序效应指数源于 MT 指数的定义式，如式（4.1）所示。其中，G_X 代表税前收入基尼系数、G_N 代表税后收入基尼系数，两者之差表征着个人所得税对收入差距的调节作用，当 MT 大于或小于 0 时，个人所得税能缩小或扩大收入差距。G_X 与 G_N 的样本排序不同，计算 G_X、G_N 时，样本分别按照税前收入、税后收入，从低到高的顺序排序。在式（4.1）中加入 $C_{N:X}$（按税前收入排序的税后收入集中度），即可将 MT 指数分解为 APK 排序效应（R^{APK}）、纵向公平效应（V^K），如式（4.2）所示。Kakwani（1984）将 $(G_N - C_{N:X})$ 推导为 $t \times K/(1-t)$，则有式（4.3）。其中，t 是个人所得税的平均税率，等于被研究群体全部个人所得税总额除以税前收入总额；$K = C_{T:X} - G_X$，$C_{T:X}$ 是按税前收入排序的个人所得税集中度。

$$MT = G_X - G_N \tag{4.1}$$

$$MT = (G_X - C_{N:X}) - (G_N - C_{N:X}) = V^K - R^{APK} \tag{4.2}$$

$$MT = \frac{t}{1-t}(C_{T:X} - G_X) - (G_N - C_{N:X}) = V^K - R^{APK} \tag{4.3}$$

APK 排序效应中，$C_{N:X}$ 与 G_N 是基于相同样本库同一数据计算的，区别在于 $C_{N:X}$ 与 G_N 分别按照税前、税后收入从低到高的顺序排序计算得来，"APK 排序效应"故而得名。

（二）APK 排序效应、纵向公平效应的正负性

1. APK 排序效应的正负性

假设一个群体由 n 人构成，按照税前收入从低到高排序，第 j 人的税前收入是 I_j，n 是自然数，j 是 1 至 n 的自然数。因此，n 人的税前收入满足 $I_1 \leq I_2 \leq \cdots \leq I_{i-1} \leq I_i \leq I_{i+1} \leq \cdots \leq I_{n-1} \leq I_n$。$n$ 人处于分类个人所得税制（或分类与综合相结合个人所得税制）下，第 j 人的税后收入是 $I_{j,t}$。此个人所得税制整体上呈现累进性，但对不同收入来源的所得采用不同税率，假设第 i、$i+1$ 人的按税前收入从低到高排序与按税后收入从低到高排序不同，即税前收入 $I_i \leq I_{i+1}$，税后收入 $I_{i,t} > I_{i+1,t}$。

其他人的排序不予考虑。假设 n 人的税前、税后收入之和分别是 I_S、$I_{S,t}$。据此可画出各曲线，如图 4.1 所示，曲线 $OELMO_1$ 是按税前收入排序的税后收入集中度曲线，曲线 $OEJMO_1$ 是税后收入洛伦茨曲线，曲线

$OE_1J_1M_1O_1$ 是税前收入洛伦茨曲线。可知以下各点的坐标：$E\left(\dfrac{i-1}{n},\dfrac{I_{i-1,t}+I^0}{I_{S,t}}\right)$、$L\left(\dfrac{i}{n},\dfrac{I_{i,t}+I_{i-1,t}+I^0}{I_{S,t}}\right)$、$J\left(\dfrac{i}{n},\dfrac{I_{i+1,t}+I_{i-1,t}+I^0}{I_{S,t}}\right)$、$M\left(\dfrac{i+1}{n},\dfrac{I_{i+1,t}+I_{i,t}+I_{i-1,t}+I^0}{I_{S,t}}\right)$。其中 $I^0=\sum\limits_{j=1}^{i-2}I_{j,t}$，则有 $LJ=\dfrac{I_{i,t}-I_{i+1,t}}{I_{S,t}}$。

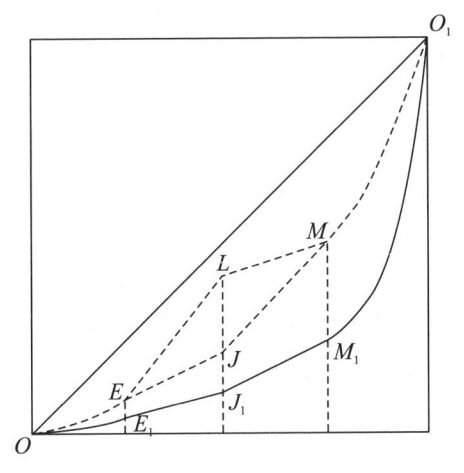

图 4.1　税前收入不同的排序效应

四边形 $EJML$ 的面积：$S_{\text{四边形}EJML}=S_{\triangle ELJ}+S_{\triangle MLJ}=\dfrac{1}{2}LJ\dfrac{1}{n}\times 2=\dfrac{LJ}{n}=\dfrac{I_{i,t}-I_{i+1,t}}{n\cdot I_{S,t}}$

故 $R^{APK}=G_N-C_N=2S_{\text{四边形}EJML}=\dfrac{2(I_{i,t}-I_{i+1,t})}{nI_{St}}$

由于 $I_{i,t}>I_{i+1,t}$，故排序效应（R^{APK}）大于 0。

2. 纵向公平效应的正负性

累进个人所得税制下，税前收入基尼系数大于税后收入基尼系数，即 $MT=V^K-R^{APK}>0$，由于 $R^{APK}>0$，可知累进个人所得税制下，纵向公平效应（V^K）>0。因此，分类个人所得税制下，只要其整体上呈现累进性，即可证明 APK 排序效应、纵向公平效应都大于零。

二、数据

采用 2015 年中国综合社会调查数据开展研究，以下简称"CGSS

(2015)"。此数据包括2014年的10968个家庭样本,当时我国所采用的个人所得税法修订于2011年。为研究需要,特作如下假设:第一,假设受访者或其配偶的2014年总收入、2014年的职业或劳动收入都是税后收入,原因在于个人多统计税后收入,较少统计税前收入。第二,对于个体工商户受访者或其配偶,假设2014年的职业或劳动收入都是个体工商户税后所得,依据个体工商户所得的5级超额累进税率计算个体工商户的个人所得税、税前收入。第三,对于非个体工商户的农业户籍受访者或其配偶,假设对其不征收工薪所得个人所得税。第四,对于非个体工商户且非农户籍的受访者或其配偶,假设2014年的职业或劳动收入全是工薪个人所得税的税后所得,依据工薪7级累进税率,计算工薪税前所得、工薪个人所得税。第五,假设2014年其他收入＝2014年总收入－2014年的职业或劳动收入。第六,对于非"老板"职业的受访者或其配偶,将其他所得都视为劳务报酬所得个人所得税的税后收入,依据20%的比例税率、加成与扣除标准,计算劳务报酬所得个人所得税、税前收入。第七,当受访者或其配偶的职业是"老板"时,将2014年其他收入都视为利息、股息与红利所得等个人所得税的税后所得,依据相应的20%比例税率,计算利息、股息与红利所得等个人所得税、税前收入。

采用直接计算法计算税前收入基尼系数、税后收入基尼系数、按税前收入排序的税后收入集中度(简称"税后收入集中度")、按税前收入排序的个人所得税集中度(简称"个人所得税集中度"),计算公式如式(4.4)所示,此式来自彭海燕(2012)。其中,G代表基尼系数或集中度,P_i是第i个群体人口占全体人口的比重,I_i是第i个群体收入(或其他指标)占各群体收入(或其他指标)之和的比重,k、i、n都是自然数。

$$G = 1 - \sum_{i=1}^{n} P_i \left(2 \sum_{k=1}^{i} I_k - I_i \right) \tag{4.4}$$

三、中国个人所得税 APK 排序效应的估计

个人所得税的收入差距平抑功能取决于两方面:第一,个人所得税制;第二,纳税人的税前收入。为更好地考察我国个人所得税制差异对个人所得税的收入差距平抑功能的影响,特采用如下方法:第一,税前收入数据全部选用CGSS(2015)数据;第二,分别用1980年个人所得税法与历次中国个人所得税法修正案的个人所得税制对CGSS(2015)的受访者征税;第三,基于式(4.4)计算各个人所得税制下的APK排序效应、纵向公平效应、总效应

(MT 指数)。1980 年，我国制定实施了个人所得税法，至 2024 年已有 7 次修正，如表 4.1 所示。由于 CGSS（2015）的数据分类所限，对此数据能产生明显影响的只有 6 个版本个人所得税制。1999 年 8 月第 2 次修正、2007 年 6 月第 4 次修正都是对存款利息税的修改，而 CGSS（2015）没有统计存款利息所得，6 个版本个人所得税制的具体细节如表 4.3 所示。

表 4.1　个人所得税法历次修订版的 APK 排序效应、纵向公平效应、MT 指数

序号	推行年份	APK 排序效应	纵向公平效应	总效应（MT）	税前收入基尼系数	个人所得税集中度	税后收入集中度	税后收入基尼系数	平均税率	月免征额(元)
1	1980—1993 年	0.000693	0.028397	0.027704	0.666942	0.876483	0.638544	0.639238	11.93%	800
2	1994—2005 年	0.000655	0.030797	0.030143	0.666942	0.870568	0.636144	0.636799	13.14%	800
3	2006—2008 年	0.000570	0.031167	0.030597	0.666942	0.892520	0.635775	0.636345	12.14%	1600
4	2008—2011 年	0.000552	0.031031	0.030479	0.666942	0.900554	0.635911	0.636463	11.73%	2000
5	2011—2018 年	0.000478	0.029260	0.028782	0.666942	0.920626	0.637681	0.638160	10.34%	3500
6	2018 年至今	0.000028	0.017857	0.017829	0.666942	0.984781	0.649084	0.649112	5.31%	5000

注：第 1 类个人所得税制源自 1980 年 9 月个人所得税法；第 2 类个人所得税制源自 1993 年 10 月第 1 次、1999 年 8 月第 2 次个人所得税修正案；第 3 类个人所得税制源自 2005 年 10 月第 3 次、2007 年 6 月第 4 次个人所得税修正案；第 4 类个人所得税制源自 2007 年 12 月第 5 次个人所得税修正案；第 5 类个人所得税制源自 2011 年 6 月第 6 次个人所得税修正案；第 6 类个人所得税制源自 2018 年 8 月第 7 次个人所得税修正案。1999 年 8 月第 2 次修正、2007 年 6 月第 4 次修正都是对存款利息税的修改，而 CGSS（2015）没有统计存款利息所得，因此无法显示第 1、2 次修正案下各指数的区别，也无法显示第 3、4 次修正案下各指数的区别。

我国现行个人所得税制 APK 排序效应、纵向公平效应、总效应（MT 指数）分别是 0.000028、0.017857、0.017829。我国个人所得税的 APK 排序效应呈现长期下降态势，相对于 1980 年，我国现行个人所得税制的 APK 排序效应已降低了 96%。相对于其他版本的个人所得税制，现行个人所得税制的 APK 排序效应最小，原因在于：工薪所得、劳务报酬所得、稿酬所得、特许权使用费所得被作为"综合所得"，按照统一的 7 级超额累进税率征税。相对于其他版本的个人所得税制，现行个人所得税制的纵向公平效应不是很高，原因在于：免征额、税级距的不断提升，使得部分纳税人免于缴税、部分缴税的纳税人税负降低。总效应等于纵向公平效应与 APK 排序效应之差，现行个人所得税制的总效应是 6 个版本个人所得税制中最弱的。平均税率等于纳税人的个人所得税额之和除以税前收入额之和，现行个人所得税制的平均税率是 5.31%，也是 6 个版本个人所得税制中最小的。

比较纵向公平效应与APK排序效应发现，已有个人所得税制中，纵向公平效应都比APK排序效应多40～637倍。这与岳希明和徐静（2012）等研究相符，但与徐静和岳希明（2014）、田志伟等（2017）的观点不同，笔者认为，个人所得税的APK排序效应不能忽略。

四、APK排序效应的背后含义

按照人均税前（后）收入从低到高排序后，CGSS（2015）的每个受访家庭都能得到人均税前（后）收入排序的序号，简称"税前（后）序号"。为分析APK排序效应的更多意义，构造表4.2中的指标。

表4.2 排序变动的结果（%）

序号	个人所得税法推行年份	排序改变的家庭占比	排序改变的人口占比	排序改变的家庭税前收入占比	排序改变的家庭税收占比	相同税前收入人群的税收差额占比	相同税后收入人群的税收差额占比
1	1980—1993年	78.08	80.54	91.30	91.02	14.16	8.05
2	1994—2005年	79.09	81.64	88.27	88.36	14.04	9.30
3	2006—2008年	76.90	79.17	87.08	78.27	13.94	6.26
4	2008—2011年	76.91	79.19	96.08	75.29	14.67	5.26
5	2011—2018年	76.81	79.05	87.37	64.08	35.11	3.55
6	2018年至今	41.31	41.75	73.62	41.60	1.10	0.44

注：本表各类个人所得税制与表4.1、表4.3存在一一对应的关系。

第一，排序改变的家庭占比，此值等于税前序号与税后序号不同的家庭数占全部受访家庭的比重。第1～5类个人所得税制下，排序改变的家庭占比都处于76%～80%；第6类个人所得税制是现行个人所得税制，排序改变的家庭占比大幅降低至41.31%，是6类个人所得税制中最低的。

第二，排序改变的人口占比，此值等于税前序号与税后序号不同的家庭成员总数占全部受访家庭的成员总数的比重。第1～5类个人所得税制下，排序改变的人口占比都处于79%～82%；现行个人所得税制（第6类）下，排序改变的人口占比是41.75%，也是6类个人所得税制中最低的。

第三，排序改变的家庭税前收入占比，此值等于税前序号与税后序号不同的家庭税前收入之和占全部受访家庭的税前收入之和的比重。第1～5类个人所得税制下，排序改变的家庭税前收入占比都处于87%～97%；现行个人所得税制（第6类）下，排序改变的家庭税前收入占比是73.62%，是6类个人所得税制中最低的。

第四，排序改变的家庭税收占比，此值等于税前序号与税后序号不同的家庭个人所得税额之和占全部受访家庭个人所得税额之和的比重。第1~5类个人所得税制下，排序改变的家庭税收占比都处于64%~92%；现行个人所得税制（第6类）下，排序改变的家庭税收占比是41.60%，是6类个人所得税制中最低的。

第五，相同税前收入人群的税收差额占比，此值衡量的是具有相同人均税前收入人群的个人所得税负担差异。其计算步骤如下：一是将样本按照"人均家庭税前收入"从低到高排序；二是若相邻两个样本的人均家庭税前收入相同且个人所得税额不同，则两个人所得税额求差后取绝对值；三是将上述绝对值加总，相同税前收入人群的税收差额占比等于绝对值加总额占个人所得税总额的比重。第1~5类个人所得税制下，相同税前收入人群的税收差额占比都处于13%~36%；现行个人所得税制（第6类）下，此值是1.10%。

第六，相同税后收入人群的税收差额占比，此值衡量的是具有相同人均税后收入人群的个人所得税负担差异。此指标计算步骤与"相同税前收入人群的税收差额占比"类似，只是在第一、二步中用"人均家庭税后收入"代替"人均家庭税前收入"。第1~5类个人所得税制下，相同税后收入人群的税收差额占比都处于3%~10%之间；现行个人所得税制（第6类）下，此值是0.44%。

总之，经过2018年个人所得税法修订，我国个人所得税制的APK排序效应大幅降低，即个人所得税制对纳税人的无效扰动大幅减少。相对于以往个人所得税制，现行个人所得税制的APK排序效应降低原因如下：第一，工薪所得与劳务报酬所得等合并为"综合所得"，按照统一税率纳税；第二，免征额的提高与税前扣除项目的增多，使得部分纳税人免于纳税，这些人不再受到APK排序效应的影响。现行个人所得税制下，仍有41.31%的家庭、41.75%的人口、73.62%的家族税前收入、41.60%的家族个人所得税额受到APK排序效应的干扰，相同税前收入人群的税收差额占比是1.10%，相同税后收入人群的税收差额占比是0.44%。因此，APK排序效应不容忽视。

五、政策启示

APK排序效应的成因如下：第一，相同收入的纳税人的家庭负担不同，导致人均个人所得税额产生差异；第二，中国个人所得税是针对城镇企事业单位职工的征税，农村地区的高收入农民一般无须缴纳个人所得税，导致税负担不均；第三，分类个人所得税制下，相同数量、不同来源所得的税负担存在差异。因此,遏制 APK 排序效应的途径包括:推行家庭联合申报制度、统一城乡个人所得税制、实行综合所得税制等。我国现在推行的个人所得税制是分类单独申报模式,在此基础上,又设计了四种个人所得税模式,分别是:分类家庭申报模式、城乡统一单独申报模式、综合单独申报模式与综合家庭申报模式。

(一)分类单独申报模式

我国正在或曾经推行的个人所得税制都属于此种模式,其特点是:应税所得包括若干类别,各类别采用的税率表不尽相同。受数据所限,分类单独申报模式下,应税所得被分为四种:一是工薪所得,二是个体工商户所得、对企事业单位的承包经营与承租经营所得,三是劳务报酬所得,四是利息、股息与红利所得等。分类单独申报模式的说明如表 4.3 所示。

表 4.3 分类单独申报模式的说明

序号	工薪所得 (综合所得)*	个体工商户所得 (经营所得)**	劳务报酬所得	利息、股息与 红利所得等
1	免征额是 800 元/月 5%~45%的 6 级超额累进税率	免税	20%的比例税率 不采用加成征收制度	20%的比例税率
2	免征额是 800 元/月 5%~45%的 9 级超额累进税率	5%~35%的超额累进税率	20%的比例税率 采用加成征收制度	20%的比例税率
3	免征额是 1600 元/月 5%~45%的 9 级超额累进税率	5%~35%的超额累进税率	20%的比例税率 采用加成征收制度	20%的比例税率
4	免征额是 2000 元/月 5%~45%的 9 级超额累进税率	5%~35%的超额累进税率	20%的比例税率 采用加成征收制度	20%的比例税率
5	免征额是 3500 元/月 3%~45%的 7 级超额累进税率	5%~35%的超额累进税率	20%的比例税率 采用加成征收制度	20%的比例税率
6	免征额是 60000 元/年 3%~45%的 7 级超额累进税率	5%~35%的超额累进税率	与工资薪金所得、稿酬所得、特许权使用费所得合并为综合所得	20%的比例税率

注:*序号 1—5 下,为工薪所得;序号 6 下,为综合所得。

**序号 1—5 下,为个体工商户所得、对企事业单位的承包经营与承租经营所得;序号 6 下,为经营所得。

资料来源:《中华人民共和国个人所得税法》。

在1980—1993年个人所得税制（序号1）下，对工薪个人所得税采用5%～45%的6级超额累进税率，月免征额是800元；对个体工商户所得、对企事业单位的承包经营与承租经营所得免税；对劳务报酬所得采用20%的比例税率，没采用加成征收制度；对利息、股息与红利所得等采用20%的比例税率。

在1994—2005年个人所得税制（序号2）、2006—2008年个人所得税制（序号3）、2008—2011年个人所得税制（序号4）下，工薪个人所得税的月免征额依次是800、1600、2000元。三类个人所得税制的其他规定类似，对工薪个人所得税采用5%～45%的9级超额累进税率；对个体工商户所得、对企事业单位的承包经营与承租经营所得，采用5%～35%的超额累进税率；对劳务报酬所得采用20%的比例税率，且采用加成征收制度；对利息、股息与红利所得等采用20%的比例税率。

在2011—2018年个人所得税制（序号5）下，对工薪个人所得税采用3%～45%的7级超额累进税率，月免征额是3500元；对个体工商户所得、对企事业单位的承包经营与承租经营所得，采用5%～35%的超额累进税率；对劳务报酬所得采用20%的比例税率，且采用加成征收制度；对利息、股息与红利所得等采用20%的比例税率。

在2018年至今的个人所得税制（序号6）下，工薪所得、劳务报酬所得、稿酬所得与特许权使用费所得合并为综合所得，采用3%～45%的7级超额累进税率，年免征额是60000元；对个体工商户所得、对企事业单位的承包经营与承租经营所得，采用5%～35%的超额累进税率；对利息、股息与红利所得等采用20%的比例税率。此税制还设置了3项专项附加扣除：第一，子女教育扣除，每个未成年子女扣除1000元；第二，赡养老人扣除，若纳税人或其配偶的父母或祖父母超过60岁，则扣除2000元；第三，大病医疗扣除，将纳税人的自付医疗支出全部扣除。受数据所限，没有考虑继续教育、住房贷款利息、住房租金的专项附加扣除。①

此外，在分类单独申报模式（序号1~6）下，城镇居民的工薪所得需缴个人所得税、农村居民的工薪所得无须缴个人所得税。

（二）其他个人所得税模式

第一，分类家庭申报模式。此模式在分类单独申报模式基础上改进得来，当受访者处于"结婚"或"丧偶"状态时，夫妻双方联合申报，在工薪所得个

---

① 受数据所限，仅以这三项扣除进行研究。

人所得税制或综合所得个人所得税制下，免征额共享，税级距是分类单独申报模式相应税级距的两倍；当受访者处于"未婚"或"离婚"状态时，受访者单独申报，免征额不共享，这时与分类单独申报模式的个人所得税相同。除工薪所得个人所得税制或综合所得个人所得税制外，分类家庭申报模式下各序号个人所得税制的其他条件与分类单独申报模式相应序号的个人所得税制相同。

第二，城乡统一单独申报模式。此模式下，城镇居民与农村居民都要按照相同税率表纳税。其他条件与分类单独申报类个人所得税模式相同。

第三，综合单独申报模式。在此模式下，申报单位是个人。序号1~5，受访者或其配偶的全部所得都按照工薪所得税率表纳税；序号6，受访者或其配偶的全部所得都按照2018年修订个人所得税法的综合所得税率表纳税；其他条件与城乡统一单独申报模式相同。

第四，综合家庭申报模式。在此模式下，申报单位是家庭，即免征额在夫妻双方间共享，税级距是综合单独申报模式税级距的两倍，其他条件与综合单独申报模式相同。

在上述5种模式下，各有6种个人所得税制，将各种个人所得税制应用于CGSS（2015）的家庭样本征税，再运用式（4.4），可获得各种个人所得税制的APK排序效应、纵向公平效应等。

（三）五类个人所得税模式的APK排序效应

在同一序号下APK排序效应呈现如下规律：一般情况下，综合家庭申报模式的APK排序效应<综合单独申报模式的APK排序效应<城乡统一单独申报模式的APK排序效应<分类家庭申报模式的APK排序效应<分类单独申报模式的APK排序效应（如表4.4所示）。这表明，统一城乡个人所得税制、推行家庭联合申报制度、变分类所得个人所得税制为综合所得个人所得税制，有利于削弱排序效应。

表4.4 APK排序效应指数

序号	分类单独申报	分类家庭申报	城乡统一单独申报	综合单独申报	综合家庭申报
1	0.000693	0.000538	0.000522	0.000398	0.000142
2	0.000655	0.000627	0.000360	0.000155	0.000082
3	0.000570	0.000568	0.000426	0.000165	0.000058
4	0.000552	0.000563	0.000449	0.000156	0.000046
5	0.000478	0.000507	0.000469	0.000067	0.000013
6	0.000028	0.000024	0.000016	0.000015	0.000003

(四) 五类个人所得税模式的纵向公平效应

在同一序号下纵向公平效应呈现如下规律：综合单独申报模式的纵向公平效应＞综合家庭申报模式的纵向公平效应＞城乡统一单独申报模式的纵向公平效应＞分类单独申报模式的纵向公平效应＞分类家庭申报模式的纵向公平效应（如表4.5所示）。因此，相对于分类单独申报模式，分类家庭申报模式的推行将削弱个人所得税的收入调节功能；而其他三类模式都将增强个人所得税的收入调节功能，其中综合单独申报模式最能增强个人所得税的收入调节功能。

表4.5 纵向公平效应指数

序号	分类单独申报	分类家庭申报	城乡统一单独申报	综合单独申报	综合家庭申报
1	0.028397	0.027389	0.036393	0.058798	0.057532
2	0.030797	0.030206	0.037311	0.042608	0.041712
3	0.031167	0.029884	0.039200	0.044393	0.041643
4	0.031031	0.029404	0.039378	0.044473	0.040781
5	0.029260	0.026791	0.037784	0.042888	0.036908
6	0.017857	0.009693	0.034959	0.037360	0.031640

总之，综合单独申报模式的纵向公平效应最大、APK排序效应第二小，说明综合单独申报模式是五种个人所得税模式中的较好选择。综合单独申报模式的要点如下：第一，统一城乡税制，城镇居民所得和农村居民所得都须缴纳个人所得税；第二，全部所得都按照统一的超额累进税率表纳税；第三，以个人作为纳税申报单位。

第二节 按个人所得税类别扩展APK分解法

基于中国综合社会调查的10342个家庭样本，实证分析2011—2018年工薪个人所得税、个体工商户个人所得税与其他个人所得税的收入调节功能；使用非线性最小二乘法，估计税前收入洛伦茨曲线、税后收入洛伦茨曲线、按人均家庭税前收入排序的税后收入集中度曲线、税收集中度曲线的具体形式，进一步计算MT值，此举可减少极端样本值对MT值计算结果的干扰；在中国、美国等13国的个人所得税制基础上，构造16种综合个人所得税模式，估算上述个人所得税模式对中国收入差距的影响,探寻符合中国实际的个人所得税制。[①]

一、理论模型

如式(4.5)是 MT 与 K 指数关系式。其中,右边第一部分是 $\frac{t}{1-t}(C_{T:X}-G_X)$,表征个人所得税的纵向公平效应程度,纵向公平原则要求高收入者缴纳个人所得税高于低收入者的相应值。右边第二部分 $(G_N-C_{N:X})$ 表征个人所得税的 APK 排序效应,当个人按照税前、税后收入排序的顺序相同时,$G_N-C_{N:X}=0$;否则,$|G_N-C_{N:X}|\neq 0$。降低 APK 排序效应有助于提高 MT 值。

2011—2018 年中国分类个人所得税制大致可分为三部分:工薪所得 7 级累进税制、个体工商户所得 5 级累进税制、其他所得 20% 的比例税制。其他所得个人所得税的征税对象包括稿酬、劳务报酬、特许权使用费、利息、股息、红利、财产租赁所得、财产转让所得、偶然所得和其他所得,都适用 20% 的比例税率。但上述所得的个人所得税征收细节不尽相同,为方便分析,对这些差异细节不予考虑。假设工薪所得、个体工商户所得、其他所得个人所得税对收入差距的影响分别是 MT_1、MT_2、MT_3,显然,$MT_1+MT_2+MT_3=MT$。

$$MT=\frac{t}{1-t}(C_{T:X}-G_X)-(G_N-C_{N:X}) \tag{4.5}$$

$$MT_1=\frac{t}{1-t}(C_{T_1:X}-G_X)-(G_N-C_{Y_1:X}) \tag{4.6}$$

$$MT_2=\frac{t}{1-t}(C_{T_2:X}-C_{T_1:X})-(C_{Y_1:X}-C_{Y_2:X}) \tag{4.7}$$

$$MT_3=\frac{t}{1-t}(C_{T:X}-C_{T_2:X})-(C_{Y_2:X}-C_{N:X}) \tag{4.8}$$

其中,Y_1 是征收工薪个人所得税的税后收入,Y_2 是征收工薪个人所得税、个体工商户个人所得税的税后收入,N 是征收全部三类个人所得税的税后收入,$C_{Y_1:X}$、$C_{Y_2:X}$、$C_{N:X}$ 则是相应的"按照税前收入排序的税后收入集中

[①] Hua Hu: Decomposition of social income adjustment effect of China's personal income tax and selection among different uniform income tax modes, The Singapore Economic Review, 2018(4): 917-941.

度"。T_1 是工薪个人所得税，T_2 是工薪个人所得税与个体工商户个人所得税之和，T 是全部三类个人所得税之和，$C_{T_1:X}$、$C_{T_2:X}$、$C_{T:X}$ 则是相应的"按照税前收入排序的税收集中度"。G_X 是税前收入基尼系数。t 是征收全部三类个人所得税后的个人所得税占税前收入的比重，即平均税率。$(G_N - C_{Y_1:X})$、$(C_{Y_1:X} - C_{Y_2:X})$、$(C_{Y_2:X} - C_{N:X})$ 分别是工薪所得、个体工商户所得、其他所得个人所得税的 APK 排序效应指数。$\frac{t}{1-t}(C_{T_1:X} - G_X)$、$\frac{t}{1-t}(C_{T_2:X} - C_{T_1:X})$、$\frac{t}{1-t}(C_{T:X} - C_{T_2:X})$ 分别是上述三类个人所得税的纵向公平效应指数。

二、数据与变量

（一）数据

研究对象是个人所得税对收入差距的调节作用，收入差距的表征指标设定为人均家庭收入基尼系数，而不是个人收入基尼系数。两者区别在于：计算人均家庭收入基尼系数时，需将家庭按照人均家庭收入从低到高排序，计算人口累积比与收入累积比，最终得出人均家庭收入基尼系数；计算个人收入基尼系数时，需将个人按照个人收入从低到高排序，计算人口累积比与收入累积比，进而得到个人收入基尼系数。选择人均家庭收入基尼系数，而不是个人收入基尼系数的原因在于：大多数人与家人共同生活，收入为家庭成员共享，我国第六次人口普查数据显示，只有 13.67% 的家庭是单人户。

所用数据来自中国人民大学的 2013 年中国综合社会调查（Chinese General Social Survey，CGSS）数据，共获得 2012 年的 10342 个家庭样本。上述家庭可分为三类：第一，核心家庭，只包括父母与 18 岁以下子女的家庭；第二，单亲家庭，一个父亲或母亲及 18 岁以下子女组成的家庭；第三，单身家庭，只包括一个成年人。涉及受访者与其配偶的收入包括两项：2012 年总收入、2012 年职业或劳动收入。受访者在统计收入时，一般统计的是税后收入，而非税前收入。因此，笔者认为 2012 年总收入、2012 年职业或劳动收入都是税后收入。

依据 2012 年职业或劳动收入推出 2012 年税前职业或劳动收入。不同类型纳税人适用的税率不同。当受访者或其配偶是个体工商户时，按照个体工商户所得 5 级超额累进税率，得出 2012 年税前职业或劳动收入与相应个人所得税。

◇ 个人所得税的

收入差距平抑功能研究

当受访者与其配偶不是个体工商户,且所在地是城镇时,按照工薪所得 7 级超额累进税率,得出"2012 年税前职业或劳动收入"与相应个人所得税。当受访者与其配偶所在地是农村时,所取得的职业或劳动收入不缴纳个人所得税,原因在于:务农的农民无须缴纳工薪所得个人所得税,且税务部门对农村单位的税收稽查力度要弱于对城镇单位的稽查力度。岳希明等(2012)也认为,我国个人所得税纳税人仅仅局限于城镇从业人员,而没有涵盖农村人口。2012年职业或劳动收入只是 2012 年总收入的一部分,两者之差是其他收入,如一次性劳务报酬、特许权使用费等,这些所得按照 20% 的比例税率缴纳个人所得税,没有设置免征额,最终得出其他收入与相应个人所得税。

获得受访者与其配偶或单身受访者的"税后收入""税前收入""个人所得税"后,即可获得家庭的"税后收入""税前收入""个人所得税",这些数值除以家庭成员数后,即可获得"人均家庭税后收入""人均家庭税前收入""人均家庭个人所得税"。上述数据的均值、标准差、最小值、最大值、样本数,如表 4.6 所示。2012 年中国城乡、乡村、城镇的人均家庭税后收入的均值分别是 19736、12640、24397 元。国家统计局发布,2013 年中国城乡、乡村、城镇居民人均可支配收入分别是 18311、9430、26467 元,2012 年中国农村居民家庭人均纯收入、城镇居民家庭人均可支配收入分别是 7917、24565 元,所采用数据与国家统计局发布的数据存在一定差异。

表 4.6 数据特征(元)

指标	均值	标准差	最小值	最大值	样本数	样本范围
人均家庭税后收入	19736	69288	0	5000000	10342	城乡样本
人均家庭税前收入	22599	119081	0	8926400	10342	
人均家庭个人所得税	2863	50970	0	3926400	10342	
人均家庭税后收入	12640	16440	0	333333	4100	乡村样本
人均家庭税前收入	13724	19359	0	457500	4100	
人均家庭个人所得税	1084	4267	0	150000	4100	
人均家庭税后收入	24397	87877	0	5000000	6242	城镇样本
人均家庭税前收入	28428	152198	0	8926400	6242	
人均家庭个人所得税	4031	65493	0	3926400	6242	

（二）变量

运用数据构造 8 个变量：按税前收入排序的家庭人数积累比（PBR）、按税前收入排序的家庭税前收入积累比（YBR）、按税前收入排序的三类个人所得税税后收入积累比（YR）、按税前收入排序的工薪个人所得税税后收入积累比（YR_1）、按税前收入排序的工薪个人所得税与个体工商户个人所得税税后收入积累比（YR_2）、按税前收入排序的三类个人所得税积累比（TR）、按税前收入排序的工薪个人所得税积累比（TR_1）、按税前收入排序的工薪个人所得税与个体工商户个人所得税积累比（TR_2）。计算方法如下：第一，按照人均家庭税前收入从低到高的顺序对样本排序。第二，计算各个样本的家庭人数占所有家庭人数的比重。第三，计算按税前收入排序的家庭人数积累比（PBR）。此变量是这样一组数据：人均家庭税前收入最低的 1% 的家庭人数之和占所有家庭人数的比重、人均家庭税前收入最低的 2% 的家庭人数之和占所有家庭人数的比重……其他积累比变量以此类推。第四，计算其他 7 个变量。

运用数据再构造 2 个变量：按税后收入排序的家庭人数积累比（PAR）、按税后收入排序的三类个人所得税税后收入积累比（YAR）。计算方法如下：第一，按照人均家庭税后收入从低到高的顺序对样本重新排序；第二，计算各样本的家庭人数占所有家庭人数的比重、家庭三类个人所得税税后收入占所有家庭三类个人所得税税后收入的比重；第三，计算 PAR、YAR。上述变量名称与定义详见表 4.7。

表 4.7　主要变量名称与定义

变量名	定义
PBR	按税前收入排序的家庭人数积累比
YBR	按税前收入排序的家庭税前收入积累比
YR	按税前收入排序的三类个人所得税税后收入积累比
YR_1	按税前收入排序的工薪个人所得税税后收入积累比
YR_2	按税前收入排序的工薪个人所得税与个体工商户个人所得税税后收入积累比
TR	按税前收入排序的三类个人所得税积累比
TR_1	按税前收入排序的工薪个人所得税积累比
TR_2	按税前收入排序的工薪个人所得税与个体工商户个人所得税积累比
PAR	按税后收入排序的家庭人数积累比
YAR	按税后收入排序的三类个人所得税税后收入积累比

三、2011—2018年分类个人所得税制的收入调节功能分析

（一）散点图

横轴代表"人口积累比"，纵轴代表"收入或税收积累比"，如图4.2所示。当纵轴代表"按税前收入排序的家庭税前收入积累比（YBR）""按税前收入排序的三类个人所得税税后收入积累比（YR）""按税前收入排序的工薪个人所得税税后收入积累比（YR_1）""按税前收入排序的工薪个人所得税与个体工商户个人所得税税后收入积累比（YR_2）""按税前收入排序的三类个人所得税积累比（TR）""按税前收入排序的工薪个人所得税积累比（TR_1）""按税前收入排序的工薪个人所得税与个体工商户个人所得税积累比（TR_2）"时，横轴代表"按税前收入排序的家庭人数积累比（PBR）"。当纵轴代表"按税后收入排序的三类个人所得税税后收入积累比（YAR）"时，横轴代表"按税后收入排序的家庭人数积累比（PAR）"。运用样本数据，得到8条散点线。YBR、YAR分别是家庭税前、税后收入洛伦茨曲线，YR、YR_1、YR_2分别是按税前收入排序的三类个人所得税税后收入、工薪个人所得税税后收入、工薪个人所得税与个体工商户个人所得税税后收入的集中度曲线，TR、TR_1、TR_2分别是按税前收入排序的三类个人所得税、工薪个人所得税、工薪个人所得税与个体工商户个人所得税的集中度曲线。YR、YR_1、YR_2、YAR四线几乎重合，都位于YBR线之上，说明中国税后收入差距小于税前收入差距。

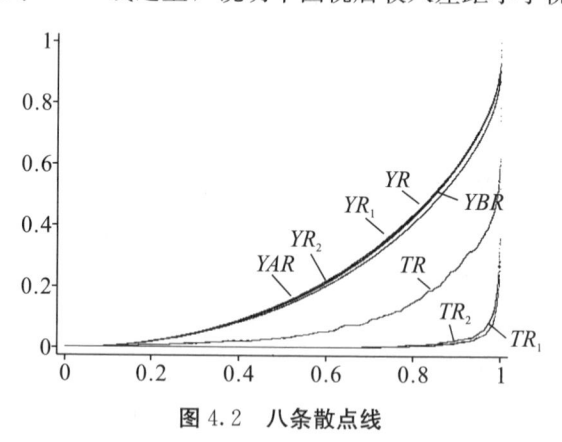

图4.2 八条散点线

税收集中度曲线方面，TR位于TR_2之上、TR_2位于TR_1之上，说明单独征收的工薪个人所得税累进性最强，同时征收的工薪个人所得税与个体工商

户个人所得税累进性居中,同时征收的三类个人所得税累进性最弱。

(二) 曲线拟合

下面利用中国综合社会调查(2013)的数据估计各洛伦茨曲线、集中度曲线的方程式,估计方法是非线性最小二乘法。上述曲线具有两个共同点:第一,通过(0,0)点与(1,1)点;第二,随着"按税前或税后收入排序的家庭人数积累比"的增加,各收入积累比、税收积累比曲线都呈现加速上涨趋势,即二阶导数大于零。具有上述两特征的常见曲线包括:四分之一圆函数曲线、常数项为零的一元多次函数曲线、上述两种曲线的叠加曲线,如图4.3所示。

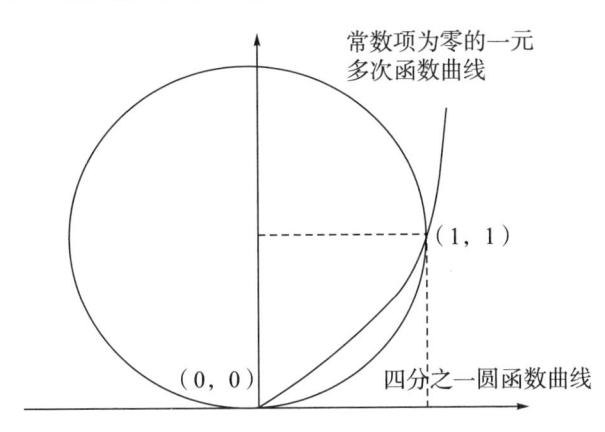

图4.3 幂函数曲线与四分之一圆函数曲线

下面以 YBR 线为例,加以说明。第一,假设 YBR 线是四分之一圆函数曲线,其方程式是 $YBR = 1 - \sqrt{1 - PBR^2}$,在此基础上进行修正,得到 YBR 与 PBR 的计量方程式是 $YBR = b_1 - (\sqrt{b_2 - (PBR + b_3)^2} + \mu$,$b_1$、$b_2$、$b_3$ 代表拟合系数,μ 是随机扰动项。运用非线性最小二乘法,得到的结果如表4.8模型Ⅰ所示,调整后可决系数($Adj\ R^2$)是0.9997,残差平方和($Residual\ SS$)是0.1629。所采用的样本数据属于横截面数据,需解决异方差问题,为此运用"稳健标准差"代替原标准差,三个稳健标准差对应的 t 值都能通过1%水平的显著性检验。第二,假设 YBR 线是无常数项的五次函数,运用非线性最小二乘法,得到的结果如表4.8模型Ⅱ所示,调整后可决系数($Adj\ R^2$)是0.9996,残差平方和($Residual\ SS$)是0.3709,稳健标准差都能通过1%的显著性检验。第三,假设 YBR 线是四分之一圆函数曲线与无常数项的二次幂函数的叠加曲线,得到的结果如表4.8模型Ⅲ所示,调整后可决系数($Adj\ R^2$)是0.9998,残差平方和($Residual\ SS$)是0.1579,稳健标准差都能通过1%的显著性检验。综合比较上述三个模型的结果，发现模型Ⅲ略优于其他两个模型。依据模型Ⅲ，可在平面坐标图上绘制出 $\widehat{YBR}$ 线，如图4.4所示，若将此线放在图4.2中，会发现 $\widehat{YBR}$ 线与 YBR 散点线高度重合。

表4.8 YBR的拟合结果

模型序号	拟合结果	$Adj\ R^2$	$Residual\ SS$
Ⅰ	$\widehat{YBR} = 1.031^{***} - \sqrt{1.074^{***} - (PBR - 0.025^{***})^2}$ t 值 (1366.18) (590.03) (−43.22)	0.9997	0.1629
Ⅱ	$\widehat{YBR} = 0.097^{***} \times PBR - 0.800^{***} \times PBR^2 + 4.836^{***} \times$ t 值 (21.64) (−16.83) (30.18) $PBR^3 - 6.807^{***} \times PBR^4 + 3.509^{***} \times PBR^5$ (−31.92) (35.99)	0.9996	0.3709
Ⅲ	$\widehat{YBR} = 0.840^{***} \times (1 - \sqrt{1 - PBR^2}) + 0.107^{***} \times PBR^2$ t 值 (471.94) (91.67)	0.9998	0.1579

注：***、**、* 代表拟合系数能通过1%、5%、10%的显著性检验。

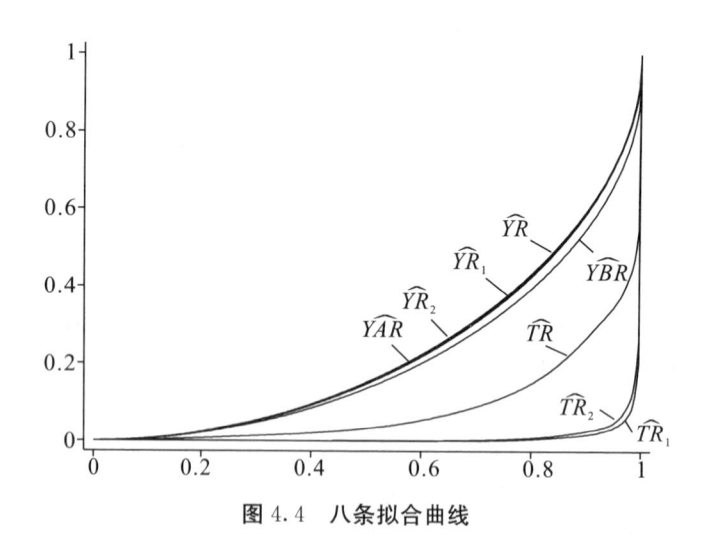

图4.4 八条拟合曲线

依据相似步骤，可得到解释变量为 PBR，被解释变量分别为 YR、YR_1、YR_2、TR、TR_1、TR_2 的非线性模型，以及解释变量为 PAR，被解释变量为

第四章 个人所得税收入差距平抑功能的 APK 分解法及其扩展

YAR 的非线性模型，如表 4.9 所示。得到这些模型之前，已在四分之一圆函数模型、无常数项的一元多次函数模型、四分之一圆函数与无常数项的一元多次函数的叠加模型之间进行比较择优，选择残差平方和（$Residual\ SS$）较小的模型作为最终模型。所有模型均已解决异方差问题，用稳健标准差替代原标准差。结果显示，所有模型的调整后可决系数都超过 0.999，图 4.4 中 $\widehat{YR}$、$\widehat{YR_1}$、$\widehat{YR_2}$、$\widehat{TR}$、$\widehat{TR_1}$、$\widehat{TR_2}$、$\widehat{YAR}$ 曲线分别与图 4.2 中 YR、YR_1、YR_2、TR、TR_1、TR_2、YAR 的散点线高度重合。据此认为，表 4.8 中的模型Ⅲ与表 4.9 的模型Ⅰ－Ⅵ，很好地拟合了 YBR、YR、YR_1、YR_2、TR、TR_1、TR_2 与 PBR 的关系，表 4.9 的模型Ⅶ则很好地拟合了 YAR 与 PAR 的关系。

表 4.9　YR、YR_1、YR_2、TR、TR_1、TR_2、YAR 的拟合结果

模型序号	拟合结果	$Adj\ R^2$	$Residual\ SS$
Ⅰ	$\widehat{YR} = 0.790^{***} \times (1 - \sqrt{1 - PBR^2}) + 0.181^{***} \times PBR^2$	0.9998	0.1987
Ⅱ	$\widehat{YR_1} = 0.855^{***} \times (1 - \sqrt{1 - PBR^2}) + 0.129^{***} \times PBR^2$	0.9998	0.2447
Ⅲ	$\widehat{YR_2} = 0.849^{***} \times (1 - \sqrt{1 - PBR^2}) + 0.137^{***} \times PBR^2$	0.9998	0.2658
Ⅳ	$\widehat{TR} = -0.018^{***} \times PBR + 0.455^{***} \times PBR^2 - 1.217^{***} \times PBR^3$ $+ 1.128^{***} \times PBR^4 + 0.328^{***} \times PBR^6 - 1.156^{***} \times PBR^9$ $+ 1.205^{***} \times PBR^{13} - 0.810^{***} \times PBR^{30} + 0.575^{***} \times PBR^{50}$ $+ 0.181^{***} \times PBR^{100} - 1.422^{***} \times PBR^{200} + 2.902^{***} \times PBR^{300}$ $- 3.422^{***} \times PBR^{500} + 17.770^{***} \times PBR^{1000} - 17.662^{***} \times PBR^{1100}$ $+ 2.253^{***} \times PBR^{2000} - 1.448^{***} \times PBR^{5000} + 3.512^{***} \times PBR^{10000}$ $- 4.023 \times PBR^{20000} + 1.779 \times PBR^{1000000}$	0.9998	0.0439
Ⅴ	$\widehat{TR_1} = 2.153^{***} \times PBR^{21} - 5.288^{***} \times PBR^{25} + 3.899^{***} \times PBR^{30}$ $- 0.943^{***} \times PBR^{50} + 0.652^{***} \times PBR^{100} - 1.189^{***} \times PBR^{200}$ $+ 2.286^{***} \times PBR^{300} - 2.711^{***} \times PBR^{500} + 13.322^{***} \times PBR^{1000}$ $- 13.010^{***} \times PBR^{1100} + 1.479^{***} \times PBR^{2000} - 1.301^{***} \times PBR^{5000}$ $+ 5.115^{***} \times PBR^{10000} - 6.301^{***} \times PBR^{20000} + 2.836^{***} \times PBR^{1000000}$	0.9995	0.0040

续表

模型序号	拟合结果	Adj R^2	Residual SS
Ⅵ	$\widehat{TR_2} = 0.0039^{***} \times PBR + 0.0741^{***} \times PBR^2 - 0.422^{***} \times PBR^3$ $+ 0.815^{***} \times PBR^4 - 1.118^{***} \times PBR^6 + 1.578^{***} \times PBR^9$ $- 1.568^{***} \times PBR^{13} + 1.684^{***} \times PBR^{21} - 1.554^{***} \times PBR^{30}$ $+ 0.984^{***} \times PBR^{50} - 0.449^{***} \times PBR^{100} + 0.260^{***} \times PBR^{200}$ $+ 0.624^{***} \times PBR^{300} - 1.494^{***} \times PBR^{500} + 11.878^{***} \times PBR^{1000}$ $- 12.299^{***} \times PBR^{1100} + 1.951^{***} \times PBR^{2000} - 1.807^{***} \times PBR^{5000}$ $+ 5.417^{***} \times PBR^{10000} - 6.398^{***} \times PBR^{20000} + 2.846^{***} \times PBR^{1000000}$	0.9997	0.0038
Ⅶ	$\widehat{YAR} = 0.819^{***} \times (1 - \sqrt{1 - PAR^2}) + 0.175^{***} \times PAR^2$	0.9998	0.2112

注：***、**、* 代表拟合系数能通过 1%、5%、10% 的显著性检验。

（三）各基尼系数、收入集中度、税收集中度的计算

图 4.5 中，曲线 OUL 代表洛伦茨曲线、税后收入集中度曲线或税收集中度曲线，A 是直线 OL 与曲线 OUL 围成的面积，B 是曲线 OUL 与折线 OSL 围成的面积。已知 OS、LS 的长度都是 1，则基尼系数、税后收入集中度或税收集中度 $= A/(A+B) = 1 - 2B$。B 值等于曲线 OUL 在区间 $[0, 1]$ 上的定积分，曲线 OUL 的函数形式即表 4.8 的模型Ⅲ与表 4.9 中的 7 个模型。最终可得，G_X（税前收入基尼系数）$= 0.567981$、$C_{N,X}$（按税前收入排序的征收全部三类个人所得税的税后收入集中度）$= 0.540552$、$C_{Y_1,X}$（按税前收入排序的工薪个人所得税税后收入集中度）$= 0.547344$、$C_{Y_2,X}$（按税前收入排序的工薪个人所得税与个体工商户个人所得税税后收入集中度）$= 0.544087$、$C_{T,X}$（按税前收入排序的三类个人所得税集中度）$= 0.775517$、$C_{T_1,X}$（按税前收入排序的工薪个人所得税集中度）$= 0.985879$、$C_{T_2,X}$（按税前收入排序的工薪个人所得税与个体工商户个人所得税集中度）$= 0.979481$、G_N（税后收入基尼系数）$= 0.531551$。全部受访家庭的税前收入总和是 5.08 亿元，三类个人所得税总计 6293.11 万元，于是平均税率 t 是 12.3811%。将上列结果，代入式（4.6）、（4.7）、（4.8）可得到 MT_1、MT_2、MT_3，以及三类个人所得税的 APK 排序效应、纵向公平效应。

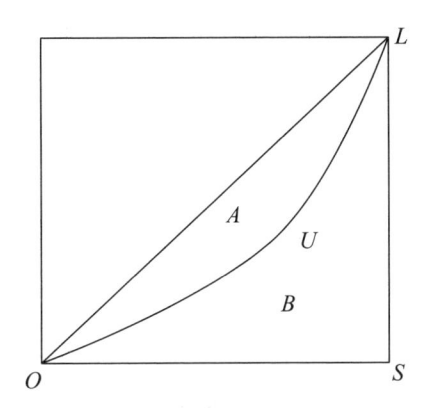

第四章 个人所得税收入差距平抑功能的 APK 分解法及其扩展

图 4.5 基尼系数、集中度求解示意

2011—2018 年我国分类个人所得税制的 APK 排序效应、纵向公平效应、总效应如表 4.10 所示。2011—2018 年整体个人所得税的总效应（MT 指数）是 0.038327，有利于缩小收入差距。其中，APK 排序效应是 -0.009001，说明相对于纳税人税前收入的高低顺序，纳税人税后收入的高低顺序发生改变，此值的绝对值越大，说明顺序变化程度越高；纵向公平效应是 0.029326，说明个人所得税缩小了我国贫富差距，此值越大，说明个人所得税的收入调节功能越强。APK 排序效应方面，整体个人所得税的 APK 排序效应是 -0.009001，工薪个人所得税、个体工商户个人所得税、其他个人所得税的 APK 排序效应分别是 -0.015793、0.003260、0.003530。工薪个人所得税对纳税人税前、税后收入排序的扰动程度远高于其他个人所得税、个体工商户个人所得税的扰动程度。原因在于：工薪个人所得税不针对农业收入开征，非农从业者税负担高于与其同等收入的农业从业者税负担。纵向公平效应方面，整体个人所得税的纵向公平效应是 0.029326，工薪个人所得税、个体工商户个人所得税、其他个人所得税的纵向公平效应分别是 0.059052、-0.000904、-0.028821。工薪个人所得税具有较强累进性，原因是 7 级超额累进税率使得高收入者税负担重于低收入者税负担。个体工商户个人所得税的纵向公平效应为负，即个体工商户个人所得税呈现累退效应，原因在于以个人为申报单位，而不是以家庭为申报单位的个体工商户申报制度，不利于调节人均家庭收入差距。其他个人所得税也具有累退性，其他个人所得税是 20% 的比例税率，若将个人收入差距作为研究对象，则其他个人所得税应不具有累进性，也不具有累退性；但这里的研究对象是人均家庭收入差距，纳税人的家庭人数差异使得其他个人所得税产生累退性。

表 4.10　2011—2018 年我国分类个人所得税制的 APK
排序效应、纵向公平效应、总效应

类别	APK 排序效应	纵向公平效应	总效应（MT 指数）
整体个人所得税	−0.009001	0.029326	0.038327
工薪个人所得税	−0.015793	0.059052	0.074845
个体工商户个人所得税	0.003260	−0.000904	−0.004161
其他个人所得税	0.003530	−0.028821	−0.032356

四、16 种综合个人所得税模式的收入调节功能分析

我国分类所得税制存在较强的 APK 排序效应，即部分税前高收入者的税后收入低于部分税前收入低收入者的税后收入，换言之，个人所得税会改变部分人群的经济地位。解决问题的方法之一是采用综合所得税制。综合所得税制包括两类：个人综合所得税制和家庭综合所得税制。个人综合所得税制和家庭综合所得税制都将纳税人的全部所得一视同仁，按照统一税率征收个人所得税。两者的不同之处在于：个人综合所得税制的申报单位是个人，免征额只能由纳税人本人使用，不可转让；而家庭联合申报个人所得税制以家庭为申报单位，家庭免征额可由夫妻双方共同使用，只有双方收入之和高于家庭免征额时，才需缴税。当夫妻双方收入差距很大时，家庭联合申报个人所得税的优势明显，能避免出现个人申报个人所得税制下，一方应税所得低于免征额、另一方应税所得高于免征额的"免征额浪费"问题。下面研究两种综合所得税制的收入调节功能，个人、家庭综合所得税制分别包括 5、11 种模式。

（一）16 种个人所得税模式简介

各种个人所得税模式的来源国家、申报单位、最低边际税率、最高边际税率、税率级次、免征额与人均 GDP[①] 之比、未成年子女扣除与人均 GDP 之比、配偶扣除与人均 GDP 之比，详见表 4.11。

---

① GDP：Gross Domestic Product，国内生产总值。

第四章 个人所得税收入差距平抑功能的 APK 分解法及其扩展

表 4.11 各种个人所得税模式简介

项目	来源国家	申报单位	最低边际税率	最高边际税率	税率级次	免征额与人均 GDP 之比[A]	未成年子女扣除与人均 GDP 之比[A]	配偶扣除与人均 GDP 之比[A]
中国现行个人所得税制	中国	个人	3%	45%	7	1.194481	无	无
模式 1	中国	家庭	3%	45%	7	P	无	无
模式 2	中国	家庭	3%	45%	7	P	0.263184	无
模式 3	美国	家庭	10%	35%	6	B	0.056202	无
模式 4	瑞士	家庭	1%[C]	13%[D]	14[E]	0.381782[F]	无	无
模式 5	纳米比亚	家庭	27%	37%	4	0.967779	无	无
模式 6	中国	个人	3%	45%	7	1.194481	无	无
模式 7	加拿大	个人	15%	29%	4	0.030952	0.006273	无
模式 8	法国	个人	6%	41%	4	0.194944	G	无
模式 9	泰国	个人	10%	37%	4	1.136962	0.189494	0.094747
模式 10	秘鲁	个人	15%	30%	3	1.511283	无	无
模式 11	阿塞拜疆	个人	14%	30%	3	0	无	无
模式 12	印度	个人	10%[H]	30%	3[I]	J	无	无
模式 13	南非	个人	18%	40%	6	K	无	无
模式 14	巴西	个人	7.5%	27.5%	4	1.493570[L]	无	无
模式 15	俄罗斯	个人	13%	13%	1	M	N	无
模式 16	纳米比亚	个人	27%	37%	4	0.967779	无	无

注：A. 一些国家的扣除是有条件扣除，如印度对个人、配偶、子女或父母的健康保险扣除 40000 卢比，此类扣除一律不计。

B. 夫妻联合：0.241101。夫妻单独：0.120551。未婚单身：0.120551。户主：0.176669。

C. 已婚：1%。单身：0.77%。

D. 申报个人、家庭应税所得与人均 GDP 之比分别超过 10.188038、12.084804 时，全部所得适用比例税率 11.5%。

E. 已婚：14。单身：10。

F. 已婚：0.381782。单身：0.195612。

G. 前两个孩子扣除限额与人均 GDP 之比是 0.076369，2 个孩子以上的扣除限额与人

◇ 个人所得税的
　　收入差距平抑功能研究

均 GDP 之比是 0.152738。

　　H. 80 岁以上公民：20%。其他公民：10%。

　　I. 80 岁以上公民：2。其他公民：3。

　　J. 女性：2.654488。60～80 岁公民：3.492748。80 岁以上公民：6.985495。其他公民：2.514778。

　　K. 无免征额，但有退税、免税规定。普通人、65～75 岁纳税人、75 岁以上纳税人的退税免税额与人均 GDP 之比分别是 0.276697、0.447242、0.552697。

　　L. 除免征额外，还有标准扣除额，等于应纳税所得额的 20%，标准扣除额的最高限额与人均 GDP 之比是 0.661504。

　　M. 当年所得小于人均 GDP 的 10.2481% 时，本人税收宽免额等于人均 GDP 的 1.2298%。

　　N. 当年所得小于人均 GDP 的 71.7367% 时，每个孩子的税收宽免额等于人均 GDP 的 3.0744%。

　　P. 单身：1.194481。夫妻：2.388962。

　　资料来源：国家税务总局税收科学研究所的《外国税制概览》，中国税务出版社，2012 年。

我们选取美国等 12 个国外综合所得税制，并对其进行调整，使之适应我国实际。方法如下：第一，直接套用各国税率；第二，将某国免征额、税级距、配偶扣除、未成年子女扣除等项目除以其 2011 年人均 GDP，得到若干比值，再将上述比值乘以 2011 年中国人均 GDP，即可得到适应中国实际的个人所得税模式。

为增加可选模式，我们构造了 3 种类似于中国 2011—2018 年个人所得税的模式，分别是模式 1、2、6，三种模式的税率、免征额、税级距都来自工薪所得 7 级累进个人所得税。模式 1、2 是家庭综合所得税制，即夫妻双方可相互使用对方的免征额。当夫妻联合申报时，家庭年免征额是 84000 元，即 2011—2018 年工薪所得月免征额 3500 元乘以 24，各税级距等于工薪所得个人所得税税级距乘以 24；当单身人士申报个人所得税时，年免征额是 42000 元，即工薪所得月免征额 3500 元乘以 12，各税级距则是工薪所得个人所得税税级距乘以 12。两者的不同之处在于：模式 1 没有未成年子女扣除，模式 2 设置了未成年子女扣除，此扣除额是 9254 元/人。据国家统计局发布，2013 年我国居民人均消费支出是 13220.42 元，乘以 70% 是 9254.294 元，以此作为每名未成年子女扣除额。模式 6 是个人综合所得税制，与模式 1、2 的单身人士申报情形下的个人所得税模式相同，未设置未成年子女扣除。

(二) 曲线拟合

运用16种个人所得税模式对我国居民征收个人所得税，会得到16种不同的结果，下文将比较这16种结果的优劣。假设模式 i 下，MT 指数是 MT_{Mi}，i 是1到16的自然数，如式（4.9）。

$$MT_{Mi} = (C_{YMi;X} - G_{YMi}) + \frac{t_i}{1-t_i}(C_{TMi;X} - G_X) \quad (4.9)$$

$C_{YMi;X}$ 是第 i 种个人所得税模式下按人均家庭税前收入排序的税后收入集中度，G_{YMi} 是第 i 种个人所得税模式下税后收入基尼系数，$C_{TMi;X}$ 是第 i 种个人所得税模式下按人均家庭税前收入排序的税收集中度，G_X 代表税前收入基尼系数。t_i 是第 i 种个人所得税模式下的平均税率。表4.12中，各种模式下平均税率高低不一，法国模式的平均税率最高，达到20.4329%；印度模式的平均税率最低，只有4.3562%。

表4.12 各个人所得税模式下的平均税率

项目	国家	个人所得税规模（万元）	平均税率（%）	项目	国家	个人所得税规模（万元）	平均税率（%）
模式1	中国	3544.49	6.9735	模式9	泰国	3442.45	6.7727
模式2	中国	3486.74	6.8598	模式10	秘鲁	3951.49	7.7742
模式3	美国	9386.69	18.4675	模式11	阿塞拜疆	8454.86	16.6342
模式4	瑞士	2460.55	4.8409	模式12	印度	2214.19	4.3562
模式5	纳米比亚	5526.08	10.8721	模式13	南非	4323.89	8.5069
模式6	中国	3866.13	7.6063	模式14	巴西	7813.97	15.3733
模式7	加拿大	9660.71	19.0066	模式15	俄罗斯	6235.84	12.2684
模式8	法国	10385.71	20.4329	模式16	纳米比亚	6116.19	12.0330

注：税前家庭总收入是50828.28万元。

如前所述，$G_X = 0.567981$，而 $C_{YMi;X}$、G_{YMi}、$C_{TMi;X}$ 待定，求出上述变量，需拟合 YMR_i（模式 i 下，按税前收入排序的家庭税后收入积累比）对 PBR（按税前收入排序的家庭人数积累比）的曲线方程、YAR_i（模式 i 下，按税后收入排序的家庭税后收入积累比）对 PAR_i（模式 i 下，按税后收入排序的家庭人数积累比）的曲线方程、TM_i（模式 i 下，按税前收入排序的个人所得税积累比）对 PBR（按税前收入排序的家庭人数积累比）的曲线方程。

◇ 个人所得税的
　　收入差距平抑功能研究

曲线方程如表 4.15 所示,得到这些模型之前,已在"四分之一圆函数模型""无常数项的一元多次函数模型""四分之一圆函数与无常数项的一元多次函数的叠加模型"之间进行比较择优,选择残差平方和（Residual SS）较小的模型作为最终模型。所有模型均已解决异方差问题,用稳健标准差替代原标准差。所有模型的调整后可决系数都达到了 0.99 以上,说明曲线方程很好地拟合了被解释变量与解释变量的关系。得到这些曲线方程后,利用公式 $C_{YM_i;X} = 1 - 2 \times \int_0^1 [\widehat{YMR_i}] dPBR$、$G_{YM_i} = 1 - 2 \times \int_0^1 [\widehat{YAR_i}] dPAR$、$C_{TM_i;X} = 1 - 2 \times \int_0^1 [\widehat{TM_i}] dPBR$,得到 $C_{YM_i;X}$、G_{YM_i}、$C_{TM_i;X}$,再将这些结果,与平均税率、税前基尼系数代入式（4.9）,即可获得各类个人所得税模式的 APK 排序效应、纵向公平效应、总效应（MT 指数）,如表 4.13 所示。

表 4.13　16 种模式下个人所得税对收入差距的效应系数与 2014 年人均 GDP

项目	国家	申报单位	$C_{YM_i;X}$	G_{YM_i}	$C_{TM_i;X}$	t_i	APK 排序效应	纵向公平效应	总效应（MT 指数）	人均GDP（美元）
中国现行个人所得税制	中国	个人	0.540552	0.531551	0.775517	12.3811%	−0.009001	0.029326	0.038327	7594
模式 1	中国	家庭	0.544973	0.544990	0.989561	6.9735%	0.000017	0.031603	0.031586	7594
模式 2	中国	家庭	0.545394	0.545404	0.991110	6.8598%	0.000010	0.031164	0.031154	7594
模式 3	美国	家庭	0.536268	0.536382	0.699107	18.4675%	0.000114	0.029701	0.029587	54630
模式 4	瑞士	家庭	0.561028	0.561092	0.856332	4.8409%	0.000063	0.014669	0.014606	84733
模式 5	纳米比亚	家庭	0.530248	0.530522	0.898175	10.8721%	0.000274	0.040278	0.040004	5720
模式 6	中国	个人	0.542851	0.542899	0.977555	7.6063%	0.000048	0.033718	0.033670	7594
模式 7	加拿大	个人	0.554627	0.554740	0.555621	19.0066%	0.000114	−0.002901	−0.003014	50271
模式 8	法国	个人	0.554688	0.521454	0.555078	20.4329%	−0.033234	−0.003314	0.029920	42736
模式 9	泰国	个人	0.546876	0.546907	0.977246	6.7727%	0.000031	0.029732	0.029701	5561
模式 10	秘鲁	个人	0.546871	0.548028	0.978021	7.7742%	0.001157	0.034564	0.033407	6594
模式 11	阿塞拜疆	个人	0.563013	0.563015	0.502575	16.6342%	0.000002	−0.013051	−0.013053	7884
模式 12	印度	个人	0.557250	0.557257	0.994094	4.3562%	0.000007	0.019408	0.019401	1631
模式 13	南非	个人	0.538850	0.539019	0.973389	8.5069%	0.000169	0.037694	0.037526	6478
模式 14	巴西	个人	0.552612	0.552734	0.611139	15.3733%	0.000122	0.007840	0.007718	11613

续表

项目	国家	申报单位	$C_{YMi;X}$	G_{YMi}	$C_{TMi;X}$	t_i	APK排序效应	纵向公平效应	总效应（MT指数）	人均GDP（美元）
模式15	俄罗斯	个人	0.570532	0.570570	0.513418	12.2685%	0.000038	−0.007630	−0.007669	12736
模式16	纳米比亚	个人	0.530253	0.530879	0.899125	12.0330%	0.000626	0.045297	0.044671	5720

注：1. APK排序效应 = $G_{YMi} - C_{YMi;X}$，纵向公平效应 = $\frac{t_i}{1-t_i}(C_{TMi;X} - G_X)$，$i$ 是 1—16 的自然数，$G_X = 0.567981$。

2. 2014 年人均 GDP 来自世行数据库。

五、政策启示

（一）平均税率并非影响 MT 指数的首要因素

徐建炜等（2013）认为，中国个人所得税平均税率偏低，会削弱个人所得税的收入调节功能。岳希明等（2012）、Ma 等（2015）甚至认为，平均税率是个人所得税收入调节功能的首要因素。将 16 种个人所得税模式按照平均税率从高到低排序，模式 8（法国）、模式 7（加拿大）、模式 3（美国）、模式 11（阿塞拜疆）、模式 14（巴西）位列前五，平均税率依次是 20.4329%、19.0066%、18.4675%、16.6342%、15.3733%，但对应的 MT 指数并非最大，模式 7（加拿大）、模式 11（阿塞拜疆）的 MT 指数甚至为负值。MT 指数最大的个人所得税模式是模式 16（纳米比亚），平均税率仅为 12.0330%，与中国 2011—2018 年分类个人所得税的平均税率（12.3811%）相差无几。因此，平均税率不是影响 MT 指数的首要因素，只有平均税率与其他因素相互配合，个人所得税才能最大限度地发挥收入调节功能。

（二）纳米比亚家庭年度申报模式对中国极具借鉴意义

从 APK 排序效应的角度看，除法国模式外，其他模式的 APK 排序效应绝对值，都小于中国 2011—2018 年个人所得税的相应值（0.009001）。纳米比亚个人申报模式（模式 16）的 APK 排序效应绝对值是 0.000626，按照 APK 排序效应绝对值从高到低的顺序排序，纳米比亚个人申报模式位列第 3 位。从纵向公平效应的角度看，纳米比亚个人申报模式的纵向公平效应系数最大，达到 0.045297。为降低对纳税人收入排序的扰动程度，将个人申报模式转变为家庭申报模式，即已婚夫妇以家庭作为申报单位申报，未婚与丧偶家庭以个人作为申报单位申报，其他条件不变，以此构造纳米比亚家庭申报模式（模式5），发现APK排序效应绝对值大幅降低，从0.000626降至0.000274；但纳米比亚家庭申报模式下，个人所得税平均税率降至10.8721%，使得纵向公平效应系数有所降低，降至0.040278，APK排序效应、纵向公平效应变动的综合影响下，总效应系数（MT指数）降至0.040004，但按照从高到低排序，仍位列第二。

纳米比亚家庭申报模式的税率、免征额、税级距等如表4.14所示。此模式与中国2011—2018年分类个人所得税相比有以下特点：第一，变"分类征收"为"综合征收"；第二，变"个人申报"为"家庭申报"；第三，降低免征额，纳米比亚家庭模式的单独申报情况下，年免征额是34029元，低于中国2011—2018年工薪个人所得税的年免征额42000元；第四，调整边际税率与税级距，变7级税率为4级税率。

表4.14 纳米比亚家庭年度申报模式个人所得税率（人民币元）

项目	税率	夫妻申报	单独申报
第1级	27%	0～68058	0～34029
第2级	32%	68058～272230	34029～136115
第3级	34%	272230～1208022	136115～604011
第4级	37%	1208022以上	604011以上
免征额	—	68058	34029
未成年子女扣除		无	无

中国分类所得税制下，70%的个人所得税由工薪阶层承担。高收入者的收入主要来自公司红利、房地产投资增值等，而这些所得都适用20%的比例税率，无须按超额累进税率缴税。因此个人所得税对收入差距的调节作用大大削弱。纳米比亚家庭申报模式将所有来源的收入一视同仁，按照统一的累进税率缴纳个人所得税，低收入者不纳税，中等收入者适用第1、2级税率，高收入者适用第3、4级税率。因此，纳米比亚家庭申报模式下，工薪阶层个人所得税占个人所得税总额的比重将大幅降低，而高收入者个人所得税占个人所得税总额的比重将大幅提升，收入差距将缩小。

相对于中国2011—2018年个人所得税，纳米比亚家庭申报模式没有增加宏观个人所得税负担，个人所得税占纳税人收入的比重是10.8721%，低于中国2011—2018年个人所得税模式下的相应值（12.3811%）。当然中国个人所得税占GDP的比重远低于发达国家的平均水平，2014年中国个人所得税占GDP的比重是1.15%，2013年经济合作与发展组织（Organization for Economic Co-operation and Development，OECD）的成员个人所得税占GDP比重的平均水平是8.77%。较高的个人所得税负担为发达国家缩小收入差距提供了有力工具，但提高个人所得税占GDP的比重意味着纳税人个人所得税负担的加重。若其他条件不变，将中国个人所得税占GDP的比重由1.15%提高至2%，个人所得税占纳税人收入的比重将从12.3811%升至22.5111%。自中国个人所得税创建以来，历次改革都以降税为主，如2006、2008、2011年个人所得税免征额逐渐提高，降低了个人所得税负担。若反其道而行，增加个人所得税负担，改革阻力必然不小。因此，以纳米比亚家庭模式为范本，推行个人所得税改革，较具有可行性。随着人民收入水平的提高，纳税人适用的边际税率将逐渐提升，届时个人所得税占GDP的比重将逐渐接近发达国家水平，个人所得税的收入调节功能也将逐渐增强。

表4.15　YMR_i、YAR_i、TM_i的拟合结果

模型序号	拟合结果	$Adj\ R^2$	$Residual\ SS$
1	$\widehat{YMR_1} = 0.848^{***} \times (1 - \sqrt{1-PBR^2}) + 0.140^{***} \times PBR^2$	0.9998	0.2747
2	$\widehat{YAR_1} = 0.847^{***} \times (1 - \sqrt{1-PAR_1^2}) + 0.141^{***} \times PAR_1^2$	0.9998	0.2752
3	$\widehat{TM_1} = -0.002^{***} \times PBR - 0.036^{***} \times PBR^2 + 0.152^{***} \times PBR^3$ $- 0.223^{***} \times PBR^4 + 0.172^{***} \times PBR^6 - 0.971^{***} \times PBR^{20}$ $+ 3.254^{***} \times PBR^{25} - 2.912^{***} \times PBR^{30} + 1.012^{***} \times PBR^{50}$ $- 0.367^{***} \times PBR^{100} + 1.130^{***} \times PBR^{300} - 2.101^{***} \times PBR^{500}$ $+ 13.915^{***} \times PBR^{1000} - 14.119^{***} \times PBR^{1100}$ $+ 2.073^{***} \times PBR^{2000} - 1.786^{***} \times PBR^{5000} + 5.225^{***} \times PBR^{10000}$ $- 6.171 \times PBR^{20000} + 2.749 \times PBR^{1000000}$	0.9999	0.0020
4	$\widehat{YMR_2} = 0.856^{***} \times (1 - \sqrt{1-PBR^2}) + 0.131^{***} \times PBR^2$	0.9998	0.2658
5	$\widehat{YAR_2} = 0.855^{***} \times (1 - \sqrt{1-PAR_2^2}) + 0.132^{***} \times PAR_2^2$	0.9998	0.2670

续表

模型序号	拟合结果	Adj R²	Residual SS
6	$\widehat{TM_2} = 0.003^{***} \times PBR^4 - 0.025^{***} \times PBR^6 + 0.099^{***} \times PBR^9 - 0.238^{***} \times PBR^{13} + 0.050^{***} \times PBR^{19} - 0.400^{***} \times PBR^{25} + 0.259^{***} \times PBR^{50} - 0.090^{***} \times PBR^{100} + 0.758^{***} \times PBR^{300} - 1.326^{***} \times PBR^{500} + 9.048^{***} \times PBR^{1000} - 9.269^{***} \times PBR^{1100} + 1.487^{***} \times PBR^{2000} - 1.523^{***} \times PBR^{5000} + 5.121^{***} \times PBR^{10000} - 6.155 \times PBR^{20000} + 2.748 \times PBR^{1000000}$	0.9999	0.0009
7	$\widehat{YMR_3} = 0.859^{***} \times (1 - \sqrt{1-PBR^2}) + 0.129^{***} \times PBR^2$	0.9998	0.2630
8	$\widehat{YAR_3} = 0.858^{***} \times (1 - \sqrt{1-PAR_3^2}) + 0.130^{***} \times PAR_3^2$	0.9998	0.2643
9	$\widehat{TM_3} = 0.005^{***} \times PBR - 0.066^{***} \times PBR^2 + 0.259^{***} \times PBR^3 - 0.398^{***} \times PBR^4 + 0.210^{***} \times PBR^5 + 0.136^{***} \times PBR^{50} - 0.031^{***} \times PBR^{100} + 0.692^{***} \times PBR^{300} - 1.213^{***} \times PBR^{500} + 8.459^{***} \times PBR^{1000} - 8.692^{***} \times PBR^{1100} + 1.426^{***} \times PBR^{2000} - 1.507^{***} \times PBR^{5000} + 5.157^{***} \times PBR^{10000} - 6.212 \times PBR^{20000} + 2.775 \times PBR^{1000000}$	0.9999	0.0008
10	$\widehat{YMR_4} = 0.710^{***} \times (1 - \sqrt{1-PBR^2}) + 0.238^{***} \times PBR^2$	0.9999	0.1120
11	$\widehat{YAR_4} = 0.710^{***} \times (1 - \sqrt{1-PAR_4^2}) + 0.238^{***} \times PAR_4^2$	0.9999	0.1119
12	$\widehat{TM_4} = 0.005^{***} \times PBR - 0.065^{***} \times PBR^2 - 0.148^{***} \times PBR^3 + 2.058^{***} \times PBR^4 - 4.063^{***} \times PBR^6 + 6.952^{***} \times PBR^9 - 8.902^{***} \times PBR^{13} + 15.992^{***} \times PBR^{20} - 20.205^{***} \times PBR^{25} + 9.682^{***} \times PBR^{30} - 0.693^{***} \times PBR^{50} + 0.113^{***} \times PBR^{100} + 0.212^{***} \times PBR^{300} - 0.358^{***} \times PBR^{500} + 2.393^{***} \times PBR^{1000} - 2.431^{***} \times PBR^{1100} + 0.378^{***} \times PBR^{2000} - 0.384^{***} \times PBR^{5000} + 1.407^{***} \times PBR^{10000} - 1.712 \times PBR^{20000} + 0.768 \times PBR^{1000000}$	1.0000	0.0008
13	$\widehat{YMR_5} = 0.782^{***} \times (1 - \sqrt{1-PBR^2}) + 0.164^{***} \times PBR^2$	0.9998	0.1924
14	$\widehat{YAR_5} = 0.783^{***} \times (1 - \sqrt{1-PAR_5^2}) + 0.164^{***} \times PAR_5^2$	0.9998	0.1925

续表

模型序号	拟合结果	$Adj\ R^2$	$Residual\ SS$
15	$\widehat{TM_5} = -0.013^{***} \times PBR + 0.149^{***} \times PBR^2 + 1.045^{***} \times PBR^3 - 1.479^{***} \times PBR^4 + 1.697^{***} \times PBR^6 - 1.710^{***} \times PBR^9 + 1.906^{***} \times PBR^{13} - 3.640^{***} \times PBR^{20} + 5.472^{***} \times PBR^{25} - 3.109^{***} \times PBR^{30} + 0.503^{***} \times PBR^{50} - 0.097^{***} \times PBR^{100} + 0.337^{***} \times PBR^{300} - 0.583^{***} \times PBR^{500} + 3.652^{***} \times PBR^{1000} - 3.674^{***} \times PBR^{1100} + 0.511^{***} \times PBR^{2000} - 0.403^{***} \times PBR^{5000} + 1.235^{***} \times PBR^{10000} - 1.468 \times PBR^{20000} + 0.655 \times PBR^{1000000}$	1.0000	0.0006
16	$\widehat{YMR_6} = 0.781^{***} \times (1 - \sqrt{1 - PBR^2}) + 0.165^{***} \times PBR^2$	0.9993	0.7921
17	$\widehat{YAR_6} = 0.670^{***} \times (1 - \sqrt{1 - PAR_6^2}) + 0.286^{***} \times PAR_6^2$	0.9999	0.1475
18	$\widehat{TM_6} = -0.006^{***} \times PBR + 2.018^{***} \times PBR^3 - 3.611^{***} \times PBR^4 + 5.377^{***} \times PBR^6 - 8.672^{***} \times PBR^9 + 13.748^{***} \times PBR^{13} - 23.948^{***} \times PBR^{19} + 34.127^{***} \times PBR^{25} - 20.613^{***} \times PBR^{30} + 2.786^{***} \times PBR^{50} - 0.608^{***} \times PBR^{100} + 0.844^{***} \times PBR^{300} - 1.486^{***} \times PBR^{500} + 9.078^{***} \times PBR^{1000} - 9.097^{***} \times PBR^{1100} + 1.178^{***} \times PBR^{2000} - 0.721^{***} \times PBR^{5000} + 1.589^{***} \times PBR^{10000} - 1.778 \times PBR^{20000} + 0.780 \times PBR^{1000000}$	0.9994	0.4121
19	$\widehat{YMR_7} = 0.789^{***} \times (1 - \sqrt{1 - PBR^2}) + 0.150^{***} \times PBR^2$	0.9998	0.2220
20	$\widehat{YAR_7} = 0.789^{***} \times (1 - \sqrt{1 - PAR_7^2}) + 0.150^{***} \times PAR_7^2$	0.9999	0.2212
21	$\widehat{TM_7} = -0.005^{***} \times PBR + 0.115^{***} \times PBR^2 - 0.802^{***} \times PBR^3 + 1.987^{***} \times PBR^4 - 3.189^{***} \times PBR^6 + 5.898^{***} \times PBR^9 - 8.373^{***} \times PBR^{13} + 17.681^{***} \times PBR^{20} - 24.260^{***} \times PBR^{25} + 12.460^{***} \times PBR^{30} - 1.047^{***} \times PBR^{50} + 0.160^{***} \times PBR^{100} + 0.379^{***} \times PBR^{300} - 0.675^{***} \times PBR^{500} + 4.229^{***} \times PBR^{1000} - 4.243^{***} \times PBR^{1100} + 0.594^{***} \times PBR^{2000} - 0.516^{***} \times PBR^{5000} + 1.785^{***} \times PBR^{10000} - 2.158 \times PBR^{20000} + 0.967 \times PBR^{1000000}$	0.9994	0.4121
22	$\widehat{YMR_8} = 0.839^{***} \times (1 - \sqrt{1 - PBR^2}) + 0.139^{***} \times PBR^2$	0.9998	0.2683
23	$\widehat{YAR_8} = 0.838^{***} \times (1 - \sqrt{1 - PAR_8^2}) + 0.140^{***} \times PAR_8^2$	0.9998	0.2687

◇ 个人所得税的
收入差距平抑功能研究

续表

模型序号	拟合结果	$Adj\ R^2$	$Residual\ SS$
24	$\widehat{TM}_8 = -0.003^{***} \times PBR + 0.054^{***} \times PBR^2 - 0.318^{***} \times PBR^3 + 0.640^{***} \times PBR^4 - 0.965^{***} \times PBR^6 + 1.524^{***} \times PBR^9 - 1.620^{***} \times PBR^{13} + 1.741^{***} \times PBR^{21} - 1.458^{***} \times PBR^{30} + 0.848^{***} \times PBR^{50} - 0.349^{***} \times PBR^{100} + 1.129^{***} \times PBR^{300} - 2.028^{***} \times PBR^{500} + 13.217^{***} \times PBR^{1000} - 13.382^{***} \times PBR^{1100} + 1.942^{***} \times PBR^{2000} - 1.629^{***} \times PBR^{5000} + 4.758^{***} \times PBR^{10000} - 5.614 \times PBR^{20000} + 2.500 \times PBR^{1000000}$	0.9999	0.0017
25	$\widehat{YMR}_9 = 0.838^{***} \times (1 - \sqrt{1 - PBR^2}) + 0.140^{***} \times PBR^2$	0.9996	0.4870
26	$\widehat{YAR}_9 = 0.807^{***} \times (1 - \sqrt{1 - PAR_9^2}) + 0.159^{***} \times PAR_9^2$	0.9998	0.2309
27	$\widehat{TM}_9 = -0.025^{***} \times PBR + 0.218^{***} \times PBR^2 - 0.545^{***} \times PBR^3 + 0.415^{***} \times PBR^4 + 0.270^{***} \times PBR^{50} - 0.206^{***} \times PBR^{100} + 1.139^{***} \times PBR^{300} - 2.181^{***} \times PBR^{500} + 14.497^{***} \times PBR^{1000} - 14.600^{***} \times PBR^{1100} + 1.947^{***} \times PBR^{2000} - 1.395^{***} \times PBR^{5000} + 4.310^{***} \times PBR^{10000} - 5.142 \times PBR^{20000} + 2.297 \times PBR^{1000000}$	0.9980	0.0358
28	$\widehat{YMR}_{10} = 0.842^{***} \times (1 - \sqrt{1 - PBR^2}) + 0.113^{***} \times PBR^2$	0.9998	0.2089
29	$\widehat{YAR}_{10} = 0.842^{***} \times (1 - \sqrt{1 - PAR_{10}^2}) + 0.114^{***} \times PAR_{10}^2$	0.9998	0.2098
30	$\widehat{TM}_{10} = -0.002^{***} \times PBR + 0.442^{***} \times PBR^2 + 0.200^{***} \times PBR^3 - 0.447^{***} \times PBR^4 - 1.483^{***} \times PBR^9 + 2.194^{***} \times PBR^{13} - 4.959^{***} \times PBR^{20} + 7.309^{***} \times PBR^{25} - 3.977^{***} \times PBR^{30} + 0.514^{***} \times PBR^{50} - 0.090^{***} \times PBR^{100} + 0.352^{***} \times PBR^{300} - 0.598^{***} \times PBR^{500} + 3.783^{***} \times PBR^{1000} - 3.812^{***} \times PBR^{1100} + 0.542^{***} \times PBR^{2000} - 0.459^{***} \times PBR^{5000} + 1.453^{***} \times PBR^{10000} - 1.735 \times PBR^{20000} + 0.775 \times PBR^{1000000}$	1.0000	0.0003
31	$\widehat{YMR}_{11} = 0.754^{***} \times (1 - \sqrt{1 - PBR^2}) + 0.219^{***} \times PBR^2$	0.9997	0.3301
32	$\widehat{YAR}_{11} = 0.755^{***} \times (1 - \sqrt{1 - PAR_{11}^2}) + 0.217^{***} \times PAR_{11}^2$	0.9997	0.3184

第四章 个人所得税收入差距平抑功能的 APK 分解法及其扩展

续表

模型序号	拟合结果	$Adj\ R^2$	$Residual\ SS$
33	$\widehat{TM}_{11} = -0.009^{***} \times PBR + 0.166^{***} \times PBR^2 - 0.914^{***} \times PBR^3$ $+ 1.653^{***} \times PBR^4 - 1.688^{***} \times PBR^6 + 2.196^{***} \times PBR^9$ $- 2.190^{***} \times PBR^{13} + 1.790^{***} \times PBR^{19} - 0.975^{***} \times PBR^{30}$ $+ 0.638^{***} \times PBR^{50} - 0.221^{***} \times PBR^{100} + 0.803^{***} \times PBR^{300}$ $- 1.459^{***} \times PBR^{500} + 9.361^{***} \times PBR^{1000} - 9.438^{***} \times PBR^{1100}$ $+ 1.307^{***} \times PBR^{2000} - 0.975^{***} \times PBR^{5000} + 2.696^{***} \times PBR^{10000}$ $- 3.152 \times PBR^{20000} + 1.400 \times PBR^{1000000}$	0.9999	0.0093
34	$\widehat{YMR}_{12} = 0.849^{***} \times (1 - \sqrt{1 - PBR^2}) + 0.117^{***} \times PBR^2$	0.9998	0.2171
35	$\widehat{YAR}_{12} = 0.849^{***} \times (1 - \sqrt{1 - PAR_{12}^2}) + 0.118^{***} \times PAR_{12}^2$	0.9998	0.2177
36	$\widehat{TM}_{12} = 0.001^{***} \times PBR - 0.003^{***} \times PBR^2 + 0.441^{***} \times PBR^7$ $- 2.592^{***} \times PBR^9 + 4.850^{***} \times PBR^{11} - 4.140^{***} \times PBR^{14}$ $+ 2.733^{***} \times PBR^{21} - 1.871^{***} \times PBR^{30} + 0.894^{***} \times PBR^{50}$ $- 0.350^{***} \times PBR^{100} + 1.043^{***} \times PBR^{300} - 1.963^{***} \times PBR^{500}$ $+ 13.525^{***} \times PBR^{1000} - 13.760^{***} \times PBR^{1100} + 2.088^{***} \times PBR^{2000}$ $- 1.926^{***} \times PBR^{5000} + 5.916^{***} \times PBR^{10000} - 7.039 \times PBR^{20000}$ $+ 3.142 \times PBR^{1000000}$	0.9998	0.0009
37	$\widehat{YMR}_{13} = 0.834^{***} \times (1 - \sqrt{1 - PBR^2}) + 0.155^{***} \times PBR^2$	0.9997	0.3195
38	$\widehat{YAR}_{13} = 0.832^{***} \times (1 - \sqrt{1 - PAR_{13}^2}) + 0.156^{***} \times PAR_{13}^2$	0.9997	0.3178
39	$\widehat{TM}_{13} = -0.004^{***} \times PBR + 0.085^{***} \times PBR^2 - 0.504^{***} \times PBR^3$ $+ 1.018^{***} \times PBR^4 - 1.543^{***} \times PBR^6 + 2.461^{***} \times PBR^9$ $- 2.837^{***} \times PBR^{13} + 2.816^{***} \times PBR^{20} - 2.218^{***} \times PBR^{30}$ $+ 1.340^{***} \times PBR^{50} - 0.531^{***} \times PBR^{100} + 1.546^{***} \times PBR^{300}$ $- 2.864^{***} \times PBR^{500} + 18.460^{***} \times PBR^{1000} - 18.596^{***} \times PBR^{1100}$ $+ 2.523^{***} \times PBR^{2000} - 1.764^{***} \times PBR^{5000} + 4.453^{***} \times PBR^{10000}$ $- 5.120 \times PBR^{20000} + 2.263 \times PBR^{1000000}$	0.9998	0.0050
40	$\widehat{YMR}_{14} = 0.777^{***} \times (1 - \sqrt{1 - PBR^2}) + 0.171^{***} \times PBR^2$	0.9998	0.1846
41	$\widehat{YAR}_{14} = 0.777^{***} \times (1 - \sqrt{1 - PAR_{14}^2}) + 0.170^{***} \times PAR_{14}^2$	0.9998	0.1860

◇ 个人所得税的
　收入差距平抑功能研究

续表

模型序号	拟合结果	$Adj\ R^2$	$Residual\ SS$
42	$\widehat{TM}_{14} = -0.014^{***} \times PBR + 0.323^{***} \times PBR^2 - 0.378^{***} \times PBR^3 + 0.981^{***} \times PBR^4 - 0.981^{***} \times PBR^6 + 1.396^{***} \times PBR^9 - 1.365^{***} \times PBR^{13} + 1.355^{***} \times PBR^{20} - 0.538^{***} \times PBR^{25} - 0.316^{***} \times PBR^{30} + 0.305^{***} \times PBR^{50} - 0.084^{***} \times PBR^{100} + 0.384^{***} \times PBR^{300} - 0.669^{***} \times PBR^{500} + 4.234^{***} \times PBR^{1000} - 4.264^{***} \times PBR^{1100} + 0.597^{***} \times PBR^{2000} - 0.477^{***} \times PBR^{5000} + 1.457^{***} \times PBR^{10000} - 1.731 \times PBR^{20000} + 0.772 \times PBR^{1000000}$	1.0000	0.0008
43	$\widehat{YMR}_{15} = 0.780^{***} \times (1 - \sqrt{1 - PBR^2}) + 0.142^{***} \times PBR^2$	0.9999	0.0893
44	$\widehat{YAR}_{15} = 0.781^{***} \times (1 - \sqrt{1 - PAR_{15}^2}) + 0.141^{***} \times PAR_{15}^2$	0.9999	0.0918
45	$\widehat{TM}_{15} = -0.003^{***} \times PBR - 0.070^{***} \times PBR^2 + 1.209^{***} \times PBR^3 - 0.651^{***} \times PBR^4 - 0.017^{***} \times PBR^7 + 1.004^{***} \times PBR^9 - 1.272^{***} \times PBR^{12} + 2.079^{***} \times PBR^{18} - 1.492^{***} \times PBR^{19} + 0.015^{***} \times PBR^{50} + 0.044^{***} \times PBR^{100} + 0.071^{***} \times PBR^{300} - 0.091^{***} \times PBR^{500} + 0.575^{***} \times PBR^{1000} - 0.586^{***} \times PBR^{1100} + 0.108^{***} \times PBR^{2000} - 0.156^{***} \times PBR^{5000} + 0.714^{***} \times PBR^{10000} - 0.891 \times PBR^{20000} + 0.402 \times PBR^{1000000}$	1.0000	0.0012
46	$\widehat{YMR}_{16} = 0.767^{***} \times (1 - \sqrt{1 - PBR^2}) + 0.211^{***} \times PBR^2$	0.9997	0.4157
47	$\widehat{YAR}_{16} = 0.767^{***} \times (1 - \sqrt{1 - PAR_{16}^2}) + 0.211^{***} \times PAR_{16}^2$	0.9997	0.4044
48	$\widehat{TM}_{16} = -0.009^{***} \times PBR + 0.167^{***} \times PBR^2 - 0.950^{***} \times PBR^3 + 1.800^{***} \times PBR^4 - 2.385^{***} \times PBR^6 + 2.678^{***} \times PBR^8 - 1.370^{***} \times PBR^{11} + 1.207^{***} \times PBR^{22} - 1.099^{***} \times PBR^{30} + 0.630^{***} \times PBR^{50} - 0.215^{***} \times PBR^{100} + 0.794^{***} \times PBR^{300} - 1.442^{***} \times PBR^{500} + 9.250^{***} \times PBR^{1000} - 9.327^{***} \times PBR^{1100} + 1.293^{***} \times PBR^{2000} - 0.967^{***} \times PBR^{5000} + 2.688^{***} \times PBR^{10000} - 3.145 \times PBR^{20000} + 1.397 \times PBR^{1000000}$	0.9999	0.0093

注：***、**、* 代表拟合系数能通过1%、5%、10%的显著性检验。

第三节　按边际税率扩展 APK 分解法

本节将我国个人所得税分为若干项子个人所得税，分别研究各子个人所得税对应的平均税率对收入差距的作用。思路如下：2011—2018 年我国采用分类个人所得税制，分为 4 类——工薪个人所得税，个体工商户个人所得税，利息股息与红利所得个人所得税，劳务报酬、稿酬、特许权使用费、财产租赁所得个人所得税。其中工薪个人所得税来源是工薪所得，免征额与税级距将工薪所得划分为 8 部分，免征额以下所得适用零税率，其余 7 部分适用 3%～45% 的 7 级边际税率，每部分工薪所得对应的个人所得税视为 1 项子个人所得税，故共有 8 项子个人所得税。同理，个体工商户个人所得税可分为 6 项子个人所得税，利息股息与红利所得个人所得税可作为 1 项子个人所得税，劳务报酬、稿酬、特许权使用费、财产租赁所得个人所得税可分为 5 项子个人所得税，上述子个人所得税共计 20 项。平均税率的分子是个人所得税总额，若按照个人所得税来源的不同，将个人所得税总额划分为 20 项子个人所得税，每个子个人所得税额除以平均税率的分母——税前收入总额，即可获得若干个"小平均税率"。此后基于 2015 年中国综合社会调查（CGSS）的 10968 个家庭样本，量化分析每项子个人所得税对收入差距的作用。[1]

一、理论模型、变量与数据

（一）理论模型

MT 指数是税前、税后收入基尼系数之差，可分解为纵向公平效应（V^K）、APK 排序效应（R^{APK}），如式（4.10）所示。其中，$V^K = \dfrac{t}{1-t}K$，t 是平均税率（所有样本所缴个人所得税总额占所有样本税前收入总额的比重），K 是 K 指数，$K = C_{T,X} - G_X$，$C_{T,X}$ 是按税前收入排序的个人所得税集中度、G_X 是税前收入基尼系数；$R^{APK} = G_N - C_{N,X}$，G_N 是税后收入基尼系数，$C_{N,X}$ 是按税前收入排序的税后收入集中度。V^K 是平均税率与 K 指数的函数，

---

[1] 胡华：《平均税率与个人所得税的收入调节功能比较研究》，《数量经济技术经济研究》，2019 年第 6 期，第 100~114 页。

故式（4.10）可视为 MT 与 K 指数关系式。

1. MT 与 K 指数关系式的推导

$$MT = V^K - R^{APK} = \frac{t}{1-t}K - (G_N - C_{N;X}) \tag{4.10}$$

下面证明式（4.10），过程如下。

$$MT = G_X - G_N = (G_X - C_{N;X}) - (G_N - C_{N;X}) \tag{4.11}$$

t 是个人所得税平均税率，I 是总收入，则有式（4.12）。

$$tI + (1-t)I = I \tag{4.12}$$

$$G = \sum_{i=1}^{N} \alpha_i C_{I_i;X} \tag{4.13}$$

式（4.13）是基尼系数的恒等式，其中，$\alpha_i = I_i/I$，I_i 是第 i 项现金流，可以是正值或负值，若为正值，则代表纳税人的收入；若为负值，则代表纳税人的支出。$C_{I_i;X}$ 代表按税前收入排序的第 i 项现金流的集中度。式（4.13）的证明请见彭海艳（2012）[①]。

由式（4.12）与式（4.13），可得

$$G_X = tC_{T;X} + (1-t)C_{N;X} \tag{4.14}$$

其中，$C_{T;X}$ 是按税前收入排序的个人所得税集中度。

$$即\ C_{N;X} = \frac{1}{1-t}(G_X - tC_{T;X}) \tag{4.15}$$

将式（4.15）代入式（4.11），可得式（4.16）。

$$MT = \frac{t}{1-t}(C_{T;X} - G_X) - (G_N - C_{N;X}) \tag{4.16}$$

由于 $K = C_T - G_X$，则可证明式（4.10）。

2. MT 与 K 指数关系式的延展

若按照税率层级将某纳税人所缴个人所得税分解为若干部分，并将其代入

[①] 彭海艳：《个人所得税的再分配效应及机制重塑研究》，中国财政经济出版社，2012年，第240~242页。

式（4.13），可获得 MT 与 K 指数关系式的一般形式。以2011—2018年中国工薪所得7级超额累进税制为例，加以说明。纳税人的工薪所得由1个免征额、6个税级距分隔开来，免征额以下的工薪所得适用0税率，1~2级、2~3级、3~4级、4~5级、5~6级、6~7级的税级距的工薪所得适用3%、10%、20%、25%、30%、35%的边际税率，7级税级距以上的工薪所得适用45%的边际税率。因此，工薪所得个人所得税可分为8项。第 i 项工薪所得个人所得税除以税前收入，可获得第 i 项工薪所得的平均税率（t_i），i 代表1~8的自然数。若 i 超过8，也可采用类似方法计算。假设个人所得税共有 i 级税率，t_i 是每级税率对应的平均税率，I 是总收入，则有

$$\sum_{i=1}^{n} t_i I + (1 - \sum_{i=1}^{n} t_i) I = I \tag{4.17}$$

依据式（4.17）、式（4.13），可得

$$\sum_{i=1}^{n} t_i C_{t_i;X} + (1 - \sum_{i=1}^{n} t_i) C_{N;X} = G_X$$

其中，$C_{N;X}$ 是按税前收入排序的税后收入集中度，$C_{t_i;X}$ 是按税前收入排序的第 i 项子个人所得税集中度，G_X 是税前收入基尼系数，i 与 n 是自然数。

可得 $C_{N;X} = \dfrac{G_X - \sum_{i=1}^{n} t_i C_{t_i;X}}{1 - \sum_{i=1}^{n} t_i}$

则有，$G_X - C_{N;X} = G_X - \dfrac{G_X - \sum_{i=1}^{n} t_i C_{t_i;X}}{1 - \sum_{i=1}^{n} t_i} = \dfrac{\sum_{i=1}^{n} (C_{t_i;X} - G_X) t_i}{1 - \sum_{i=1}^{n} t_i}$

令 $K_i = C_{t_i;X} - G_X$，得 $G_X - C_{N;X} = \dfrac{\sum_{i=1}^{n} K_i t_i}{1 - \sum_{i=1}^{n} t_i}$，将其代入式（4.11），可得

$$MT = G_X - G_N = \dfrac{\sum_{i=1}^{n} K_i t_i}{1 - \sum_{i=1}^{n} t_i} - (G_N - C_{N;X}) \tag{4.18}$$

显然，Kakwani（1984）推导的 MT 与 K 指数关系式——式（4.10）是

式（4.18）的一种简化形式。如前所述，t_i 是第 i 项子个人所得税的平均税率，不是边际税率，则 $t = \sum_{i=1}^{n} t_i$。因此，式（4.18）揭露出平均税率背后的诸多细节——各项子个人所得税的平均税率。式（4.18）为研究不同层级累进税率的横向、纵向公平效应提供了工具。

（二）变量与数据

1. 基本变量

（1）税后收入的认定

所用数据来自 CGSS（2015），共计 10968 个家庭样本。一个家庭通常包括：夫妻双方或一方、若干未成年子女或无未成年子女。CGSS（2015）调查了受访者的 2014 年总收入、2014 年的职业或劳动收入，一般情况下，受访者只统计税后收入，不统计税前收入。因此，假设 CGSS 调查的 2014 年总收入、2014 年的职业或劳动收入都是税后收入。

（2）税前收入的推导

CGSS 有受访者及其配偶的工作性质，根据工作性质与 2011—2018 年个人所得税制，可倒推各类税前收入与个人所得税。第一，若受访者或其配偶是个体工商户，则以 2014 年的职业或劳动收入为基础，按照个体工商户的 5 级超额累进税率倒推税前收入、个体工商户个人所得税。第二，对于其他受访者或其配偶，分两种情况处理：当受访者的户籍属农业户籍，则认为其不缴纳工薪个人所得税；当受访者或其配偶的户籍属非农业户籍，则认为受访者要缴纳工薪个人所得税，以 2014 年的职业或劳动收入为基础，按照工薪 7 级超额累进税率倒推税前收入、工薪个人所得税。第三，若受访者或其配偶是"老板"，则以 2014 年总收入与 2014 年的职业或劳动收入的差额为基础，按照利息股息与红利所得适用的 20% 比例税率倒推税前收入、利息股息与红利所得个人所得税。第四，对于不是"老板"的受访者或其配偶，按照劳务报酬、稿酬、特许权使用费、财产租赁所得的 20% 比例税率、加成与扣除标准，以 2014 年总收入与 2014 年的职业或劳动收入的差额为基础，倒推劳务报酬、稿酬、特许权使用费、财产租赁所得个人所得税，未考虑 2011—2018 年个人所得税制下稿酬所得的优惠税率。

（3）平均税率的分解变量

基于 2011—2018 年个人所得税制，按照个人所得税所得的不同，个人所得税分为4类20项：工薪个人所得税（8项），个体工商户个人所得税（6项），利息股息与红利所得个人所得税（1项），劳务报酬、稿酬、特许权使用费、财产租赁所得个人所得税（5项）（如表4.16所示）。假设 i 是 1~20 的自然数，上述 20 项所得对应的个人所得税额是 T_i，对应的平均税率是 t_i，20 项所得之和（税前收入）是 B，则有 $t_i = T_i \div B$。

表 4.16　2011—2018 年个人所得税制下的 20 项应税所得

序号	应税所得满足的条件	适用边际税率	个人所得税额	平均税率 t_i[a]	收入源头类别
1	42000 元以下	0	T_1	t_1	工薪所得
2	42000~60000 元	3%	T_2	t_2	
3	60000~96000 元	10%	T_3	t_3	
4	96000~150000 元	20%	T_4	t_4	
5	150000~462000 元	25%	T_5	t_5	
6	462000~702000 元	30%	T_6	t_6	
7	702000~1002000 元	35%	T_7	t_7	
8	1002000 元以上	45%	T_8	t_8	
9	42000 元以下	0	T_9	t_9	个体工商户所得、对企事业单位的承包经营与承租经营所得
10	42000~57000 元	5%	T_{10}	t_{10}	
11	57000~72000 元	10%	T_{11}	t_{11}	
12	72000~102000 元	20%	T_{12}	t_{12}	
13	102000~142000 元	30%	T_{13}	t_{13}	
14	142000 元以上	35%	T_{14}	t_{14}	
15	全部所得	20%	T_{15}	t_{15}	利息股息与红利所得
16	800 元以下	0	T_{16}	t_{16}	劳务报酬、稿酬[f]、特许权使用费、财产租赁所得
17	800~4000 元	b	T_{17}	t_{17}	
18	4000~20000 元	c	T_{18}	t_{18}	
19	20000~50000 元	d	T_{19}	t_{19}	
20	50000 元以上	e	T_{20}	t_{20}	

注：a. $t_i = T_i \div B$，B 是 20 项所得之和（税前收入），i 是 1~20 的自然数。

b. 扣除 800 元后，按照 20% 的比例税率缴纳个人所得税，即个人所得税额=所得×20%－160 元。

c. 扣除20%的费用，按照20%的比例税率缴纳个人所得税，即个人所得税额＝所得×16%。

d. 扣除20%的费用，按照20%的比例税率加五成缴纳个人所得税，即个人所得税额＝所得×24%。

e. 扣除20%的费用，按照20%的比例税率加十成缴纳个人所得税，即个人所得税额＝所得×32%。

f. 未考虑2011—2018年个人所得税制下稿酬所得的优惠税率。

资料来源：《中华人民共和国个人所得税法》《中华人民共和国个人所得税法实施条例》，以及财政部与国家税务总局《关于调整个体工商户业主个人独资企业和合伙企业自然人投资者个人所得税费用扣除标准的通知》。

2. 衍生变量

衍生变量是在前述变量的基础上构造得来的，构造的目的在于计算税前收入基尼系数（G_X）、全部个人所得税税后收入基尼系数（G_N）、按税前收入排序的税后收入集中度（$C_{N:X}$）、按税前收入排序的第i项个人所得税的集中度（$C_{ti:X}$），i代表从1到20的自然数。数据排序对于计算基尼系数与集中度至关重要，按照按税前收入排序与按税后收入排序的不同变量顺序，衍生变量可分为两类：按税前收入排序的衍生变量、按税后收入排序的衍生变量。

（1）按税前收入排序的衍生变量

基于CGSS（2015）的10968个家庭样本进行计算。计算步骤是：第一，按照人均家庭税前收入从低到高的顺序对样本排序，其中，人均家庭税前收入＝受访者与其配偶税前收入÷（夫妻人数＋未成年子女数），单亲家庭或单人家庭的夫妻人数是1，其他家庭的夫妻人数是2；第二，计算按税前收入排序的家庭人数积累比（PBR），此变量是｛人均家庭税前收入最低j%家庭人数占全部家庭人数的比重｝，j是0至100的有理数①；第三，计算按税前收入排序的家族税前收入积累比（YBR），此变量是｛人均家庭税前收入最低j%家庭的税前收入占全部家庭税前收入的比重｝，j是0至100的有理数；第四，计算按税前收入排序的税后收入积累比（YR），此变量是｛人均家庭税前收入最低j%家庭的税后收入占全部家庭税后收入的比重｝，j是0至100的有理数；第五，计算按税前收入排序的第i种个人所得税积累比（TR_i），此变量是｛人均家庭税前收入最低j%家庭的第i种个人所得税占全部家庭第i种个

---

① 此变量是"人均家庭税前收入最低1%家庭人数占全部家庭人数的比重、人均家庭税前收入最低2%家庭人数占全部家庭人数的比重……人均家庭税前收入最低100%家庭人数占全部家庭人数的比重"，百分号前的数字不仅限于1至100的自然数，而是0至100的有理数。

人所得税的比重}，i 是 1 至 20 的自然数，j 是 0 至 100 的有理数。以 PBR 为自变量，以其他变量为因变量的函数分别是：$YBR = f(PBR)$，$YR = g(PBR)$，$TR_i = h_i(PBR)$，i 是从 1 到 20 的自然数。

（2）按税后收入排序的衍生变量

计算步骤是：第一，按照人均家庭税后收入从低到高的顺序对样本排序，其中，人均家庭税后收入=受访者与其配偶税后收入÷（夫妻人数+未成年子女数），单亲家庭或单人家庭的夫妻人数是 1，其他家庭的夫妻人数是 2；第二，计算按税后收入排序的家庭人数积累比（PAR），此变量是｛人均家庭税后收入最低 j% 家庭人数占全部家庭人数的比重｝，j 是 0 至 100 的有理数；第三，计算按税后收入排序的家族税后收入积累比（YAR），此变量是｛人均家庭税后收入最低 j% 家庭的税后收入占全部家庭税后收入的比重｝，j 是 0 至 100 的有理数。以 PAR 为自变量，以 YAR 为因变量的函数是：$YAR = q(PAR)$。

3. 个人所得税调节功能衡量变量

此类变量有四种：人均家庭税前收入基尼系数（G_X）、按税前收入排序的税后收入集中度（$C_{N:X}$）、按税前收入排序的第 i 项子个人所得税集中度（$C_{t_i:X}$）（i 是 1 至 20 的自然数）、人均家庭税后收入基尼系数（G_N）。依据基尼系数、集中度的定义，可知上述变量的计算公式如式（4.19）－式（4.22）所示。

$$G_X = 1 - 2 \times \int_0^1 f(PBR) \mathrm{d}PBR \qquad (4.19)$$

$$C_{N:X} = 1 - 2 \times \int_0^1 g(PBR) \mathrm{d}PBR \qquad (4.20)$$

$$C_{t_i:X} = 1 - 2 \times \int_0^1 h_i(PBR) \mathrm{d}PBR \qquad (4.21)$$

$$G_N = 1 - 2 \times \int_0^1 q(PAR) \mathrm{d}PAR \qquad (4.22)$$

选取收入基尼系数作为个人所得税的收入调节功能衡量工具。我们在此计算的基尼系数不是个人收入基尼系数，而是人均家庭税前收入基尼系数与人均家庭税后收入基尼系数。区别在于：个人收入基尼系数的计算依据是个人收入；人均家庭收入基尼系数的计算依据是人均家庭收入（人均家庭收入=家庭成员收入之和÷家庭成员数）。若受访者没有收入来源，则个人收入为零；但若其家庭成员有收入,则受访者的人均家庭收入不是零。使用人均家庭收入基尼系数而非个人收入基尼系数的原因在于:个人一般与家庭成员一起生活,共担成本、共享收入。CGSS 数据仅包括受访者与其配偶的收入数据,不包括受访者父母、兄弟、成年子女的收入数据。因此采用核心家庭的概念,核心家庭有四种情形:单人户、夫妻二人户、夫妻双方与未成年子女组成的住户、夫妻一方与未成年子女组成的住户。

二、散点图与模型估计

下面基于 2011—2018 年个人所得税制,画出散点图,并进行模型估计。

(一)散点图

以按税前收入排序的家庭人数积累比（PBR）为横坐标,以按税前收入排序的税前收入积累比（YBR）为纵坐标,可画出税前收入洛伦茨曲线（$YBRL$）的散点图;横坐标保持不变,当纵坐标替换为按税前收入排序的税后收入积累比（YR）、按税前收入排序的全部个人所得税积累比（TR）时,可画出全部个人所得税的税后收入集中度曲线（YRL）、全部个人所得税集中度曲线（TRL）的散点图[①],如图 4.6 所示。

以按税后收入排序的家庭人数积累比（PAR）为横坐标,以按税后收入排序的税后收入积累比（YAR）为纵坐标,可画出税后收入洛伦茨曲线（$YARL$）的散点图。税后收入洛伦茨曲线（$YARL$）与全部个人所得税的税后收入集中度曲线（YRL）几乎重合,表明个人所得税的排序效应较小。相对于税前收入洛伦茨曲线（$YBRL$）,税后收入洛伦茨曲线（$YARL$）、全部个人所得税的税后收入集中度曲线（YRL）更加靠近绝对平均洛伦茨曲线（OP）,全部个人所得税集中度曲线（TRL）更加远离绝对平均洛伦茨曲线（OP）,这说明个人所得税确实缩小了居民收入差距。

---

① 如表 4.16 所示,可将中国个人所得税分为 20 项子个人所得税,全部个人所得税集中度曲线（TRL）是指上述 20 项子个人所得税之和的集中度曲线。全部个人所得税的税后收入集中度曲线（YRL）是指在税前收入中扣除 20 项子个人所得税后的收入集中度曲线。

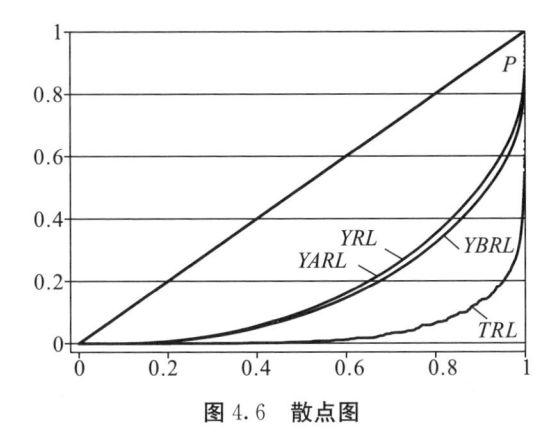

第四章 个人所得税收入差距平抑功能的 APK 分解法及其扩展

图 4.6 散点图

以按税前收入排序的家庭人数积累比（PBR）为横坐标，以按税前收入排序的第 i 种个人所得税积累比（TR_i）为纵坐标，可画出第 i 个人所得税集中度曲线的散点图（见图 4.7），其中 i 是 20 以内的自然数，且 $i \neq 1$、9、16。当 $i=1$、9、16 时，个人所得税的税率是 0，不具有累进性，无须估计相应的个人所得税集中度曲线，没必要作散点图。

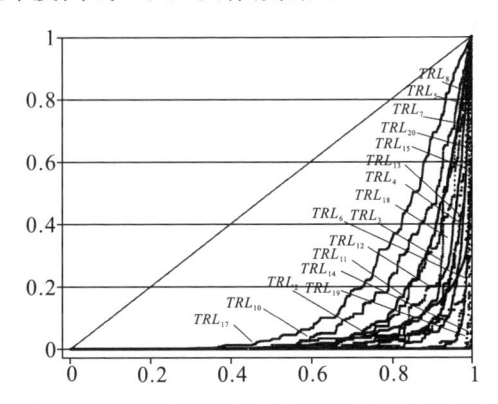

图 4.7 17 种个人所得税集中度曲线的散点图

（二）模型估计

观察图 4.6、图 4.7 的诸多曲线，可发现其共同特征：第一，所有曲线都通过坐标图的原点 (0，0) 与点 (1，1)；第二，所有曲线都单调递增。拥有这些特征的典型曲线对应函数包括常数项为零的一元多次函数、四分之一圆函数、上述两函数的加权平均函数，如式（4.23）、式（4.24）、式（4.25）所示。其中，X^j 是自变量 X 的 j 次幂，μ 是随机误差项，b_i、c_i、d_i 都是拟合系数，i 与 j 是自然数。

◇ 个人所得税的
收入差距平抑功能研究

常数项为零的一元多次函数：

$$Y = \sum_{i=1}^{M} b_i X^j + \mu \tag{4.23}$$

四分之一圆函数：

$$Y = c_1 - \sqrt{c_2 - (X + c_3)^2} + \mu \tag{4.24}$$

上述两函数的加权平均函数：

$$Y = d_1 \sum_{i=1}^{M} b_i X^j + d_2 \sqrt{c_2 - (X + c_3)^2} + d_3 + \mu \tag{4.25}$$

模型拟合步骤是：第一，基于CGSS（2015）的10968个样本，运用式（4.23）、式（4.24）、式（4.25），拟合税前收入洛伦茨曲线、2011—2018年个人所得税制下税后收入洛伦茨曲线与按人均家庭税前收入排序的税后收入集中度曲线，由此，每条曲线都有三个拟合模型；第二，所采用数据是截面数据，须考虑异方差问题，为此采用稳健标准差判断拟合系数的显著性；第三，依据调整后可决系数（$Adj\ R^2$）、残差平方和（$Residual\ SS$）判断三个拟合模型的优劣，将可决系数最大与残差平方和最小的模型作为首选模型。拟合结果显示，常数项为零的一元多次函数明显更优，其调整后可决系数（$Adj\ R^2$）更大，残差平方和（$Residual\ SS$）更小。

共拟合了20个非线性模型，包括图4.6中曲线 $YBRL$、YRL、$YARL$ 的模型与图4.7中17条个人所得税集中度曲线的模型。图4.6中曲线 TRL 的模型用不到，无须估计。20个非线性模型的调整后可决系数都超过0.98，部分模型的调整后可决系数达到了1.0000。受篇幅所限，表4.17仅显示了2011—2018年个人所得税制下的4个模型，全部20个模型的结果请见表4.27。

表4.17 曲线拟合结果

模型序号	拟合结果	$Adj\ R^2$	$Residual\ SS$
1	$YBR = 0.002^{***} \times PBR - 0.189^{***} \times PBR^2 + 2.247^{***} \times PBR^3$ $- 2.872^{***} \times PBR^4 + 2.560^{***} \times PBR^6 - 2.125^{***} \times PBR^9$ $+ 1.894^{***} \times PBR^{13} - 3.050^{***} \times PBR^{20} + 4.479^{***} \times PBR^{25}$ $- 2.546^{***} \times PBR^{30} + 0.424^{***} \times PBR^{50} - 0.070^{**} \times PBR^{100}$ $+ 0.233^{***} \times PBR^{300} - 0.283^{***} \times PBR^{500} + 1.601^{***} \times PBR^{1000}$ $- 1.594^{***} \times PBR^{1100} + 0.267^{***} \times PBR^{2000} + 0.139^{***} \times PBR^{5000}$ $- 0.242^{***} \times PBR^{10000} + 0.205^{***} \times PBR^{20000} - 0.079^{***} \times PBR^{1000000}$	1.0000	0.0004

续表

模型序号	拟合结果	Adj R^2	Residual SS
2	$\widehat{YR} = 0.003^{***} \times PBR - 0.244^{***} \times PBR^2 + 2.710^{***} \times PBR^3$ $- 3.634^{***} \times PBR^4 + 3.521^{***} \times PBR^6 - 3.538^{***} \times PBR^9$ $+ 3.750^{***} \times PBR^{13} - 6.584^{***} \times PBR^{20} + 9.171^{***} \times PBR^{25}$ $- 4.906^{***} \times PBR^{30} + 0.648^{***} \times PBR^{50} - 0.111^{**} \times PBR^{100}$ $+ 0.241^{***} \times PBR^{300} - 0.359^{***} \times PBR^{500} + 2.721^{***} \times PBR^{1000}$ $- 2.833^{***} \times PBR^{1100} + 0.507^{***} \times PBR^{2000} - 0.200^{***} \times PBR^{10000}$ $+ 0.236^{***} \times PBR^{20000} - 0.100^{***} \times PBR^{1000000}$	1.0000	0.0009
3	$\widehat{YAR} = 0.003^{***} \times PAR - 0.244^{***} \times PAR^2 + 2.710^{***} \times PAR^3$ $- 3.635^{***} \times PAR^4 + 3.522^{***} \times PAR^6 - 3.579^{***} \times PAR^9$ $+ 3.932^{***} \times PAR^{13} - 7.460^{***} \times PAR^{20} + 10.831^{***} \times PAR^{25}$ $- 5.960^{***} \times PAR^{30} + 0.801^{***} \times PAR^{50} - 0.140^{**} \times PAR^{100}$ $+ 0.257^{***} \times PAR^{300} - 0.359^{***} \times PAR^{500} + 2.681^{***} \times PAR^{1000}$ $- 2.753^{***} \times PAR^{1100} + 0.457^{***} \times PAR^{2000} - 0.103^{***} \times PAR^{10000}$ $+ 0.096^{***} \times PAR^{20000} - 0.037^{***} \times PAR^{1000000}$	1.0000	0.0007
4	$\widehat{TR_2} = 0.011^{***} \times PBR - 0.200^{***} \times PBR^2 + 1.155^{***} \times PBR^3$ $- 2.294^{***} \times PBR^4 + 3.312^{***} \times PBR^6 - 3.645^{***} \times PBR^9$ $+ 4.292^{***} \times PBR^{13} - 9.980^{***} \times PBR^{25} + 10.787^{***} \times PBR^{30}$ $- 3.144^{***} \times PBR^{50} + 0.985^{***} \times PBR^{100} - 1.075^{***} \times PBR^{300}$ $+ 1.924^{***} \times PBR^{500} - 12.254^{***} \times PBR^{1000} + 12.350^{***} \times PBR^{1100}$ $- 1.553^{***} \times PBR^{2000} + 0.641^{***} \times PBR^{5000} - 0.568^{***} \times PBR^{10000}$ $+ 0.388^{***} \times PBR^{20000} - 0.132^{***} \times PBR^{1000000}$	0.9996	0.2185

注：1. *、**、*** 代表拟合系数能通过10%、5%、1%的显著性检验。

2. 本表是表4.27的一部分。

三、新旧个人所得税制的收入调节功能比较

2018年8月31日，全国人民代表大会常委会通过了《关于修改〈中华人民共和国个人所得税法〉的决定》（以下简称《决定》）。个人所得税的边际税率、税级距、免征额、税前费用扣除等要素如表4.18所示。为便于分析比较、发现规律，笔者构造了甲、乙两类个人所得税制，其中甲类个人所得税制包括8种情况，乙类个人所得税制包括6种情形。

（一）工薪个人所得税与综合个人所得税的比较

工薪个人所得税与综合个人所得税的比较如表4.18所示。2011—2018年

◇ 个人所得税的

收入差距平抑功能研究

我国工薪个人所得税的税基是工资薪金，采用7级超额累进税率；《决定》不再单独对工资薪金所得征税，而是将工薪、劳务报酬、稿酬、特许权使用费所得合并为"综合所得"，按照修改后的7级超额累进税率征税。两者在税基、税级距、免征额、税前费用扣除方面都存在着区别。

表4.18 工薪个人所得税与综合个人所得税比较

月税级距	2011—2018年个人所得税制下工薪所得	甲类个人所得税制工薪所得	乙类个人所得税制综合所得	2019年个人所得税制下综合所得	税率(%)
1级税率	1500元以下	1500元以下	3000元以下	3000元以下	3
2级税率	1500~4500元	1500~4500元	3000~TB_1元	3000~12000元	10
3级税率	4500~9000元	4500~9000元	TB_1~TB_2元	12000~25000元	20
4级税率	9000~35000元	9000~35000元	TB_2~35000元	25000~35000元	25
5级税率	35000~55000元	35000~55000元	35000~55000元	35000~55000元	30
6级税率	55000~80000元	55000~80000元	55000~80000元	55000~80000元	35
7级税率	80000元以上	80000元以上	80000元以上	80000元以上	45
月免征额	3500元	5000、7000、7500、10000元	5000元	5000元	—
税前扣除	五险一金		五险一金、子女教育支出、继续教育支出、大病医疗支出、住房贷款利息支出、住房租金支出	—
适用范围	工薪所得		工薪、劳务报酬、稿酬、特许权使用费所得	—

资料来源：《中华人民共和国个人所得税法》。

甲类个人所得税制工薪个人所得税与2011—2018年工薪个人所得税较为接近，只是将免征额升至5000、7000、7500、10000元四种情况，并在税前费用扣除项目中加入了子女教育费用扣除额、大病医疗专项扣除额。甲类个人所得税制工薪个人所得税的子女教育费用扣除额包括两种选择：固定扣除额、实际发生额。固定扣除额设定为每个未成年子女的年扣除额750元，此值是作者依据CGSS（2015）数据测算得来。大病医疗专项扣除额按照实际发生额确定。因此，甲类个人所得税制共有八种情形，如表4.19所示。

第四章　个人所得税收入差距平抑功能的 APK 分解法及其扩展

表 4.19　甲类个人所得税制的八种情形

情形	1	2	3	4	5	6	7	8
免征额（元）	5000	7000	7500	10000	5000	7000	7500	10000
子女教育费用扣除额	固定扣除额				实际发生额			
大病医疗专项扣除额	实际发生额							

乙类个人所得税制（情形 9~14）、2019 年个人所得税制下综合所得个人所得税（情形 15、16）的月免征额都是 5000 元，但乙类个人所得税制的第 2、3、4 级税率的税级距 TB_1 与 TB_2 的取值包括 6 种情形，如表 4.20 所示。乙类个人所得税制、情形 15 的综合所得下，还考虑了子女教育与继续教育支出的扣除、医疗支出的扣除。子女教育与继续教育支出的扣除额等于 CGSS（2015）问卷中的受访者家庭全年的子女教育支出及其他教育培训支出的一半，医疗支出等于 CGSS（2015）问卷中的受访者家庭的全年医疗支出除以受访者家庭人数。受访者配偶与受访者本人的扣除标准相同，但若受访者无配偶，则相关扣除作废。

表 4.20　乙类个人所得税制的六种情形（元）

情形	9	10	11	12	13	14
TB_1	10000	12500	15000	17500	20000	22500
TB_2	20000	22500	25000	27500	30000	32500

情形 16 设置了三项专项扣除——子女教育、赡养老人、大病医疗专项附加扣除，设置方法如下：第一，子女教育的月专项扣除额＝未成年子女数×1000 元。第二，只要家庭中有年龄超过 60 岁（含）的直系亲属，即需要设置赡养老人专项扣除，若受访者无兄弟姐妹，则月扣除额是 2000 元；若其有兄弟姐妹，则月扣除额＝2000÷（受访者兄弟姐妹数＋1）。第三，医疗支出的月扣除额＝CGSS（2015）问卷中的受访者家庭的年医疗支出÷受访者家庭人数÷12。受访者配偶与受访者本人的扣除标准相同，但若受访者无配偶，则相关扣除作废。情形 16 的设置标准尽量接近《个人所得税专项附加扣除暂行办法》的相关规定，但受数据所限，无法设置继续教育、住房贷款利息、住房租金专项扣除。

（二）个体工商户个人所得税与经营性个人所得税的比较

个体工商户个人所得税与经营性个人所得税的比较如表 4.21 所示。2019年个人所得税制下，个体工商户的生产经营所得、对企事业单位的承包经营承租经营所得合并为经营所得个人所得税。经营所得个人所得税的税级距与2011—2018年个体工商户个人所得税的税级距不同。甲类个人所得税制的个体工商户个人所得税与2011—2018年个体工商户个人所得税完全相同；乙类个人所得税制经营性个人所得税的前四级税率的税级距与2011—2018年个人所得税制相同，第五级税率的税级距与2019年个人所得税制下经营性所得个人所得税的税级距相同。

表4.21 个体工商户个人所得税与经营性个人所得税比较

月税级距	2011—2018年个人所得税制下个体工商户所得	甲类个人所得税制个体工商户所得	乙类个人所得税制经营性所得	2019年个人所得税制下经营性所得	税率（%）
1级税率	15000元以下	15000元以下	15000元以下	30000元以下	5
2级税率	15000～30000元	15000～30000元	15000～30000元	30000～90000元	10
3级税率	30000～60000元	30000～60000元	30000～60000元	90000～300000元	20
4级税率	60000～100000元	60000～100000元	60000～500000元	300000～500000元	30
5级税率	100000元	100000元	500000元	500000元	35
免征额	42000元*	42000元*	60000元**	60000元**	—
适用范围	个体工商户的生产经营所得和对企事业单位的承包经营承租经营所得	经营所得			—

注：*年免征额42000元＝工薪个人所得税免征额3500元×12个月。
＊＊年免征额60000元＝综合所得个人所得税免征额5000元×12个月。
资料来源：《中华人民共和国个人所得税法》，年免征额的确定方法来自财政部与国家税务总局《关于调整个体工商户业主个人独资企业和合伙企业自然人投资者个人所得税费用扣除标准的通知》。

（三）MT指数、横向公平效应指数、纵向公平效应指数I的比较

表4.22中，与2011—2018年个人所得税制相比，情形1~16的个人所得税改革都将削弱个人所得税的收入调节功能。表4.17与表4.27显示了税前收入洛伦茨曲线、2011—2018年个人所得税制下按税前收入排序的税后收入集中度曲线与税后收入洛伦茨曲线的拟合结果，结合式（4.19）、式（4.20）与式（4.22），即可算出税前收入基尼系数、2011—2018年个人所得税制下按税前收入排序的税后收入集中度与税后收入基尼系数，后两个数据可在表4.22中查到。运用相同方法，可计算情形1~16下的按税前收入排序的税后收入集

中度、税后收入基尼系数，相关计量模型共计 32 个。

表 4.22 MT 指数、横向公平效应指数、纵向公平效应指数 I

指标名称	税后收入基尼系数 G_N	按税前收入排序的税后收入集中度 $C_{N;X}$	总平均税率	MT^a	APK 排序效应[b]	纵向公平效应 I[c]	MT 指数下跌幅度 (%)[d]
2011—2018年个人所得税制	0.63836	0.63789	10.32976	0.02871	0.00047	0.02918	—
情形 1	0.63976	0.63927	9.80229	0.02732	0.00049	0.02780	4.71
情形 2	0.64115	0.64066	9.34723	0.02592	0.00049	0.02641	9.48
情形 3	0.64144	0.64095	9.25923	0.02564	0.00049	0.02613	10.45
情形 4	0.64259	0.64210	8.92307	0.02449	0.00049	0.02498	14.39
情形 5	0.63981	0.63932	9.78953	0.02727	0.00049	0.02775	4.89
情形 6	0.64119	0.64070	9.33603	0.02588	0.00049	0.02637	9.62
情形 7	0.64148	0.64099	9.24828	0.02560	0.00049	0.02609	10.6
情形 8	0.64263	0.64213	8.91295	0.02445	0.00049	0.02494	14.52
情形 9	0.63758	0.63753	8.41835	0.02950	0.00005	0.02955	−1.25
情形 10	0.63799	0.63794	8.30674	0.02909	0.00005	0.02913	0.16
情形 11	0.63835	0.63830	8.21000	0.02873	0.00005	0.02877	1.4
情形 12	0.63860	0.63856	8.14300	0.02848	0.00004	0.02852	2.27
情形 13	0.63884	0.63880	8.07979	0.02823	0.00004	0.02828	3.09
情形 14	0.63906	0.63902	8.02070	0.02801	0.00004	0.02805	3.86
情形 15	0.63853	0.63850	8.13646	0.02855	0.00003	0.02858	2.07
情形 16	0.63855	0.63853	8.11286	0.02852	0.00003	0.02855	2.17

注：a. $MT = G_X - G_N$，税前收入基尼系数 $G_X = 0.667074$。

b. APK 排序效应 $= G_N - C_{N;X}$。

c. 纵向公平效应 I $= G_X - C_{N;X}$。

d. MT 指数下跌幅度 =（某情形下 MT − 2011 至 2018 年个人所得税制 MT）÷2011 至 2018 年个人所得税制 $MT \times 100\%$。

甲类个人所得税制（情形 1~8）下，免征额的提高、费用扣除的增加，使得总平均税率从 2011—2018 年个人所得税制的 10.32976% 降至 9% 左右①；

---

① 总平均税率=所有个人所得税总额÷税前收入总额。

纵向公平效应指数Ⅰ从 2011—2018 年个人所得税制的 0.02918 降至 0.026 左右，即个人所得税的收入调节功能削弱了 10% 左右。情形 9~16 将工薪所得、劳务所得、稿酬、特许权使用费所得合并在一起征税，并提高免征额与税级距、增加费用扣除。相对于甲类个人所得税制（情形 1~8），乙类个人所得税制（情形 9~14）的总平均税率进一步降低，降至 8.2% 左右；纵向公平效应指数Ⅰ从 2011—2018 年个人所得税制的 0.029181 降至 0.0285 左右，即个人所得税的收入调节功能削弱 2% 左右。情形 15 来自 2018 年修订的《中华人民共和国个人所得税法》，其总平均税率是 8.136455%，相对于 2011—2018 年个人所得税制的 10.32976%，总平均税率降低了 21.23%；情形 15 的个人所得税纵向公平效应指数Ⅰ是 0.02858，相对于 2011—2018 年个人所得税制的 0.02918，下跌了 2.07%，即个人所得税的收入调节功能削弱了 2.06%。情形 16 在 2019 年新税制的基础上，考虑了子女教育、赡养老人、大病医疗的专项扣除，个人所得税纵向公平效应指数Ⅰ是 0.02855，比 2011—2018 年个人所得税制的 0.02918，下跌了 2.16%。

（四）纵向公平效应指数Ⅱ的比较

1. 个人所得税集中度的比较

表 4.17 的第 4 个模型是按"按人均家庭税前收入排序的 2011—2018 年个人所得税制下工薪个人所得税 3% 边际税率的个人所得税集中度曲线"的拟合结果，其他边际税率的个人所得税集中度曲线拟合结果请见表 4.27。结合式（4.21），可算出 2011—2018 年个人所得税制下各级边际税率的个人所得税集中度，如表 4.23 第 2 列所示。依据相同方法，可计算前述其他 16 种情形下各项子个人所得税集中度，如表 4.23 所示。每种情形下，都需估计 12 条子个人所得税集中度曲线的计量模型，12 条子个人所得税集中度曲线包括 7 条工薪或综合子个人所得税集中度曲线、5 条个体工商户或经营子个人所得税集中度曲线；红利个人所得税、劳务报酬个人所得税的相关规定没有变化，故红利子个人所得税集中度曲线、4 条劳务报酬子个人所得税集中度曲线与 2011—2018 年个人所得税制下的相应曲线相同，无须重新估计。估计过程中，每条个人所得税集中度曲线的计量模型都考虑式（4.23）、式（4.24）与式（4.25）的形式，采用稳健标准差判断拟合系数的显著性，并将可决系数最大与残差平方和最小的模型作为首选模型。最终获得 16 种情形下的 12 条子个人所得税集中度曲线的计量模型，共计 192 个计量模型。

从表4.23中可发现如下规律：情形1~16下各级税率的个人所得税集中度，一般不低于2011—2018年个人所得税制下各级税率的个人所得税集中度。特殊情况是在序号7（工薪个人所得税的35%税率）下，2011—2018年个人所得税制的个人所得税集中度（0.99601）大于情形1的个人所得税集中度（0.99596）与情形5的个人所得税集中度（0.99597）。在序号1（工薪或综合个人所得税免征额以下的所得适用零税率）、序号9（个体工商户或经营个人所得税免征额以下的所得适用零税率）下，个人所得税集中度都是0。在工薪或综合个人所得税、个体工商户或经营个人所得税的其他税率下，新个人所得税集中度都高于2011—2018年个人所得税制下的相应集中度。情形1~8下红利个人所得税、劳务报酬个人所得税与2011—2018年个人所得税制相同，所以序号15~20（红利个人所得税、劳务报酬个人所得税）下的新个人所得税集中度与2011—2018年个人所得税制下的个人所得税集中度相同。

乙类个人所得税制与2019年个人所得税制下，工薪个人所得税各级税率都被扩展为综合个人所得税各级税率。相对于2011—2018年工薪个人所得税，新综合个人所得税的税前扣除大幅增加，免征额从3500元升至5000元，新增了子女教育、继续教育、大病医疗的费用扣除。此举大大提高了各项税率的个人所得税集中度，如在序号2（综合个人所得税的3%税率）下，2011—2018年个人所得税制的个人所得税集中度是0.81043；而情形9~15下，个人所得税集中度都提升至0.89794；情形16下个人所得税集中度升至0.90643。情形9~15的序号2、6、7、8（综合个人所得税的3%、30%、35%、45%税率）的税级距相同，所以个人所得税集中度也相同。由于TB_1与TB_2不同，在序号3、4、5（综合个人所得税的10%、20%、25%税率）下，情形9~15下的个人所得税集中度都高于同一税率下2011—2018年个人所得税制的个人所得税集中度；并且情形9~15的个人所得税集中度各不相同，在同一税率下，税级距越高，个人所得税集中度也越高。在情形16下，综合所得的扣除方法与情形9~15不同，故前者与后者的综合所得个人所得税集中度也不同。

依据财政部与国家税务总局《关于调整个体工商户业主个人独资企业和合伙企业自然人投资者个人所得税费用扣除标准的通知》，新经营性个人所得税下，费用扣除额从每年42000元升至60000元。同等税率下，与2011—2018年个人所得税制相比，情形9~16的新经营性个人所得税集中度都有明显提高，利息股息与红利所得个人所得税没有任何变化，其个人所得税集中度不变。综合个人所得税下，劳务报酬所得等与工薪所得合并，因此不再单独计算其个人所得税集中度。

◇ 个人所得税的
　　收入差距平抑功能研究

表4.23 各级税率的个人所得税集中度（$C_{t_i,x}$）的比较

序号	2011—2018年个人所得税制	情形1	情形2	情形3	情形4	情形5	情形6	情形7	情形8	情形9	情形10	情形11	情形12	情形13	情形14	情形15	情形16
1	0	0	0	0	0	0	0	0	0	0	0	0	0	0	0	0	0
2	0.81043	0.89102	0.91378	0.91862	0.95858	0.88469	0.91369	0.91852	0.55888	0.89794	0.89794	0.89794	0.89794	0.89794	0.89794	0.89794	0.89794
3	0.89421	0.91708	0.94969	0.95804	0.96461	0.91691	0.94962	0.95814	0.96456	0.95325	0.95687	0.95956	0.96167	0.96347	0.96499	0.95625	0.96180
4	0.94453	0.96085	0.96651	0.96750	0.97245	0.96095	0.96650	0.96746	0.97244	0.97895	0.98335	0.98720	0.98812	0.98896	0.98977	0.98350	0.98475
5	0.97878	0.98141	0.98377	0.98440	0.98766	0.98137	0.98377	0.98441	0.98767	0.98961	0.99007	0.99068	0.99110	0.99144	0.99184	0.99068	0.99078
6	0.99239	0.99272	0.99255	0.99332	0.99368	0.99276	0.99323	0.99331	0.99370	0.99380	0.99380	0.99380	0.99380	0.99380	0.99380	0.99380	0.99386
7	0.99601	0.99596	0.99605	0.99607	0.99618	0.99597	0.99618	0.99608	0.99630	0.99611	0.99611	0.99611	0.99611	0.99611	0.99611	0.99611	0.99610
8	0.99825	0.99845	0.99848	0.99848	0.99852	0.99844	0.99847	0.99848	0.99861	0.99927	0.99927	0.99927	0.99927	0.99927	0.99927	0.99927	0.99922
9	0	0	0	0	0	0	0	0	0	0.83535	0.83535	0.83535	0.83535	0.83535	0.83535	0.84685	0.84685
10	0.74252	0.83537	0.87961	0.88534	0.94741	0.83537	0.87970	0.88534	0.94742	0.83535	0.83535	0.83535	0.86121	0.86121	0.86121	0.91281	0.91281
11	0.82497	0.86100	0.89515	0.91211	0.95433	0.86100	0.89515	0.91211	0.95433	0.86121	0.86121	0.86121	0.89565	0.89565	0.89565	0.96809	0.96809
12	0.86769	0.89561	0.94853	0.95024	0.95770	0.89561	0.94853	0.95035	0.95786	0.89565	0.89565	0.89565	0.97040	0.97040	0.97040	0.98891	0.98891
13	0.92374	0.95209	0.95788	0.95856	0.96424	0.95209	0.95788	0.95856	0.96424	0.97040	0.97040	0.97040	0.99423	0.99423	0.99423	0.99423	0.99423
14	0.97939	0.98102	0.98361	0.98404	0.98604	0.98102	0.98361	0.98404	0.98604	0.99423	0.99423	0.99423	0.93702	0.93702	0.93702	0.93702	0.93702
15	0.93702	0.93702	0.93702	0.93702	0.93702	0.93702	0.93702	0.93702	0.93702	0.93702	0.93702	0.93702	—	—	—	—	—
16	0	0	0	0	0	0	0	0	0	—	—	—	—	—	—	—	—
17	0.64955	0.64955	0.64955	0.64955	0.64955	0.64955	0.64955	0.64955	0.64955	—	—	—	—	—	—	—	—
18	0.92568	0.92568	0.92568	0.92568	0.92568	0.92568	0.92568	0.92568	0.92568	—	—	—	—	—	—	—	—
19	0.99240	0.99240	0.99240	0.99240	0.99240	0.99240	0.99240	0.99240	0.99240	—	—	—	—	—	—	—	—
20	0.99936	0.99936	0.99936	0.99936	0.99936	0.99936	0.99936	0.99936	0.99936	—	—	—	—	—	—	—	—

注：情形1～8下的序号1～8是指2011—2018年个人所得税制下综合工薪个人所得税的零税率与7级边际税率，情形9～15下的序号1～8是指2019年个人所得，对企事业单位的承包经营与承包经营与承组经营所得税率与7级边际税率，情形9～14是指2011—2018年的序号9～14是指2011—2018年的序号9～15下的序号1～8是指2019年个人所得税制下的零税率与5级边际税率；序号15是指2011—2018年个人所得税的20%比例税率，情形1～8下的个人所得税经营2011—2018年的序号9～14是指2011—2018年个人所得税的零税率与5级边际税率的零税率与5级边际税率；序号15是指个人所得税的20%比例税率，情形1～8下的个人所得税加序号16～20是指2011—2018年的序号16～20值无须计算，原因是新个人所得税制下劳务报酬、稿酬、特许权使用费、财产租赁所得被并入综合成情况，按照综合所得税率缴税。

160

2. 平均税率的比较

某级边际税率的平均税率等于依照某级边际税率征收的个人所得税额除以纳税人税前总收入。从表 4.24 中可发现的规律是：一般情况下，甲类、乙类、2019 年个人所得税制下各级边际税率的平均税率，一般不高于 2011—2018 年个人所得税制下的相应值。有以下三种特殊情况：第一，在情形 15 与 16 下，序号 10 至 12 的平均税率高于 2011—2018 年个人所得税制下的相应值，原因是 2019 年个人所得税制调整了免征额与税级距，使得序号 10 至 12（经营个人所得税边际税率 5%、10%、20%）的应税所得大幅增加；第二，序号 1（工薪或综合个人所得税免征额以下的所得适用零税率）、序号 9（个体工商户或经营个人所得税免征额以下的所得适用零税率）的平均税率是零；第三，劳务报酬、稿酬、特许权使用费、财产租赁所得个人所得税制没有改变，故在甲类个人所得税制（情形 1~8）下序号 16 至 20 的平均税率，与 2011—2018 年个人所得税制下的相应值相同。表 4.24 最后一行是各级税率的总平均税率之和，即各种情形下个人所得税的总平均税率。数据显示，个人所得税制的免征额越高、扣除项目越多，其总平均税率越低。

3. 纵向公平效应指数 II 解析

如前所述，某级税率纵向公平效应指数＝（某级税率的个人所得税集中度 $C_{t_i:x}$ －税前收入基尼系数 G_X）×该级边际税率的平均税率÷（1－个人所得税总平均税率）。表 4.23 的同一税率中，免征额越高，个人所得税集中度一般也越高；而表 4.24 的同一税率中，免征额越高、扣除项目越多，平均税率越低；在两者共同作用下，一般情况下，表 4.25 的同一序号下，免征额越高，个人所得税的纵向公平效应指数越低，即个人所得税对收入差距的调节作用越小。表 4.25 的"纵向公平效应指数 II"是各级税率纵向公平效应指数之和，代表某种情形下个人所得税的整体收入调节功能。纵向公平效应指数 I 来自表 4.22，与纵向公平效应指数 II 的差别很小，表明所采用的方法是可信的。

◇ 个人所得税的
　　收入差距平抑功能研究

表 4.24　各级税率的平均税率（t_i）的比较（%）

序号	2011—2018年个人所得税制	情形 1	情形 2	情形 3	情形 4	情形 5	情形 6	情形 7	情形 8	情形 9	情形 10	情形 11	情形 12	情形 13	情形 14	情形 15	情形 16
1	0	0	0	0	0	0	0	0	0	0	0	0	0	0	0	0	0
2	0.10481	0.05967	0.04227	0.03842	0.01844	0.05958	0.04190	0.03810	0.01838	0.13189	0.13189	0.13189	0.13189	0.13189	0.13189	0.13189	0.12625
3	0.35404	0.25469	0.14276	0.12525	0.10319	0.25332	0.14260	0.12493	0.10287	0.39552	0.48536	0.56091	0.60996	0.65674	0.70029	0.46807	0.45086
4	0.45455	0.34494	0.28939	0.27975	0.23592	0.34385	0.28876	0.27944	0.23589	0.52244	0.42986	0.36352	0.33722	0.30938	0.28441	0.54920	0.53600
5	0.98365	0.87498	0.77021	0.74363	0.62096	0.87410	0.76848	0.74180	0.61921	0.53453	0.42565	0.31970	0.22996	0.14781	0.07014	0.31970	0.31840
6	0.31782	0.29880	0.27469	0.27051	0.25257	0.29684	0.27248	0.26811	0.24879	0.45884	0.45884	0.45884	0.45884	0.45884	0.45884	0.45884	0.46269
7	0.23568	0.23018	0.22374	0.22213	0.21408	0.22625	0.22110	0.21981	0.21337	0.43202	0.43202	0.43202	0.43202	0.43202	0.43202	0.43202	0.43228
8	1.34419	1.32869	1.30882	1.30385	1.27901	1.32523	1.30536	1.30039	1.27555	5.13965	5.13965	5.13965	5.13965	5.13965	5.13965	5.13965	5.14930
9	0	0	0	0	0	0	0	0	0	0	0	0	0	0	0	0	0
10	0.03069	0.01946	0.01380	0.01322	0.00522	0.01946	0.01380	0.01322	0.00522	0.01946	0.01946	0.01946	0.01946	0.01946	0.01946	0.01946	0.03527
11	0.04121	0.03162	0.02247	0.01649	0.00906	0.03162	0.02247	0.01649	0.00906	0.03162	0.03162	0.03162	0.03162	0.03162	0.03162	0.03162	0.06242
12	0.11981	0.08586	0.04064	0.03898	0.03373	0.08586	0.04064	0.03898	0.03373	0.08586	0.08586	0.08586	0.08586	0.08586	0.08586	0.08586	0.13732
13	0.10964	0.07549	0.06744	0.06465	0.04717	0.07549	0.06744	0.06465	0.04717	0.35242	0.35242	0.35242	0.35242	0.35242	0.35242	0.08797	0.08797
14	0.49578	0.46004	0.41314	0.40447	0.36583	0.46004	0.41314	0.40447	0.36583	0.13696	0.13696	0.13696	0.13696	0.13696	0.13696	0.13696	0.13696
15	0.17714	0.17714	0.17714	0.17714	0.17714	0.17714	0.17714	0.17714	0.17714	0.17714	0.17714	0.17714	0.17714	0.17714	0.17714	0.17714	0.17714
16	0	0	0	0	0	0	0	0	0	—	—	—	—	—	—	—	—
17	1.73207	1.73207	1.73207	1.73207	1.73207	1.73207	1.73207	1.73207	1.73207	—	—	—	—	—	—	—	—
18	0.55284	0.55284	0.55284	0.55284	0.55284	0.55284	0.55284	0.55284	0.55284	—	—	—	—	—	—	—	—
19	0.35539	0.35539	0.35539	0.35539	0.35539	0.35539	0.35539	0.35539	0.35539	—	—	—	—	—	—	—	—

第四章 个人所得税收入差距平抑功能的 APK 分解法及其扩展

续表

序号	2011—2018年个人所得税制	情形1	情形2	情形3	情形4	情形5	情形6	情形7	情形8	情形9	情形10	情形11	情形12	情形13	情形14	情形15	情形16
20	2.92045	2.92045	2.92045	2.92045	2.92045	2.92045	2.92045	2.92045	2.92045	—	—	—	—	—	—	—	—
总平均税率	10.32976	9.80229	9.34723	9.25923	8.92307	9.78953	9.33603	9.24828	8.91295	8.41835	8.30674	8.21000	8.14300	8.07979	8.02070	8.13645	8.11286

注：情形 1～8 下的序号 1～8 是指 2011—2018 年个人所得税制下综合所得税的零税率，情形 9～15 下的序号 1～8 是指 2019 年个人所得税制下工薪个人所得税的零税率；情形 1～8 下的序号 9～14 是指 2011—2018 年个体工商户所得，对企事业单位的承包经营与承包租赁经营所得个人所得税的零税率与 5 级边际税率，情形 9～15 下的序号 9～14 是指 2019 年个人所得税制下经营个人所得税的零税率与 5 级边际税率；序号 15 是利息股息与红利所得个人所得税的 20% 比例税率；情形 1～8 下的序号 16～20 是指 2011—2018 年个人所得税制下劳务报酬、稿酬、特许权使用费、财产租赁所得个人所得税的零税率与 4 种税率加成情况，情形 9～15 下的序号 16～20 值无须计算，原因是新个人所得税制被将所得被并扣除并入综合所得，按照综合所得税率缴税。

163

◇ 个人所得税的

收入差距平抑功能研究

表 4.25　各级税率的纵向公平效应指数的比较

序号	2011—2018年个人所得税制	情形 1	情形 2	情形 3	情形 4	情形 5	情形 6	情形 7	情形 8	情形 9	情形 10	情形 11	情形 12	情形 13	情形 14	情形 15	情形 16
1	0	0	0	0	0	0	0	0	0	0	0	0	0	0	0	0	0
2	0.00017	0.00015	0.00012	0.00011	0.00006	0.00014	0.00011	0.00011	0.00006	0.00033	0.00033	0.00033	0.00033	0.00033	0.00033	0.00033	0.00033
3	0.00090	0.00071	0.00045	0.00040	0.00034	0.00070	0.00044	0.00040	0.00034	0.00124	0.00153	0.00179	0.00196	0.00212	0.00227	0.00147	0.00145
4	0.00141	0.00112	0.00096	0.00093	0.00079	0.00112	0.00095	0.00092	0.00079	0.00178	0.00148	0.00127	0.00118	0.00108	0.00100	0.00189	0.00185
5	0.00342	0.00305	0.00269	0.00260	0.00219	0.00305	0.00268	0.00259	0.00218	0.00188	0.00150	0.00113	0.00081	0.00052	0.00025	0.00113	0.00112
6	0.00115	0.00108	0.00099	0.00097	0.00091	0.00107	0.00098	0.00096	0.00089	0.00164	0.00163	0.00163	0.00163	0.00163	0.00163	0.00163	0.00165
7	0.00086	0.00084	0.00081	0.00081	0.00077	0.00082	0.00080	0.00080	0.00077	0.00155	0.00155	0.00155	0.00155	0.00155	0.00155	0.00155	0.00155
8	0.00496	0.00488	0.00478	0.00476	0.00465	0.00487	0.00477	0.00475	0.00464	0.01864	0.01862	0.01860	0.01859	0.01857	0.01856	0.01859	0.01861
9	0	0	0	0	0	0	0	0	0	0	0	0	0	0	0	0	0
10	0.00003	0.00004	0.00003	0.00003	0.00002	0.00004	0.00003	0.00003	0.00002	0.00004	0.00004	0.00004	0.00004	0.00004	0.00004	0.00007	0.00007
11	0.00007	0.00007	0.00006	0.00004	0.00003	0.00007	0.00006	0.00004	0.00003	0.00007	0.00007	0.00007	0.00007	0.00007	0.00007	0.00017	0.00017
12	0.00027	0.00022	0.00013	0.00012	0.00011	0.00022	0.00013	0.00012	0.00011	0.00021	0.00021	0.00021	0.00021	0.00021	0.00021	0.00045	0.00045
13	0.00031	0.00024	0.00022	0.00021	0.00015	0.00024	0.00022	0.00021	0.00015	0.00117	0.00117	0.00116	0.00116	0.00116	0.00116	0.00031	0.00031
14	0.00173	0.00160	0.00144	0.00141	0.00128	0.00160	0.00144	0.00141	0.00128	0.00049	0.00049	0.00049	0.00049	0.00049	0.00049	0.00049	0.00049
15	0.00053	0.00053	0.00053	0.00053	0.00053	0.00053	0.00053	0.00053	0.00052	0.00052	0.00052	0.00052	0.00052	0.00052	0.00052	0.00052	0.00052
16	0	0	0	0	0	0	0	0	0	—	—	—	—	—	—	—	—
17	−0.00034	−0.00034	−0.00033	−0.00033	−0.00033	−0.00034	−0.00033	−0.00033	−0.00033	—	—	—	—	—	—	—	—
18	0.00159	0.00159	0.00158	0.00158	0.00157	0.00158	0.00158	0.00158	0.00157	—	—	—	—	—	—	—	—
19	0.00129	0.00128	0.00128	0.00127	0.00127	0.00128	0.00128	0.00127	0.00127	—	—	—	—	—	—	—	—
20	0.01082	0.01076	0.01070	0.01069	0.01065	0.01076	0.01070	0.01069	0.01065	—	—	—	—	—	—	—	—

第四章 个人所得税收入差距平抑功能的 APK 分解法及其扩展

续表

序号	2011—2018年个人所得税制	情形1	情形2	情形3	情形4	情形5	情形6	情形7	情形8	情形9	情形10	情形11	情形12	情形13	情形14	情形15	情形16
纵向公平效应Ⅱ	0.02918	0.02781	0.02641	0.02613	0.02498	0.02775	0.02637	0.02609	0.02494	0.02956	0.02915	0.02879	0.02853	0.02829	0.02807	0.02859	0.02856
纵向公平效应Ⅰ	0.02918	0.02780	0.02641	0.02613	0.02498	0.02775	0.02637	0.02609	0.02494	0.02954	0.02913	0.02877	0.02852	0.02828	0.02805	0.02858	0.02855

注：1. 情形 1~8 下的序号 1~8 是指 2011—2018 年个人所得税制下综合所得税的零税率与 7 级边际税率，情形 9~15 下的序号 1~8 是指 2019 年个人所得，对企事业单位的承包经营与承包租经营个人所得税的零税率与 5 级边际税率；情形 1~8 下个体工商户所得、对企事业单位的承包经营与承包租经营个人所得税的零税率与 5 级边际税率，情形 9~14 是指 2019 年个人所得税制下经营个人所得税的零税率与 5 级边际税率，序号 15 是利息股息与红利所得个人所得税的 20% 比例税率；情形 1~8 下的序号 16~20 是指 2011—2018 年个人所得税制下劳务报酬、稿酬、特许权使用费、财产租赁所得与财产转让所得 4 种费用扣除与成情况；情形 9~15 下的序号 16~20 值无须计算，原因是新个人所得税制下劳务报酬、稿酬、特许权使用费、财产租赁使用费、按照综合所得，按照综合所得税率缴税。

2. 纵向公平效应Ⅰ 表自表 4.22。

笔者对比 2011—2018 年个人所得税制、甲类个人所得税制、乙类个人所得税制、2019 年个人所得税制发现，2011—2018 年个人所得税制的纵向公平效应指数Ⅱ是 0.02918，甲类个人所得税制 8 种情形的纵向公平效应指数Ⅱ的均值是 0.02631，乙类个人所得税制 6 种情形的纵向公平效应指数Ⅱ的均值是 0.17239，2019 年个人所得税制下情形 15、16 的纵向公平效应指数Ⅱ分别是 0.02859、0.02856。显然，平均税率与纵向公平效应指数Ⅱ表面上存在正向变动关系。

4. 超高纵向公平效应指数的边际税率

应着重关注超高纵向公平效应指数的边际税率。如表 4.25 所示，在 2011—2018 年个人所得税制、甲类个人所得税制下，序号 8（工薪个人所得税 45％的边际税率）、序号 20（劳务报酬、稿酬、特许权使用费、财产租赁所得个人所得税"加十成"情形）的纵向公平效应指数明显较高，两者占纵向公平效应指数Ⅱ的比重分别是 18％、40％左右。在乙类个人所得税制、2019 年个人所得税制下，序号 8（综合个人所得税 45％的边际税率）的纵向公平效应指数最高，其值占纵向公平效应指数Ⅱ的比重约为 65％。这说明，个人所得税的收入调节功能的发挥主要依赖上述三个边际税率。

四、各收入群体获得的减税收益分析

相对于 2011—2018 年个人所得税制，情形 1～16 的总平均税率都有所下降。换言之，个人所得税改革将会产生减税效应。但各收入群体的人数、获得的减税收益都存在巨大差异。年人均家庭收入低于 6 万元的家庭占据绝大多数。如表 4.26 所示，"收入上限""收入下限"的"收入"是年人均家庭收入。2014 年 CGSS（2015）包括 10968 户受访家庭。年人均家庭收入低于 1 万元的家庭，其数量占全部受访家庭的比重是 44.8％；年人均家庭收入在 1 万～2 万、2 万～3 万、3 万～4 万、4 万～6 万、6 万～10 万、10 万～20 万、20 万～50 万、50 万～100 万、100 万～500 万元的家庭占全部受访家庭的比重依次是 19.2％、13.2％、7.9％、8.4％、3.7％、1.8％、0.8％、0.2％、0.1％；年人均家庭收入超过 500 万元的家庭仅有 3 户，占全部受访家庭的比重是 0.03％。年人均家族收入低于 6 万元的家庭共有 10252 户，占全部受访家庭的比重高达 93.5％。

第四章 个人所得税收入差距平抑功能的APK分解法及其扩展

表4.26 情形1~15下各收入群体获得的减税收益（%）

情形序号	收入上限（万元）[a]	收入下限（万元）	家庭数（户）	家庭数占比（%）	1	2	3	4	6	10	20	50	100	500	+∞	合计	减税总额[b]（亿元）	户均减税额[c]（元）
					1	2	3	4	6	10	20	50	100	500	+∞			
					0	1	2	3	4	6	10	20	50	100	500			
		家庭数（户）	4914	2105	1450	866	917	410	194	84	16	9	3	10968				
		家庭数占比（%）	44.8	19.2	13.2	7.9	8.4	3.7	1.8	0.8	0.1	0.1	0.0	100				
1	减税占比（%）	0.0	0.7	4.0	8.2	19.6	26.6	23.6	12.8	2.8	1.6	0.0	100	344	314
2	减税占比（%）	0.0	0.4	2.9	6.6	17.0	26.3	26.1	15.4	3.3	2.0	0.0	100	641	584
3	减税占比（%）	0.0	0.3	2.7	6.3	16.5	26.0	26.6	16.1	3.4	2.1	0.0	100	698	637
4	减税占比（%）	0.0	0.3	2.1	5.1	14.2	24.2	28.3	19.3	4.0	2.5	0.0	100	917	836
5	减税占比（%）	0.0	0.6	3.9	8.0	19.1	26.3	23.3	12.8	3.7	2.2	0.0	100	352	321
6	减税占比（%）	0.0	0.4	2.8	6.5	16.8	26.1	25.9	15.4	3.7	2.3	0.0	100	648	591
7	减税占比（%）	0.0	0.3	2.7	6.2	16.3	25.8	26.4	16.0	3.8	2.4	0.0	100	705	643
8	减税占比（%）	0.0	0.3	2.1	5.0	14.1	24.0	28.2	19.3	4.2	2.8	0.0	100	924	843
9	减税占比（%）	1.0	8.1	21.4	20.1	38.9	26.6	20.8	13.6	3.2	−12.7	−41.1	100	1247	1137
10	减税占比（%）	1.0	7.7	20.2	19.0	36.8	25.6	21.4	15.2	3.6	−11.7	−38.8	100	1319	1203
11	减税占比（%）	0.9	7.3	19.3	18.1	35.2	24.7	21.7	16.6	4.0	−10.9	−36.9	100	1383	1261
12	减税占比（%）	0.9	7.1	18.7	17.5	34.1	24.0	21.5	17.7	4.3	−10.3	−35.7	100	1426	1300
13	减税占比（%）	0.9	6.9	18.2	17.0	33.2	23.4	21.4	18.8	4.7	−9.8	−34.6	100	1467	1338
14	减税占比（%）	0.9	6.7	17.7	16.6	32.3	22.8	21.2	19.7	5.0	−9.3	−33.6	100	1506	1373
15	减税占比（%）	0.9	7.1	18.7	17.7	34.9	25.3	21.5	16.4	3.6	−10.5	−35.7	100	1431	1304
16	减税占比（%）	0.9	7.0	18.6	17.7	35.0	25.7	21.6	16.9	2.6	−10.6	−35.4	100	1446	1318

注：a. "收入上限"与"收入下限"中的"收入"是年车人均家庭收入。
b. 减税总额是所有家庭获得减税额之和。
c. 户均减税额＝减税总额÷全部家庭数（10968户）。

中低收入家庭成为个人所得税减税最大受益者。甲类个人所得税制（情形1~8）下，获得减税收益较大的群体是年人均家族收入介于4万~50万元的家庭，其减税额占全部减税额的比重都处于80%~86%；其中，年人均家族收入6万~20万元的家庭获得的减税额占全部减税额的比重都接近50%。乙类个人所得税制（情形9~14）下，获得减税收益较大的群体是年人均家族收入2万~50万元的家庭，其减税额占全部减税额的比重都接近130%；年人均家族收入超过100万元的家庭的税负担有所加重，税负担增加额占全部减税额的比重约为50%。

情形15来自2018年新修订的《中华人民共和国个人所得税法》，此情形下个人所得税额比2011—2018年个人所得税制下个人所得税额减少了1431亿元，户均减税1304元；情形16则在新税法下，进一步按照《个人所得税专项附加扣除暂行办法》设置了专项附加扣除，此情形下个人所得税额比2011—2018年个人所得税制下个人所得税额减少了1446亿元，户均减税1318元。年人均家庭收入4万~6万元的家庭获得的减税收益最多，情形15、16下，其减税额占全部减税额的比重是34.9%、35%；年人均家庭收入高于500万元的家庭的税负担大幅增长，情形15、16下，其增税额占全部减税额的比重是35.7%、35.4%。因此，此次个人所得税改革具有明显的"取长补短"特性。

五、政策启示

（一）平均税率对个人所得税收入调节功能影响的表现

个人所得税收入调节功能表征指数 MT 由两部分组成——APK 排序效应指数 $(G_N - C_{N,X})$、纵向公平效应指数 $\left(\dfrac{t}{1-t}K\right)$。第一，一般情况下，APK 排序效应指数的绝对值远低于纵向公平效应指数，前文计算了17种情形下的 APK 排序效应、纵向公平效应，发现后者比前者高出 50~950 倍。第二，平均税率与纵向公平效应存在同向变动关系。相对于2011—2018年个人所得税制，情形1~16下，平均税率降低 5%~22%，导致纵向公平效应的第一因子 $\left(\dfrac{t}{1-t}\right)$ 降低 5%~24%；相对于2011—2018年个人所得税制，情形1~16下，纵向公平效应的第二因子——K 指数提高 0.4%~11%。第一因子变动明显高于第二因子变动。因此，平均税率对纵向公平效应与 MT 指数貌似存在着"直接"影响。

（二）平均税率背后的隐藏信息

依据分类个人所得税制和应税所得的不同类别，将个人所得税分为若干类；每类个人所得税再根据免征额与税级距，分为若干项子个人所得税；每项子个人所得税与税前收入相除，可将总平均税率分解为若干子平均税率。每项子平均税率的产生都离不开免征额、税级距、边际税率的共同作用，这些因素就是平均税率背后的隐藏信息。换言之，平均税率是个人所得税制的高度缩影。比例个人所得税制下，无论平均税率如何变化，个人所得税都不会产生收入再分配效应。因此，在重视平均税率这一重要指标的同时，应适度关注免征额、税级距、边际税率等个人所得税要素。

2018年个人所得税法修订前，个人所得税的收入调节功能主要由工薪个人所得税45%的边际税率和劳务报酬、稿酬、特许权使用费与财产租赁所得个人所得税"加十成"情形来承担，两个边际税率发挥了68%的收入调节功能；个人所得税法修订后，综合个人所得税45%的边际税率将发挥65%的收入调节功能。因此，2019年推行新个人所得税法后，应格外关注人均家庭综合所得超过50万元的纳税人个人所得税征管。

（三）2018年个人所得税改革更有利于中低收入者

2018年个人所得税改革削弱了个人所得税2%的收入调节功能。年人均家族收入为4万~6万元的家庭成为最大的受益群体，其获得的减税额占全部减税额的比重约为35%；年人均家族收入高于100万元的家庭的税负担有所增加，特别是年人均家族收入500万元的家庭的增税额占全部减税额的比重约为35%。收入高于500万元的家庭所失与收入为4万~6万元的家庭所得基本相当，即本轮个人所得税改革具有明显的"取长补短"的特性。

表4.27 曲线拟合结果

模型序号	拟合结果	$Adj\ R^2$	$Residual\ SS$
1	$\widehat{YBR} = 0.002^{***} \times PBR - 0.189^{***} \times PBR^2 + 2.247^{***} \times PBR^3$ $- 2.872^{***} \times PBR^4 + 2.560^{***} \times PBR^6 - 2.125^{***} \times PBR^9$ $+ 1.894^{***} \times PBR^{13} - 3.050^{***} \times PBR^{20} + 4.479^{***} \times PBR^{25}$ $- 2.546^{***} \times PBR^{30} + 0.424^{***} \times PBR^{50} - 0.070^{**} \times PBR^{100}$ $+ 0.233^{***} \times PBR^{300} - 0.283^{***} \times PBR^{500} + 1.601^{***} \times PBR^{1000}$ $- 1.594^{***} \times PBR^{1100} + 0.267^{***} \times PBR^{2000} + 0.139^{***} \times PBR^{5000}$ $- 0.242^{***} \times PBR^{10000} + 0.205^{***} \times PBR^{20000} - 0.079^{***} \times PBR^{1000000}$	1.0000	0.0004

◇ 个人所得税的
收入差距平抑功能研究

续表

模型序号	拟合结果	Adj R^2	Residual SS
2	$\widehat{YR} = 0.003^{***} \times PBR - 0.244^{***} \times PBR^2 + 2.710^{***} \times PBR^3$ $- 3.634^{***} \times PBR^4 + 3.521^{***} \times PBR^6 - 3.538^{***} \times PBR^9$ $+ 3.750^{***} \times PBR^{13} - 6.584^{***} \times PBR^{20} + 9.171^{***} \times PBR^{25}$ $- 4.906^{***} \times PBR^{30} + 0.648^{***} \times PBR^{50} - 0.111^{**} \times PBR^{100}$ $+ 0.241^{***} \times PBR^{300} - 0.359^{***} \times PBR^{500} + 2.721^{***} \times PBR^{1000}$ $- 2.833^{***} \times PBR^{1100} + 0.507^{***} \times PBR^{2000} - 0.200^{***} \times PBR^{10000}$ $+ 0.236^{***} \times PBR^{20000} - 0.100^{***} \times PBR^{1000000}$	1.0000	0.0009
3	$\widehat{YAR} = 0.003^{***} \times PAR - 0.244^{***} \times PAR^2 + 2.710^{***} \times PAR^3$ $- 3.635^{***} \times PAR^4 + 3.522^{***} \times PAR^6 - 3.579^{***} \times PAR^9$ $+ 3.932^{***} \times PAR^{13} - 7.460^{***} \times PAR^{20} + 10.831^{***} \times PAR^{25}$ $- 5.960^{***} \times PAR^{30} + 0.801^{***} \times PAR^{50} - 0.140^{**} \times PAR^{100}$ $+ 0.257^{***} \times PAR^{300} - 0.359^{***} \times PAR^{500} + 2.681^{***} \times PAR^{1000}$ $- 2.753^{***} \times PAR^{1100} + 0.457^{***} \times PAR^{2000} - 0.103^{***} \times PAR^{10000}$ $+ 0.096^{***} \times PAR^{20000} - 0.037^{***} \times PAR^{1000000}$	1.0000	0.0007
4	$\widehat{TR_2} = 0.011^{***} \times PBR - 0.200^{***} \times PBR^2 + 1.155^{***} \times PBR^3$ $- 2.294^{***} \times PBR^4 + 3.312^{***} \times PBR^6 - 3.645^{***} \times PBR^9$ $+ 4.292^{***} \times PBR^{13} - 9.980^{***} \times PBR^{25} + 10.787^{***} \times PBR^{30}$ $- 3.144^{***} \times PBR^{50} + 0.985^{***} \times PBR^{100} - 1.075^{***} \times PBR^{300}$ $+ 1.924^{***} \times PBR^{500} - 12.254^{***} \times PBR^{1000} + 12.350^{***} \times PBR^{1100}$ $- 1.553^{***} \times PBR^{2000} + 0.641^{***} \times PBR^{5000} - 0.568^{***} \times PBR^{10000}$ $+ 0.388^{***} \times PBR^{20000} - 0.132^{***} \times PBR^{1000000}$	0.9996	0.2185
5	$\widehat{TR_3} = 0.028^{***} \times PBR - 0.501^{***} \times PBR^2 + 2.694^{***} \times PBR^3$ $- 4.947^{***} \times PBR^4 - 6.158^{***} \times PBR^6 - 7.260^{***} \times PBR^9$ $+ 6.760^{***} \times PBR^{13} - 11.612^{***} \times PBR^{25} + 11.002^{***} \times PBR^{30}$ $- 0.969^{***} \times PBR^{50} - 0.533^{***} \times PBR^{100} + 0.956^{***} \times PBR^{300}$ $- 1.926^{***} \times PBR^{500} + 11.221^{***} \times PBR^{1000} - 11.030^{***} \times PBR^{1100}$ $+ 1.219^{***} \times PBR^{2000} - 0.540^{***} \times PBR^{5000} + 0.530^{***} \times PBR^{10000}$ $- 0.388^{***} \times PBR^{20000} + 0.137^{***} \times PBR^{1000000}$	0.9992	0.2378
6	$\widehat{TR_4} = 0.013^{***} \times PBR - 0.226^{***} \times PBR^2 + 1.210^{***} \times PBR^3$ $- 2.209^{***} \times PBR^4 + 2.707^{***} \times PBR^6 - 3.037^{***} \times PBR^9$ $+ 2.264^{***} \times PBR^{13} - 1.529^{***} \times PBR^{30} + 2.374^{***} \times PBR^{50}$ $- 0.802^{***} \times PBR^{100} + 2.431^{***} \times PBR^{300} - 5.680^{***} \times PBR^{500}$ $+ 33.384^{***} \times PBR^{1000} - 32.676^{***} \times PBR^{1100} + 3.480^{***} \times PBR^{2000}$ $- 1.415^{***} \times PBR^{5000} + 1.330^{***} \times PBR^{10000} - 0.954^{***} \times PBR^{20000}$ $+ 0.334^{***} \times PBR^{1000000}$	0.9995	0.0796

第四章 个人所得税收入差距平抑功能的 APK 分解法及其扩展

续表

模型序号	拟合结果	$Adj\ R^2$	$Residual\ SS$
7	$\widehat{TR_5} = -0.014^{***} \times PBR + 0.260^{***} \times PBR^2 - 1.454^{***} \times PBR^3$ $+ 2.776^{***} \times PBR^4 - 3.750^{***} \times PBR^6 + 4.925^{***} \times PBR^9$ $- 4.561^{***} \times PBR^{13} + 9.855^{***} \times PBR^{25} - 10.274^{***} \times PBR^{30}$ $+ 3.262^{***} \times PBR^{50} - 0.965^{***} \times PBR^{100} + 5.045^{***} \times PBR^{300}$ $- 8.348^{***} \times PBR^{500} + 28.220^{***} \times PBR^{1000} - 25.050^{***} \times PBR^{1100}$ $+ 1.105^{***} \times PBR^{2000} - 0.035^{***} \times PBR^{10000}$	0.9989	0.0649
8	$\widehat{TR_6} = -0.009^{***} \times PBR + 0.159^{***} \times PBR^2 - 0.882^{***} \times PBR^3$ $+ 1.675^{***} \times PBR^4 - 2.238^{***} \times PBR^6 + 2.894^{***} \times PBR^9$ $- 2.630^{***} \times PBR^{13} + 5.511^{***} \times PBR^{25} - 5.766^{***} \times PBR^{30}$ $+ 1.847^{***} \times PBR^{50} - 0.976^{***} \times PBR^{100} + 3.000^{***} \times PBR^{300}$ $- 2.157^{***} \times PBR^{500} + 1.128^{***} \times PBR^{1100} - 0.558^{***} \times PBR^{2000}$	0.9982	0.0448
9	$\widehat{TR_7} = -0.001^{***} \times PBR^3 - 0.022^{***} \times PBR^9 + 0.066^{***} \times PBR^{13}$ $- 0.409^{***} \times PBR^{25} + 0.511^{***} \times PBR^{30} - 0.222^{***} \times PBR^{50}$ $- 0.123^{***} \times PBR^{100} - 1.634^{***} \times PBR^{500} + 61.958^{***} \times PBR^{1000}$ $- 68.623^{***} \times PBR^{1100} + 12.980^{***} \times PBR^{2000} - 7.777^{***} \times PBR^{5000}$ $+ 7.625^{***} \times PBR^{10000} - 5.554^{***} \times PBR^{20000} + 1.978^{***} \times PBR^{1000000}$	0.9942	0.0802
10	$\widehat{TR_8} = 1.245^{***} \times PBR^8 - 4.841^{***} \times PBR^9 + 4.898^{***} \times PBR^{10}$ $- 2.391^{***} \times PBR^{14} + 1.873^{***} \times PBR^{20} - 1.2431^{***} \times PBR^{30}$ $+ 0.758^{***} \times PBR^{50} - 0.763^{***} \times PBR^{100} + 2.152^{***} \times PBR^{200}$ $+ 5.126^{***} \times PBR^{500} - 33.116^{***} \times PBR^{1000} + 34.480^{***} \times PBR^{1100}$ $- 5.221^{***} \times PBR^{2000} + 8.011^{***} \times PBR^{5000} - 12.609^{***} \times PBR^{10000}$ $+ 9.955^{***} \times PBR^{20000} - 3.390^{***} \times PBR^{1000000}$	0.9807	0.1118
11	$\widehat{TR_{10}} = 0.106^{***} \times PBR - 2.120^{***} \times PBR^2 + 12.868^{***} \times PBR^3$ $- 26.691^{***} \times PBR^4 + 42.038^{***} \times PBR^6 - 64.756^{***} \times PBR^9$ $+ 83.854^{***} \times PBR^{13} - 136.682^{***} \times PBR^{20} + 146.678^{***} \times PBR^{25}$ $- 53.059^{***} \times PBR^{30} - 2.941^{**} \times PBR^{50} + 2.559^{***} \times PBR^{100}$ $- 3.993^{***} \times PBR^{300} + 7.885^{***} \times PBR^{500} - 48.546^{***} \times PBR^{1000}$ $+ 48.159^{***} \times PBR^{1100} - 5.406^{***} \times PBR^{2000} + 1.976^{***} \times PBR^{5000}$ $- 1.675^{***} \times PBR^{10000} + 1.124^{***} \times PBR^{20000} - 0.380^{***} \times PBR^{1000000}$	0.9990	0.8103

◇ 个人所得税的
收入差距平抑功能研究

续表

模型序号	拟合结果	Adj R^2	Residual SS
12	$\widehat{TR_{11}} = -0.008^{***} \times PBR + 0.256^{***} \times PBR^2 - 2.097^{***} \times PBR^3 + 5.494^{***} \times PBR^4 - 12.447^{***} \times PBR^6 + 31.222^{***} \times PBR^9 - 61.104^{***} \times PBR^{13} + 186.337^{***} \times PBR^{20} - 310.045^{***} \times PBR^{25} + 185.029^{***} \times PBR^{30} - 26.051^{**} \times PBR^{50} + 5.858^{***} \times PBR^{100} - 5.891^{***} \times PBR^{300} + 10.977^{***} \times PBR^{500} - 65.805^{***} \times PBR^{1000} + 65.173^{***} \times PBR^{1100} - 7.255^{***} \times PBR^{2000} + 2.610^{***} \times PBR^{5000} - 2.186^{***} \times PBR^{10000} + 1.456^{***} \times PBR^{20000} - 0.491^{***} \times PBR^{1000000}$	0.9982	0.9459
13	$\widehat{TR_{12}} = 0.312^{***} \times PBR^4 - 2.502^{***} \times PBR^6 + 11.098^{***} \times PBR^9 - 29.634^{***} \times PBR^{13} + 119.625^{***} \times PBR^{20} - 222.603^{***} \times PBR^{25} + 144.398^{***} \times PBR^{30} - 24.485^{**} \times PBR^{50} + 6.507^{***} \times PBR^{100} - 7.270^{***} \times PBR^{300} + 13.630^{***} \times PBR^{500} - 81.736^{***} \times PBR^{1000} + 80.918^{***} \times PBR^{1100} - 8.958^{***} \times PBR^{2000} + 3.169^{***} \times PBR^{5000} - 2.621^{***} \times PBR^{10000} + 1.733^{***} \times PBR^{20000} - 0.582^{***} \times PBR^{1000000}$	0.9964	1.4404
14	$\widehat{TR_{13}} = 0.065^{***} \times PBR - 1.281^{***} \times PBR^2 + 7.680^{***} \times PBR^3 - 15.771^{***} \times PBR^4 + 24.817^{***} \times PBR^6 - 42.264^{***} \times PBR^9 + 62.495^{***} \times PBR^{13} - 135.088^{***} \times PBR^{20} + 191.748^{***} \times PBR^{25} - 101.301^{***} \times PBR^{30} + 11.806^{***} \times PBR^{50} - 2.540^{***} \times PBR^{100} + 2.180^{***} \times PBR^{300} - 2.549^{***} \times PBR^{500} + 10.256^{***} \times PBR^{1000} - 10.846^{***} \times PBR^{1100} + 2.504^{***} \times PBR^{2000} - 2.233^{***} \times PBR^{5000} + 2.643^{***} \times PBR^{10000} - 2.064^{***} \times PBR^{20000} + 0.744^{***} \times PBR^{1000000}$	0.9963	0.7565
15	$\widehat{TR_{14}} = 0.016^{***} \times PBR - 0.336^{***} \times PBR^2 + 2.079^{***} \times PBR^3 - 4.411^{***} \times PBR^4 + 7.411^{***} \times PBR^6 - 13.876^{***} \times PBR^9 + 22.989^{***} \times PBR^{13} - 59.315^{***} \times PBR^{20} + 92.547^{***} \times PBR^{25} - 52.658^{***} \times PBR^{30} + 6.702^{***} \times PBR^{50} - 0.357^{***} \times PBR^{100} - 4.799^{***} \times PBR^{300} + 14.549^{***} \times PBR^{500} - 58.526^{***} \times PBR^{1000} + 47.490^{***} \times PBR^{1100} + 5.154^{***} \times PBR^{2000} - 9.691^{***} \times PBR^{5000} + 12.170^{***} \times PBR^{10000} - 9.605^{***} \times PBR^{20000} + 3.466^{***} \times PBR^{1000000}$	0.9924	0.3729
16	$\widehat{TR_{15}} = 0.083^{***} \times PBR - 1.706^{***} \times PBR^2 + 10.548^{***} \times PBR^3 - 22.059^{***} \times PBR^4 + 34.920^{***} \times PBR^6 - 53.985^{***} \times PBR^9 + 64.663^{***} \times PBR^{13} - 96.199^{***} \times PBR^{20} + 105.845^{***} \times PBR^{25} - 42.938^{***} \times PBR^{30} + 2.151^{***} \times PBR^{100} - 2.391^{***} \times PBR^{500} + 7.448^{***} \times PBR^{1100} - 9.661^{***} \times PBR^{2000} + 10.576^{***} \times PBR^{5000} - 12.369^{***} \times PBR^{10000} + 9.380^{***} \times PBR^{20000} - 3.607^{***} \times PBR^{1000000}$	0.9908	0.7101

第四章 个人所得税收入差距平抑功能的 APK 分解法及其扩展

续表

模型序号	拟合结果	Adj R^2	Residual SS
17	$\widehat{TR}_{17} = -0.071^{***} \times PBR + 1.448^{***} \times PBR^2 - 8.939^{***} \times PBR^3$ $+ 18.836^{***} \times PBR^4 - 28.358^{***} \times PBR^6 + 47.516^{***} \times PBR^9$ $- 61.175^{***} \times PBR^{13} + 94.721^{***} \times PBR^{20} - 100.499^{***} \times PBR^{25}$ $+ 38.009^{***} \times PBR^{30} - 0.845^{**} \times PBR^{100} + 1.828^{***} \times PBR^{300}$ $- 3.746^{***} \times PBR^{500} + 24.245^{***} \times PBR^{1000} - 24.287^{***} \times PBR^{1100}$ $+ 2.934^{***} \times PBR^{2000} - 1.241^{***} \times PBR^{5000} + 1.165^{***} \times PBR^{10000}$ $- 0.829^{***} \times PBR^{20000} + 0.288^{***} \times PBR^{1000000}$	0.9995	0.6189
18	$\widehat{TR}_{18} = -0.032^{***} \times PBR + 0.645^{***} \times PBR^2 - 3.967^{***} \times PBR^3$ $+ 8.376^{***} \times PBR^4 - 13.961^{***} \times PBR^6 + 26.205^{***} \times PBR^9$ $- 44.210^{***} \times PBR^{13} + 124.815^{***} \times PBR^{20} - 208.540^{***} \times PBR^{25}$ $+ 126.989^{***} \times PBR^{30} - 19.026^{**} \times PBR^{50} + 4.436^{**} \times PBR^{100}$ $- 1.803^{***} \times PBR^{300} + 1.773^{***} \times PBR^{500} - 6.220^{***} \times PBR^{1000}$ $+ 6.291^{***} \times PBR^{1100} - 1.100^{***} \times PBR^{2000} + 0.431^{***} \times PBR^{5000}$ $- 0.197^{***} \times PBR^{20000} + 0.096^{***} \times PBR^{1000000}$	0.9994	0.1063
19	$\widehat{TR}_{19} = -0.007^{***} \times PBR + 0.149^{***} \times PBR^2 - 0.913^{***} \times PBR^3$ $+ 1.919^{***} \times PBR^4 - 3.167^{***} \times PBR^6 + 5.791^{***} \times PBR^9$ $- 9.362^{***} \times PBR^{13} + 23.606^{***} \times PBR^{20} - 36.842^{***} \times PBR^{25}$ $+ 21.280^{***} \times PBR^{30} - 3.108^{**} \times PBR^{50} + 0.993^{**} \times PBR^{100}$ $- 1.014^{***} \times PBR^{300} + 6.607^{***} \times PBR^{500} - 74.264^{***} \times PBR^{1000}$ $+ 79.272^{***} \times PBR^{1100} - 13.541^{***} \times PBR^{2000} + 6.459^{***} \times PBR^{5000}$ $- 4.594^{***} \times PBR^{10000} + 2.482^{***} \times PBR^{20000} - 0.747^{***} \times PBR^{1000000}$	0.9980	0.0428
20	$\widehat{TR}_{20} = -0.002^{***} \times PBR + 0.044^{***} \times PBR^2 - 0.270^{***} \times PBR^3$ $+ 0.567^{***} \times PBR^4 - 0.935^{***} \times PBR^6 + 1.709^{***} \times PBR^9$ $- 2.760^{***} \times PBR^{13} + 6.951^{***} \times PBR^{20} - 10.841^{***} \times PBR^{25}$ $+ 6.260^{***} \times PBR^{30} - 0.915^{**} \times PBR^{50} + 0.301^{**} \times PBR^{100}$ $- 0.768^{***} \times PBR^{300} + 2.367^{***} \times PBR^{500} - 30.611^{***} \times PBR^{1000}$ $+ 34.028^{***} \times PBR^{1100} - 6.989^{***} \times PBR^{2000} + 3.764^{***} \times PBR^{5000}$ $- 1.633^{***} \times PBR^{20000} + 0.735^{***} \times PBR^{1000000}$	0.9978	0.0046

注：*、**、***代表拟合系数能通过10%、5%、1%的显著性检验。YBR代表"按税前收入排序的税前收入积累比"，YR代表"按税前收入排序的税后收入积累比"，YAR代表"按税后收入排序的税后收入积累比"，PBR代表"按税前收入排序的家族人数积累比"，PAR代表"按税后收入排序的家族人数积累比"。TR_i代表"按税前收入排序的第i项子个人所得税积累比"，i代表20以内的自然数，且$i \neq 1、9、16$。

第五章　个人所得税收入差距平抑功能的 KL 分解法及其扩展

KL 分解法与 APK 分解法有着很深的联系，前者在后者的基础上发展而来。KL 分解法将 MT 指数分解为税额累退效应、平均税率累退效应、过度调节效应、潜在公平效应。本章从以下方面扩展 KL 分解法：第一，将上述效应分解为各边际税率、各税前扣除的分效应，便于分析评价上述最基本税制要素的收入差距平抑功能；第二，在税额累退效应、平均税率累退效应、过度调节效应的基础上，新增边际税率累退效应，便于分析动态经济冲击对个人所得税收入差距平抑功能的影响；第三，将各税制要素的税额累退效应等，分解为组内、组间、跨组效应，以分析人口异质性对个人所得税收入差距平抑功能的影响。

第一节　三元论

三元论是指，KL 分解法将个人所得税不公平效应的来源分为三部分——税额累退效应、平均税率累退效应、过度调节效应。上述三类不公平效应与潜在公平效应之和为 MT 指数。KL 分解法的奠基之人是 Kakwani 和 Lambert (1998)。Pellegrino 和 Vernizzi (2018) 扩展了 KL 分解法，简称"PV 扩展"，其按照个人所得税要素的不同，将三类不公平效应分别分解为三部分——税前扣除、累进税率表与税收免除的分效应。此举有利于精确化分析个人所得税不公平性的来源；但现行中国个人所得税制中，税前扣除、累进税率表并非最基本的个人所得税要素，税前扣除包括若干种税前扣除，累进税率表也包括若干层级边际税率，亟须将三类不公平效应分别分解为各边际税率、各税前扣除的分效应，对个人所得税不公平效应的来源做更精准的分析，具体内容如下[①]。

---

① 胡华：《探寻最公平的中国个人所得税制》，《南开经济研究》，2020 年第 3 期，第 24～40 页。

第五章 个人所得税收入差距平抑功能的 KL 分解法及其扩展

一、理论框架

（一）KL 分解法

KL 分解法的分解式如式（5.1）所示。其中，S_1、S_2、S_3 分别用于衡量税额累退效应、平均税率累退效应、过度调节效应。假设有 n 个纳税人，X_i、X_j 分别代表第 i、j 个纳税人的税前收入，T_i、T_j 分别代表第 i、j 个纳税人的个人所得税额，i、j、n 都是自然数。式（5.1）中，$\tau = \dfrac{t}{1-t}$、$P = C_{T:X} - G_X$、$S_1 = \dfrac{t}{1-t} R_T$、$S_2 = \dfrac{t}{1-t}(R_{\widetilde{T}} - R_T)$、$S_3 = R^{APK}$；$t$ 是样本总平均税率，$t = \dfrac{\sum\limits_{i=1}^{n} T_i}{\sum\limits_{i=1}^{n} X_i}$；$C_{T:X}$、$G_X$ 分别是以税前收入排序的个人所得税集中度、税前收入基尼系数；$\widetilde{T}$ 是个人所得税负担率，$\widetilde{T} = \left\{ \widetilde{T}_i = \dfrac{T_i}{X_i} \right\}$，$i$ 是 1 至 n 的自然数；$R_{\widetilde{T}} = G_{\widetilde{T}} - C_{\widetilde{T}:X}$，$G_{\widetilde{T}}$ 是个人所得税负担率的基尼系数，$C_{\widetilde{T}:X}$ 是以税前收入（X）非降序排列的个人所得税负担率集中度；R^{APK} 是 APK 排序效应。

$$MT = \tau(P + R_{\widetilde{T}}) - S_1 - S_2 - S_3 \qquad (5.1)$$

第一，潜在公平效应，其衡量指数是式（5.1）等号右边第一项 $\tau(P + R_{\widetilde{T}})$，表征个人所得税的潜在收入差距平抑效应，即消除三类不公平效应后的收入差距平抑功能。

第二，税额累退效应（S_1），公平原则要求：$X_i \geqslant X_j \cdot T_i \geqslant T_j$，即高税前收入者（样本 i）的个人所得税负担额高于低税前收入者（样本 j）的相应值。$S_1 = \dfrac{t}{1-t} R_T$，$R_T = G_T - C_{T:X}$，R_T 是税额排序效应，G_T 是个人所得税基尼系数，$C_{T:X}$ 是以税前收入（X）非降序排列的个人所得税集中度。当 $S_1 = 0$ 时，样本按照 T 与 X 进行非降序排列的顺序相同，故不存在税额累退效应；若 $S_1 > 0$，两顺序不同，存在税额累退效应；不存在 $S_1 < 0$ 的情况。

第三，平均税率累退效应（S_2），公平原则要求：$X_i \geqslant X_j \& T_i \geqslant T_j \Rightarrow \dfrac{T_i}{X_i} \geqslant \dfrac{T_j}{X_j}$，即高税前收入者（样本 i）个人所得税额高于低税前收入者（样本

j）的相应值，且高税前收入者（样本 i）个人所得税负担率高于低税前收入者（样本 j）的相应值。$S_2 = \frac{t}{1-t}(R_{\tilde{T}} - R_T)$ 中，$R_{\tilde{T}}$ 是平均税率排序效应，$R_{\tilde{T}} = G_{\tilde{T}} - C_{\tilde{T},X}$，用于衡量个人所得税负担率（$\tilde{T}$）与税前收入（$X$）的非降序排列是否一致，当 $R_{\tilde{T}} = 0$ 时排列一致，否则不一致[①]。若 $S_2 = 0$，则不存在平均税率累退效应；若 $S_2 > 0$，则表明相对于税额（T）与税前收入（X）非降序排列的差异性（R_T），个人所得税负担率（$\tilde{T}$）与税前收入（X）非降序排列的差异性（$R_{\tilde{T}}$）更大，即存在平均税率累退效应；一般不会出现 $S_2 < 0$ 的情况。

第四，过度调节效应（S_3），公平原则要求：$X_i \geqslant X_j, T_i \geqslant T_j, \frac{T_i}{X_i} \geqslant \frac{T_j}{X_j} \Rightarrow X_i - T_i \geqslant X_j - T_j$，即高税前收入者（样本 i）税后收入高于低税前收入者（样本 j）的相应值。如式（5.1）所示，$S_3 = R^{APK} = G_Z - C_{Z,X}$，$G_Z$、$C_{Z,X}$ 分别是税后收入基尼系数、以税前收入排序的税后收入集中度。若 $S_3 = 0$，则按照税前收入（X）、税后收入（Z）非降序排列的顺序相同；若 $S_3 > 0$，则存在过度调节效应；不存在 $S_3 < 0$ 的情况。

（二）APK 分解法与 KL 分解法的关系

比较式（5.1）与式（4.2）发现：依据 APK 分解法，MT 指数 ＝ 纵向公平效应－APK 排序效应；依据 KL 分解法，MT 指数 ＝ 潜在公平效应－税额累退效应－平均税率累退效应－过度调节效应。KL 分解法与 APK 分解法的逻辑关系如下所示。第一，相同点，APK 排序效应与过度调节效应完全相同，是同一指数的两种称谓。因此，纵向公平效应 ＝ 潜在公平效应－税额累退效应－平均税率累退效应。第二，不同点，APK 分解法仅测算一种不公平效应，KL 分解法测算三种不公平效应。第三，扩展性，KL 分解法新增两种不公平效应——税额累退效应、平均税率累退效应，此两效应定义式包含税额排序效应、平均税率排序效应。税额排序效应、平均税率排序效应与 APK 排序效应构造类似，都是"某变量的基尼系数"与"以税前收入排序的某变量集中度"

[①] Pellegrino 和 Vernizzi（2018）认为，税率累退效应有两种形式：第一，净税率累退效应，表达式是 $S_2 = \frac{t}{1-t}(R_{\tilde{T}} - R_T)$；第二，总税率累退效应，表达式是 $S_2 = \frac{t}{1-t}R_{\tilde{T}}$。已有研究多采用净税率累退效应。

之差。

(三) PV 扩展

PV 扩展将式 (5.1) 等号右边的三类不公平效应分别分解为：税前扣除、累进税率表、税收免除三部分效应。

1. 第一类不公平效应的分解

$$S_1 = S_1^{TR} + S_1^{C}$$

$$S_1^{TR} = \frac{\mu_{TR}}{\mu_{X-TR}} R_{TR}$$

$$S_1^{V} = \frac{\mu_{V}}{\mu_{X-V}} R_{V}$$

$$S_1^{D} = S_1^{TR} - S_1^{V}$$

$$S_1^{C} = S_1 - S_1^{TR}$$

$$S_1 = S_1^{TR} + S_1^{C} = S_1^{V} + S_1^{D} + S_1^{C} \tag{5.2}$$

2. 第二类不公平效应的分解

$$S_2 = S_2^{TR} + S_2^{C}$$

$$S_2^{TR} = \frac{\mu_{TR}}{\mu_{X-TR}} (R_{\widetilde{TR}} - R_{TR})$$

$$S_2^{V} = \frac{\mu_{V}}{\mu_{X-V}} (R_{\widetilde{V}} - R_{V})$$

$$S_2^{D} = S_2^{TR} - S_2^{V}$$

$$S_2^{C} = S_2 - S_2^{TR}$$

$$S_2 = S_2^{TR} + S_2^{C} = S_2^{V} + S_2^{D} + S_2^{C} \tag{5.3}$$

3. 第三类税收不公平的分解

$$S_3 = S_3^{TR} + S_3^{C}$$

$$S_3^{TR} = G_{X-TR} - C_{\langle X-TR \rangle / X}$$

◇ 个人所得税的

收入差距平抑功能研究

$$S_3^V = G_{X-V} - C_{\langle X-V \rangle /X}$$

$$S_3^D = S_3^{TR} - S_3^V$$

$$S_3^C = S_3 - S_3^{TR}$$

$$S_3 = S_3^{TR} + S_3^C = S_3^V + S_3^D + S_3^C \tag{5.4}$$

上述公式中，S_j 表示第 j 类不公平效应，S_j^{TR}、S_j^D、S_j^C 分别代表累进税率表、税前扣除、税收免除导致的第 j 类不公平效应，$j=1$、2、3。实际中，各国个人所得税一般都设有免征额，从税前收入中扣除免征额，可得应税所得，对应税所得征得的个人所得税额用 TR 代表；假设不扣除免征额，直接对税前收入征税，所征得的个人所得税额用 V 代表。$X-TR$、$X-V$ 分别代表从税前收入中扣除 TR、V 的税后收入。μ_{TR}、μ_{X-TR}、μ_V、μ_{X-V} 分别代表 TR、$X-TR$、V、$X-V$ 的整体样本数学期望。TR、V 对应的个人所得税负担率分别是 $\widetilde{TR} = \left\{ \widetilde{TR}_i = \dfrac{TR_i}{X_i} \right\}$、$\widetilde{V} = \left\{ \widetilde{V}_i = \dfrac{V_i}{X_i} \right\}$，$i$ 是 1 至 n 的自然数。$R_{TR} = G_{TR} - C_{TR;X}$，$R_V = G_V - C_{V;X}$，$R_{\widetilde{TR}} = G_{\widetilde{TR}} - C_{\widetilde{TR};X}$，$R_{\widetilde{V}} = G_{\widetilde{V}} - C_{\widetilde{V};X}$。$G_{TR}$、$G_V$、$G_{\widetilde{TR}}$、$G_{\widetilde{V}}$、$G_{X-TR}$、$G_{X-V}$ 分别是 TR、V、$\widetilde{TR}$、$\widetilde{V}$、$X-TR$、$X-V$ 的基尼系数，$C_{TR;X}$、$C_{V;X}$、$C_{\widetilde{TR};X}$、$C_{\widetilde{V};X}$、$C_{\langle X-TR \rangle;X}$、$C_{\langle X-V \rangle;X}$ 分别是以税前收入 (X) 非降序排列的 TR、V、$\widetilde{TR}$、$\widetilde{V}$、$X-TR$、$X-V$ 的集中度。

（四）本书的进一步扩展

1. 按边际税率分拆三类不公平效应

（1）税额累退效应（S_1）、平均税率累退效应（S_2）按边际税率分拆

一个经济体的个人所得税制通常拥有若干种应税所得，每种应税所得按照若干级边际税率计算应纳税额，假设各种应税所得的边际税率级数之和为 m，则个人所得税可分为 m 种子个人所得税，即 $TR = \sum\limits_{k=1}^{m} TR_k$，$TR$ 是个人所得税总额，TR_k 是第 k 项子个人所得税。据此可构造子个人所得税负担率：$\widetilde{TR}_k = \left\{ \widetilde{TR}_{ki} = \dfrac{TR_{ki}}{X_{ki}} \right\}$，即第 i 个纳税人的第 k 项子个人所得税负担率（$\widetilde{TR}_{ki}$）等于第 i 个纳税人的第 k 项子个人所得税占税前收入的比重。由于 $\widetilde{TR} = \left\{ \widetilde{TR}_i = \dfrac{TR_i}{X_i} \right\}$，故 $\widetilde{TR} = \sum\limits_{k=1}^{m} \widetilde{TR}_k$。依据 Shorrocks（1982）可得，

第五章 个人所得税收入差距平抑功能的 KL 分解法及其扩展

$$G_{TR} = \sum_{k=1}^{m} \frac{\mu_{TR_k}}{\mu_{TR}} C_{TR_k:TR}$$

$$C_{TR:X} = \sum_{k=1}^{m} \frac{\mu_{TR_k}}{\mu_{TR}} C_{TR_k:X}$$

$$R_{TR} = G_{TR} - C_{TR:X} = \sum_{k=1}^{m} \frac{\mu_{TR_k}}{\mu_{TR}} (C_{TR_k:TR} - C_{TR_k:X}) \tag{5.5}$$

其中，$C_{TR_k:TR}$、$C_{TR_k:X}$ 分别是以 TR、X 非降序排列的 TR_k 的集中度。μ_{TR_k}、μ_{TR} 分别是 TR_k、TR 的整体样本数学期望。

同理可得，

$$G_{\widetilde{TR}} = \sum_{k=1}^{m} \frac{\mu_{\widetilde{TR}_k}}{\mu_{\widetilde{TR}}} C_{\widetilde{TR}_k:\widetilde{TR}}$$

$$C_{\widetilde{TR}:X} = \sum_{k=1}^{m} \frac{\mu_{\widetilde{TR}_k}}{\mu_{\widetilde{TR}}} C_{\widetilde{TR}_k:X}$$

$$R_{\widetilde{TR}} = G_{\widetilde{TR}} - C_{\widetilde{TR}:X} = \sum_{k=1}^{m} \frac{\mu_{\widetilde{TR}_k}}{\mu_{\widetilde{TR}}} (C_{\widetilde{TR}_k:\widetilde{TR}} - C_{\widetilde{TR}_k:X})$$

(5.6)

其中，$C_{\widetilde{TR}_k:\widetilde{TR}}$、$C_{\widetilde{TR}_k:X}$ 分别是以 $\widetilde{TR}$、X 非降序排列的 $\widetilde{TR}_k$ 的集中度。$\mu_{\widetilde{TR}_k}$、$\mu_{\widetilde{TR}}$ 分别是 $\widetilde{TR}_k$、$\widetilde{TR}$ 的整体样本数学期望。

将式（5.5）、式（5.6）代入式（5.2）、式（5.3），可得：

$$S_1^{TR} = \frac{1}{\mu_{X-TR}} \sum_{k=1}^{m} \mu_{TR_k} (C_{TR_k:TR} - C_{TR_k:X}) = \sum_{k=1}^{m} S_{1[k]}^{TR} \tag{5.7}$$

$$S_2^{TR} = \frac{\mu_{TR}}{\mu_{X-TR}} \sum_{k=1}^{m} \left[\frac{\mu_{\widetilde{TR}_k}}{\mu_{\widetilde{TR}}} (C_{\widetilde{TR}_k:\widetilde{TR}} - C_{\widetilde{TR}_k:X}) - \frac{\mu_{TR_k}}{\mu_{TR}} (C_{TR_k:TR} - C_{TR_k:X}) \right]$$

$$= \sum_{k=1}^{m} S_{2[k]}^{TR} \tag{5.8}$$

S_1^{TR} 代表整体税率表产生的税额累退效应；假设 $S_{1[k]}^{TR} = \dfrac{\mu_{TR_k}(C_{TR_k:TR} - C_{TR_k:X})}{\mu_{X-TR}}$，则式（5.7）中，$S_{1[k]}^{TR}$ 代表第 k 类子个人所得税产生的税额累退效应。S_2^{TR} 代表整体个人所得税产生的平均税率累退效应；假设 $S_{2[k]}^{TR} = \dfrac{\mu_{TR}}{\mu_{X-TR}} \left[\dfrac{\mu_{\widetilde{TR}_k}}{\mu_{\widetilde{TR}}} (C_{\widetilde{TR}_k:\widetilde{TR}} - C_{\widetilde{TR}_k:X}) - \dfrac{\mu_{TR_k}}{\mu_{TR}} (C_{TR_k:TR} - C_{TR_k:X}) \right]$，则式（5.8）

中，$S_{2[k]}^{TR}$ 代表第 k 类子个人所得税产生的税率累进效应。

(2) 过度调节效应（S_3）按边际税率分拆

由式（5.4），得

$$S_3^{TR} = G_{X-TR} - C_{(X-TR):X} = G_{X-TR} - C_{(X-TR_1):X} + C_{(X-TR_1):X} - C_{(X-TR_1-TR_2):X} + C_{(X-TR_1-TR_2):X} - \cdots - C_{(X-\sum_{r=1}^{k-1}TR_r):X} + C_{(X-\sum_{r=1}^{k-1}TR_r):X} - C_{(X-\sum_{r=1}^{k}TR_r):X} + C_{(X-\sum_{r=1}^{k}TR_r):X} - \cdots - C_{(X-\sum_{r=1}^{m-1}TR_r):X} + C_{(X-\sum_{r=1}^{m-1}TR_r):X} - C_{(X-TR):X}$$

其中，$C_{(X-\sum_{r=1}^{k}TR_r):X}$ 代表以税前收入（X）非降序排列的（$-\sum_{r=1}^{k}TR_r$）的集中度，k 是 1 至 m 的自然数。令 $G_{X-TR} - C_{(X-TR_1):X} = S_{3[1]}^{TR}$、$C_{(X-TR_1):X} - C_{(X-TR_1-TR_2):X} = S_{3[2]}^{TR}$……$C_{(X-\sum_{r=1}^{k-1}TR_r):X} - C_{(X-\sum_{r=1}^{k}TR_r):X} = S_{3[k]}^{TR}$、……$C_{(X-\sum_{r=1}^{m-1}TR_r):X} - C_{(X-TR):X} = S_{3[m]}^{TR}$，可得

$$S_3^{TR} = \sum_{k=1}^{m} S_{3[k]}^{TR}$$

(3) 按边际税率分拆三类不公平效应的分解式

综上所述，三类不公平效应的分解式如式（5.9）～（5.12）所示，分解式能更为细致地表现出各边际税率与整体个人所得税的收入差距调节效应（MT）、潜在公平效应、三类不公平效应的关系。

$$MT = \tau P - R^{APK} = \tau(P + S_1/\tau + S_2/\tau) - S_1 - S_2 - S_3 \qquad (5.9)$$

$$S_1 = S_1^V + S_1^D + S_1^C = S_1^{TR} + S_1^C = \sum_{k=1}^{m} S_{1[k]}^{TR} + S_1^C \qquad (5.10)$$

$$S_2 = S_2^V + S_2^D + S_2^C = S_2^{TR} + S_2^C = \sum_{k=1}^{m} S_{2[k]}^{TR} + S_2^C \qquad (5.11)$$

$$S_3 = S_3^V + S_3^D + S_3^C = S_3^{TR} + S_3^C = \sum_{k=1}^{m} S_{3[k]}^{TR} + S_3^C \qquad (5.12)$$

其中，$\tau = \dfrac{t}{1-t}$，t 是整体样本平均税率；$P = C_{T,X} - G_X$，$C_{T,X}$、G_X 分别是以税前收入排序的个人所得税集中度、税前收入基尼系数；S_j^{TR}、S_j^D、S_j^C 分别表示累进税率表、税前扣除、税收免除引发的第 j 类不公平效应；$S_{j[k]}^{TR}$ 表示第 k 项子个人所得税引发的第 j 类不公平效应，其中，k 是 1 至 m 的自然数，j = 1、2、3。

2. 按税前扣除的种类分拆三类不公平效应

Pellegrino 和 Vernizzi（2018）已推导出整体税前扣除的三类不公平效应分解式，如式（5.13）所示，S_j^D 代表整体税前扣除的第 j 类不公平分效应，S_j^{TR}、S_j^V 表示对应税所得、税前收入征收个人所得税额的第 j 类不公平分效应，其中，$j=1、2、3$。

$$S_j^D = S_j^{TR} - S_j^V \tag{5.13}$$

假设个人所得税制存在 N 种税前扣除。如式（5.14）～（5.17）所示，$S_j^{D_i}$ 代表第 i 类税前扣除的第 j 类不公平分效应，i 是 1 至 N 的自然数，$j=1$、2、3。V_1 代表从应税所得中减少第 1 类税前扣除后的应税所得，V_2 代表从应税所得中减少第 1、2 类税前扣除后的应税所得……V_i 代表从应税所得中减少 1 至 i 类税前扣除后的应税所得……V 是税前收入，换言之，V 是从应税所得中减少 1 至 N 类（全部）税前扣除后的应税所得。S_j^{TR} 代表对应税所得征税的第 j 类不公平效应。$S_j^{V_i}$ 代表对从应税所得中减少 1 至 i 类税前扣除后的应税所得征税的第 j 类不公平效应。S_j^V 代表对税前收入征税的第 j 类不公平效应。

$$S_j^{D_1} = S_j^{TR} - S_j^{V_1} \tag{5.14}$$

$$S_j^{D_2} = S_j^{V_1} - S_j^{V_2} \tag{5.15}$$

$$S_j^{D_i} = S_j^{V_{i-1}} - S_j^{V_i} \tag{5.16}$$

$$S_j^{D_N} = S_j^{V_{N-1}} - S_j^V \tag{5.17}$$

二、数据

基于 CGSS（2015），计算各类基尼系数与集中度。CGSS（2015）拥有 2014 年的 10968 个家庭样本，2011 年修订版个人所得税制适用于上述样本。自 1980 年创设个人所得税法以来，我国一直推行分类所得税制或分类综合相结合的税制，即不同类别所得适用税率不尽相同。为将个人所得分为不同类别的部分，特作如下假设：

第一，由于个人对税后收入的关心程度远超税前收入，故将受访者、受访者配偶 2014 年的职业或劳动收入和 2014 年总收入都看作税后收入。第二，将个体工商户 2014 年的职业或劳动收入作为个体工商户税后所得，结合个体工商户 5 级超额累进税率计算相应税前收入、个体工商户个人所得税。第三，非个体工商户的农业户籍个人一般从事两种职业——务农与打工。务农所得免税，打工者一般较少与用工单位签订正式合同，故也假定其所得未缴个人所得税。第四，对于城镇户籍的非个体工商户个人，假定 2014 年的职业或劳动收入是工薪个人所得税的税后所得，结合工薪 7 级累进税率，计算税前所得与工薪所得个人所得税。第五，2014 年其他收入为 2014 年总收入与 2014 年的职业或劳动收入之差。第六，对于职业是"老板"的个人，2014 年其他收入都作为利息、股息与红利等所得个人所得税的税后所得，结合比例税率（20%），计算利息股息红利等所得个人所得税与税前收入。第七，对于非"老板"职业的个人，将其他所得都作为劳务报酬所得个人所得税的税后收入，依据比例税率（20%）、扣除与加成标准，计算劳务报酬所得个人所得税、税前收入，最终可获得每个家庭的受访者或配偶工薪所得、个体工商户所得、利息股息红利等所得、劳务报酬所得，以下简称"CGSS（2015）四类所得"。

以家庭为单位，计算各基尼系数与集中度。以税前收入基尼系数为例，将受访者与配偶的 CGSS（2015）四类所得相加，得到家庭税前收入；此值除以家庭人口数得到人均家庭税前收入，按照人均家庭税前收入非降序对样本排序，即可计算税前收入基尼系数。某变量的集中度是按照其他变量非降序排列来计算的基尼系数，以按税前收入排序的税后收入集中度为例，将受访者与配偶的税后收入之和除以家庭人口数，可得人均家庭税后收入，将样本按照人均家庭税前收入非降序排列，即可计算按税前收入排序的税后收入集中度。其他变量的基尼系数与集中度以此类推。

基尼系数或集中度计算方法包括直接计算法、曲线回归法、图形法等。在此采用直接计算法，计算公式是式（5.18）[①]。其中，G 是基尼系数或集中度；P_i 是第 i 个群体人口占总人口的比重；k、i、n 都是自然数；I_i 是第 i 个群体某指标占全体样本的该指标之和的比重，计算税前收入基尼系数、税后收入基尼系数、以税前收入排序的税后收入集中度、个人所得税集中度时，此指标依次设定为税前收入、税后收入、税后收入、个人所得税。

$$G = 1 - \sum_{i=1}^{n} P_i \left(2\sum_{k=1}^{i} I_k - I_i\right) \quad (5.18)$$

三、整体个人所得税制的三类不公平效应

2018 年我国修订个人所得税法，依据此法对 CGSS（2015）四类所得征

[①] 彭海艳：《个人所得税的再分配效应及机制重塑研究》，中国财政经济出版社，2012 年，第 63 页。

税，具体如下：第一，工薪所得与劳务报酬所得之和作为综合所得课税；第二，个体工商户所得作为经营所得课税；第三，利息股息红利等所得仍依据20%的比例税率课税。由此可得综合所得个人所得税与税后收入、经营所得个人所得税与税后收入、利息股息红利等所得个人所得税与税后收入等。获得这些变量后，结合式（5.18）计算各种基尼系数、集中度，据此可得三类不公平效应。同理可得，按个人所得税要素分解的三类不公平分效应。

中国现行个人所得税制的三类不公平效应如表5.1所示。在中国现行个人所得税制下，第2类不公平效应是0.00212150，明显高于第1类不公平效应（0.00035260）与第3类不公平效应（0.00002730）。换言之，我国个人所得税引发的收入不公平主要来自平均税率累退效应，即部分高税前收入者的个人所得税征收率低于部分低税前收入者的相应值。此结果可与徐静和岳希明（2014）的研究结果相互印证，也与Pellegrino和Vernizzi（2010）、Mazurek（2016）、Monti等（2015）、Pellegrino和Vernizzi（2018）的研究结果类似。

表5.1　中国现行个人所得税制的三类不公平效应

项目	第一类不公平效应（税额累退效应）	第二类不公平效应（平均税率累退效应）	第三类不公平效应（过度调节效应）	三类不公平效应之和	潜在公平效应	MT指数
数值	0.00035260	0.00212150	0.00002730	0.00250140	0.02020940	0.01770800

下面举例说明三类不公平效应的表现。下列案例提及的所得都是综合所得。依据2018年个人所得税法，综合所得年免征额是6万元，不足3.6万元的年应税所得适用3%的边际税率，3.6万~14.4万元的年应税所得适用10%的边际税率。

第一，税额累退效应。不考虑其他条件的情况下，假设有两个家庭：二人户与单人户。二人户中，两人都工作，且税前年薪都是17万元，没有赡养老人扣除；单人户税前年薪是18万元，此人是独生子女，有每月2000元的赡养老人扣除，但父母都有退休金，与其分居两地，无须供养。二人户、单人户人均家庭税前收入分别是17万、18万元，二人户、单人户人均个人所得税额分别是8480、7080元，显然，低税前收入者个人所得税额高于高税前收入者个人所得税额，即产生了第一类不公平效应——税额累退效应。

第二，平均税率累退效应。不考虑其他条件的情况下，假设有两个家庭：二人户与单人户。二人户中，只有一人工作，其税前年薪是18万元，没有赡养老人扣除；单人户税前年薪也是18万元，此人是独生子女，有每月2000元的赡养老人扣除。二人户、单人户的人均家庭税前收入分别是9万、18万元，二人户、单人户人均个人所得税额分别是4740、7080元，二人户、单人户人均个人所得税负担率分别是5.3%、3.9%。显然，低税前收入者个人所得税额低于高税前收入者个人所得税额，但低税前收入者个人所得税负担率高于高税前收入者的相应值，即产生了第二类不公平效应——平均税率累退效应。

第三，过度调节效应。不考虑其他条件的情况下，假设有两个家庭：单人户、三人户。单人户、三人户年税前收入分别是6万、18.3万元。三人户包括两个成年人和一个18岁以下儿童，只有一个家庭成员工作。单人户不缴个人所得税；三人户应税所得每月可扣除1000元子女教育扣除[①]，需缴税8580元。显然，单人户、三人户的人均税前收入分别是60000、61000元，但单人户、三人户人均税后收入分别是60000、58140元，即两个家庭按照人均税前、税后收入非降序排列的位次会发生改变。这就是第三类不公平效应——过度调节效应的表现。

四、三类不公平效应按个人所得税要素的分解结果

中国现行个人所得税制下，存在着13种边际税率：7级综合所得累进税率、5级经营所得累进税率、1级其他所得比例税率；存在着11种税前扣除：1个免征额、4种专项扣除（基本养老保险、基本医疗保险、失业保险、住房公积金）、6种专项附加扣除（子女教育、继续教育、赡养老人、大病医疗、房贷利息、住房租金扣除）[②]。下文考虑了13种边际税率，但只考虑了4种税前扣除——免征额、子女教育扣除、赡养老人扣除、大病医疗扣除，原因在于：CGSS（2015）缺乏其他税前扣除的调查数据。各要素的三类不公平分效应如表5.2所示。

表5.2 中国现行个人所得税制下各要素的三类不公平效应分解结果

序号	个人所得税要素	第一类不公平效应	第二类不公平效应	第三类不公平效应	三类不公平效应之和
1	免征额	−0.00153470	−0.00981770	−0.00010790	−0.01146030
2	子女教育扣除	−0.00003040	−0.00010450	−0.00000180	−0.00013670
3	赡养老人扣除	−0.00000210	0.00000530	0.00000020	0.00000340

[①] 此文编写时间为2023年以前，子女教育扣除仍为1000元。
[②] 此文编写时，尚没有3岁以下婴幼儿照护扣除。

第五章 个人所得税收入差距平抑功能的KL分解法及其扩展

续表

序号	个人所得税要素	第一类不公平效应	第二类不公平效应	第三类不公平效应	三类不公平效应之和
4	医疗扣除	−0.00000070	−0.00000550	−0.00000020	−0.00000640
5	综合所得第1级税率	0.00002740	0.00020600	−0.01743210	−0.01719870
6	综合所得第2级税率	0.00004570	0.00015540	0.00129750	0.00149860
7	综合所得第3级税率	0.00002270	0.00002020	0.00162070	0.00166360
8	综合所得第4级税率	0.00000913	−0.00000147	0.00098300	0.00099066
9	综合所得第5级税率	0.00001120	−0.00000614	0.00150510	0.00151016
10	综合所得第6级税率	0.00000780	−0.00000630	0.00131490	0.00131640
11	综合所得第7级税率	0.00004530	−0.00004560	0.00868470	0.00868440
12	经营所得第1级税率	0.00003070	0.00024040	0.00007270	0.00034380
13	经营所得第2级税率	0.00003010	0.00016940	0.00017200	0.00037150
14	经营所得第3级税率	0.00002330	0.00004740	0.00045910	0.00052980
15	经营所得第4级税率	0.00000439	0.00000226	0.00031380	0.00032045
16	经营所得第5级税率	0.00000434	−0.00000236	0.00049700	0.00049898
17	利息、股息与红利所得等的比例税率	0.00009050	0.00133970	0.00053890	0.00196910
18	现行个人所得税制	0.00035256	0.00211889	0.00002730	0.00249875

注：第18行的数据等于第5~17行数据之和。

第一类不公平效应（税额累退效应）中，4种税前扣除分效应都是负值，即这些税前扣除都有利于降低税额累退效应，其中免征额最能降低税额累退效应，其分效应值是−0.00153470，在4种税前扣除分效应中，其绝对值最大。13种边际税率分效应都是正值，即这些边际税率都引发了税额累退效应，其中，利息、股息与红利所得等的比例税率分效应最大，达到0.00009050。

第二类不公平效应（平均税率累退效应）中，免征额、子女教育扣除、医疗扣除、综合所得第4~7级税率、经营所得第5级税率的分效应都是负值，表明上述要素有利于克服平均税率累退效应，其中，免征额分效应绝对值最大。其他要素分效应都是正值，表明其他要素都产生了平均税率累退效应，其中，利息、股息与红利所得等的比例税率分效应最大。

第三类不公平效应（过度调节效应）中，免征额、子女教育扣除、医疗扣除、综合所得第1级税率的分效应都是负值，表明上述要素有利于克服过度调节效应,其中,综合所得第1级税率分效应绝对值最大。其他要素分效应都是正值,表明其他要素都产生了过度调节效应,其中,综合所得第7级税率分效应最大。

关于三类不公平效应之和,免征额、子女教育扣除、医疗扣除、综合所得第1级税率的三类不公平效应之和都是负值,且综合所得第1级税率的三类不公平效应之和绝对值最大,表明上述要素,特别是综合所得第1级税率,有利于促进公平。其他要素的三类不公平效应之和都是正值,且综合所得第7级税率的三类不公平效应之和最大,表明其他要素,特别是综合所得第7级税率,不利于促进公平。各个人所得税要素的三类不公平效应差异源自:个人所得税要素与家庭要素共同作用。家庭要素包括税前收入、就业人数、未成年子女数、是否赡养老人、纳税人是否独生子女、医疗费用额等。

最后关注表5.2第18行数据,此行数据是第5~17行数据之和,数据显示中国现行个人所得税制整体上的第一、二、三类不公平效应分别是0.00035256、0.00211889、0.00002730。这三个效应值与表5.1中的相应值误差很小,第一、二、三类不公平效应误差分别是0.01、0.12、0.00个百分点,误差值等于表5.1与表5.2第j类不公平效应值之差绝对值占表5.1第j类不公平效应值的比重,其中,$j=1$、2、3。因此,本测算方法可信。

五、政策启示

(一)三类税收不公平问题

三类不公平效应都是正值,说明个人所得税的收入差距平抑功能存在三类问题。第一,税额错配,即低税前收入者承担高税负额、高税前收入者承担低税负额;第二,平均税率错配,即低税前收入者承担高平均税率、高税前收入者承担低平均税率;第三,过度调节,即低税前收入者拥有高税后收入、高税前收入者拥有低税后收入。三类不公平效应中,平均税率累退效应>税额累退效应>过度调节效应,即平均税率错配问题严重性>税额错配问题严重性>过度调节问题严重性。

(二)从赡养老人扣除等13项税制要素入手探寻个人所得税改革方案

分要素研究结果显示:免征额、子女教育扣除、医疗扣除、综合所得第1级税率的三类不公平效应之和都是负值,能减少不公平效应,缩小收入差距;

但赡养老人扣除等13项税制要素的三类不公平效应之和都为正,会加剧不公平效应,扩大收入差距。因此,个人所得税改革要格外关注上述13项税制要素,包括:赡养老人扣除、综合所得第2~7级税率、经营所得第1~5级税率、利息股息与红利所得等的比例税率。

(三) KL分解法开创新公平理念量化方法

过度调节效应就是前文提及的APK排序效应,测算样本税后收入按税后收入、税前收入排序的差异性。仿效此理念,KL分解法构建税额(平均税率)累退效应,测量税额(平均税率)按自身、税前收入排序的差异性。于是可据此构建新的累退效应以丰富公平理念,如后文将要研究的边际税率累退效应。

第二节 四元论

四元论是指,个人所得税不公平效应分为四项——税额累退效应、平均税率累退效应、过度调节效应、边际税率累退效应。前三个效应是KL分解法自有的,边际税率累退效应由笔者构建,以衡量动态经济冲击对个人所得税收入差距平抑功能的影响。将上述四类不公平效应都分解为各边际税率、各税前扣除的分效应,以细化分析个人所得税的收入差距平抑功能,具体内容如下[①]。

一、理论框架

本部分首先回顾KL分解法中三类不公平效应的设计原理,并构造边际税率累退效应。依据个人所得税要素的不同,将四类不公平效应都分解为各边际税率、各税前扣除的分效应。

(一) KL分解法

基于PV修正后的KL分解法(以下简称"KL-PV分解法"),MT指数分解式如式(5.19)所示。其中,$\tau = \frac{t}{1-t}$,$\tau(P + R_T + \tilde{R_T})$ 被命名为个人

---

① 胡华、李冬妍、罗俊宇:《我国个人所得税的收入差距平抑功能解析》,《郑州轻工业大学学报(社会科学版)》,2022年第5期,第48~54页。

所得税对收入差距的潜在公平效应。S_1、S_2、R^{APK} 分别是三种个人所得税不公平效应指数,分别用于测算税额累退效应、平均税率累退效应、过度调节效应。税额累退效应是指高税前收入者的个人所得税额低于低税前收入者的个人所得税额;平均税率累退效应是指高税前收入者的平均税率低于低税前收入者的相应值,平均税率=个人所得税额÷税前收入×100%;过度调节效应是指高税前收入者的税后收入低于低税前收入者的税后收入。S_1、S_2、R^{APK} 的评价标准类似,数值越大,表示三类不公平效应越大,对收入差距平抑功能的负面作用越强;不存在 S_1、S_2、R^{APK} 小于零的情形。在其他研究中,平均税率累退效应被称为"税率累退效应",在此研究了两种税率累退效应——平均税率累退效应、边际税率累退效应,边际税率累退效应的含义将在后文讨论。

$$MT = \tau(P + R_T + R_{\tilde{T}}) - S_1 - S_2 - R^{APK} \tag{5.19}$$

APK 排序效应(R^{APK})的计算公式由 Atkinson(1980)、Plotnick(1981)与 Kakwani(1984)提出:$R^{APK} = G_{X-T} - C_{(X-T);X}$。$X$ 代表税前收入,T 代表个人所得税额,故 $(X-T)$ 代表税后收入,G_{X-T} 表示税后收入基尼系数,$C_{(X-T);X}$ 表示以税前收入非降序排列的税后收入集中度。G_{X-T} 与 $C_{(X-T);X}$ 的计算步骤如下:一是计算每个家庭的税后收入,二是将各个家庭按照人均税后收入或人均税前收入非降序排列,三是依据直接计算法、曲线回归法等计算 G_{X-T} 与 $C_{(X-T);X}$。

KL 分解法借鉴已有研究的经验,保留了 R^{APK},还构造了另外两个指标:税额累退效应、平均税率累退效应。假设 t 代表整体样本的平均税率,即所有样本的个人所得税额之和占税前收入额之和的比重。税额累退效应的计算公式是 $S_1 = \frac{t}{1-t} R_T$,$R_T = G_T - C_{T;X}$,G_T 是个人所得税基尼系数,$C_{T;X}$ 是以税前收入(X)非降序排列的个人所得税集中度。

平均税率累退效应的计算公式是 $S_2 = \frac{t}{1-t} R_{\tilde{T}}$[①]。假设整体样本包括 n 个纳税人,X_i、T_i 分别代表纳税人 i 的税前收入、个人所得税额,$\tilde{T}$ 是个人所得税平均税率,$\tilde{T} = \left\{\tilde{T}_i = \frac{T_i}{X_i}\right\}$,$i$ 是 1 至 n 的自然数。$R_{\tilde{T}} = G_{\tilde{T}} - C_{\tilde{T};X}$,$G_{\tilde{T}}$ 是个人所得税平均税率的基尼系数,$C_{\tilde{T};X}$ 是以税前收入(X)非降序排列的个

---

① 净平均税率累退效应的计算公式是 $S_2 = \frac{t}{1-t}(R_{\tilde{T}} - R_T)$。

人所得税平均税率集中度。

（二）边际税率累退效应

KL 分解法提出了税额累退效应、平均税率累退效应与过度调节效应，只能评价经济处于静态条件下个人所得税的收入差距平抑功能；当出现新冠疫情等外部冲击时，无法评价其对收入差距平抑功能的影响，为此需要构造边际税率累退效应。税收的公平原则要求：增加相同比例的税前收入时，高税前收入者新增税负占新增收入的比重要高于低税前收入者的相应值。假设 $\widetilde{\Delta T}$ 是个人所得税边际税率，$\widetilde{\Delta T} = \left\{\widetilde{\Delta T_i} = \frac{\Delta T_i}{\Delta X_i}\right\}$，$i$ 是 1 至 n 的自然数。令 $S_3 = \frac{t}{1-t} R_{\widetilde{\Delta T}}$，其中 $R_{\widetilde{\Delta T}} = G_{\widetilde{\Delta T}} - C_{\widetilde{\Delta T},X}$，$G_{\widetilde{\Delta T}}$ 表示个人所得税边际税率基尼系数，$C_{\widetilde{\Delta T},X}$ 表示以税前收入（X）非降序排列的个人所得税边际税率集中度，$R_{\widetilde{\Delta T}}$ 用于衡量个人所得税的边际税率（$\widetilde{\Delta T}$）与税前收入（X）的非降序排列是否一致，当 $R_{\widetilde{\Delta T}} = 0$ 时排列一致，否则不一致。若 S_3 等于零，则不存在边际税率累退效应，外部冲击对个人所得税收入差距平抑功能无影响；$S_3 > 0$ 时，存在边际税率累退效应，外部冲击削弱了个人所得税收入差距平抑功能；不存在 $S_3 < 0$ 的情况。增加了边际税率累退效应后，KL-PV 分解法下的 MT 指数分解式变为式（5.20）。

$$MT = \tau(P + R_T + R_{\widetilde{T}} + R_{\widetilde{\Delta T}}) - S_1 - S_2 - S_3 - R^{APK} \quad (5.20)$$

其中，$\tau = \frac{t}{1-t}$，$S_1 = \tau R_T$，$S_2 = \tau R_{\widetilde{T}}$，$S_3 = \tau R_{\widetilde{\Delta T}}$。式（5.20）等号右边的五部分依次是：潜在公平效应Ⅱ、税额累退效应（S_1）、平均税率累退效应（S_2）、边际税率累退效应（S_3）与过度调节效应（R^{APK}）。

（三）四类不公平效应的分解

变量 H 的基尼系数 G_H 都可依据式（5.21）分解，其中，G_H 代表变量 H 的基尼系数，H 可分为 N 项，N 是自然数，第 i 项为 H_i，i 是 1~N 的自然数，α_i 是 H_i 占 H 的比重，故 $\sum_{i=1}^{N} \alpha_i = 1$，式（5.21）的证明过程请参见 Shorrocks（1982）。

$$G_H = \sum_{i=1}^{N} \alpha_i \cdot C_{H_i,H} \quad (5.21)$$

同理可得以变量 L 非降序排列的变量 F 集中度的分解式，如式（5.22）所示。其中，F 可分为 N 项，N 是自然数，F_i 是第 i 项，i 是 $1\sim N$ 的自然数，β_i 是 F_i 占 F 的比重，故 $\sum_{i=1}^{N}\beta_i=1$。

$$C_{F:L}=\sum_{i=1}^{N}\beta_i C_{F_i:L} \tag{5.22}$$

1. 按边际税率分解四类不公平效应

我国推行的个人所得税制是分类综合相结合的税制，应税所得可分为三类：综合所得、经营所得、其他所得。每类所得都可依据边际税率的不同进一步划分，最终，个人所得税所得可分为 N 类子所得，假设依据第 i 类子所得课征的个人所得税是 T_i，个人所得税总额是 $T=\sum_{i=1}^{N}T_i$，i 与 N 是自然数，γ_i 是 T_i 占 T 的比重；T_i 对应的平均税率是 $\widetilde{T}_i=\dfrac{T_i}{X}$，个人所得税的总平均税率是 $\widetilde{T}=\sum_{i=1}^{N}\widetilde{T}_i$，$\varepsilon_i$ 是 $\widetilde{T}_i$ 占 $\widetilde{T}$ 的比重；T_i 对应的边际税率是 $\widehat{\Delta T_i}=\dfrac{\Delta T_i}{\Delta X_i}$，个人所得税的总边际税率是 $\widehat{\Delta T}=\sum_{i=1}^{N}\widehat{\Delta T_i}$，$\theta_i$ 是 $\widehat{\Delta T_i}$ 占 $\widehat{\Delta T}$ 的比重。G_T、$G_{\widetilde{T}}$、$G_{\widehat{\Delta T}}$、$C_{T:X}$、$C_{\widetilde{T}:X}$、$C_{\widehat{\Delta T}:X}$ 的分解式如式（5.23）~式（5.28）所示。

$$G_T=\sum_{i=1}^{N}\gamma_i C_{T_i:T} \tag{5.23}$$

$$G_{\widetilde{T}}=\sum_{i=1}^{N}\varepsilon_i C_{\widetilde{T}_i:\widetilde{T}} \tag{5.24}$$

$$G_{\widehat{\Delta T}}=\sum_{i=1}^{N}\theta_i C_{\widehat{\Delta T_i}:\widehat{\Delta T}} \tag{5.25}$$

$$C_{T:X}=\sum_{i=1}^{N}\gamma_i C_{T_i:X} \tag{5.26}$$

$$C_{\widetilde{T}:X}=\sum_{i=1}^{N}\varepsilon_i C_{\widetilde{T}_i:X} \tag{5.27}$$

$$C_{\widehat{\Delta T}:X}=\sum_{i=1}^{N}\theta_i C_{\widehat{\Delta T_i}:X} \tag{5.28}$$

式（5.20）中，税额累退效应、平均税率累退效应与边际税率累退效应的

第五章 个人所得税收入差距平抑功能的 KL 分解法及其扩展

表达式分别是 $S_1 = \tau R_T = \tau(G_T - C_{T;X})$、$S_2 = \tau R_{\widetilde{T}} = \tau(G_{\widetilde{T}} - C_{\widetilde{T};X})$、$S_3 = \tau R_{\widetilde{\Delta T}} = \tau(G_{\widetilde{\Delta T}} - C_{\widetilde{\Delta T};X})$，可得，

$$S_1 = \tau \sum_{i=1}^{N} \gamma_i (C_{T_i;T} - C_{T_i;X})$$

$$S_2 = \tau \sum_{i=1}^{N} \varepsilon_i (C_{\widetilde{T_i};\widetilde{T}} - C_{\widetilde{T_i};X})$$

$$S_3 = \tau \sum_{i=1}^{N} \theta_i (C_{\widetilde{\Delta T_i};\widetilde{\Delta T}} - C_{\widetilde{\Delta T_i};X})$$

令 $S_1^{T_i} = \tau \gamma_i (C_{T_i;T} - C_{T_i;X})$、$S_2^{T_i} = \tau \varepsilon_i (C_{\widetilde{T_i};\widetilde{T}} - C_{\widetilde{T_i};X})$、$S_3^{T_i} = \tau \theta_i \cdot (C_{\widetilde{\Delta T_i};\widetilde{\Delta T}} - C_{\widetilde{\Delta T_i};X})$，可得

$$S_1 = \sum_{i=1}^{N} S_1^{T_i} \tag{5.29}$$

$$S_2 = \sum_{i=1}^{N} S_2^{T_i} \tag{5.30}$$

$$S_3 = \sum_{i=1}^{N} S_3^{T_i} \tag{5.31}$$

即可依据各类所得的边际税率的不同，将上述三类不公平效应分别分解为各边际税率的不公平分效应。R^{APK} 的分解方法不同于上述三类不公平效应，其分解过程如下：

$$R^{APK} = G_{X-T} - C_{(X-T);X} = [G_{X-T} - C_{(X-T);(X-\sum_{i=1}^{N-1} T_i)}] + [C_{(X-T);(X-\sum_{i=1}^{N-1} T_i)} - C_{(X-T);(X-\sum_{i=1}^{N-2} T_i)}] + [C_{(X-T);(X-\sum_{i=1}^{N-2} T_i)} - C_{(X-T);(X-\sum_{i=1}^{N-3} T_i)}] + \cdots + [C_{(X-T);(X-T_1-T_2-T_3)} - C_{(X-T);(X-T_1-T_2)}] + [C_{(X-T);(X-T_1-T_2)} - C_{(X-T);(X-T_1)}] + [C_{(X-T);(X-T_1)} - C_{(X-T);X}]$$

令 $G_{X-T} - C_{(X-T);(X-\sum_{i=1}^{N-1} T_i)} = R^{APK}_{T_N}$，$C_{(X-T);(X-\sum_{i=1}^{N-1} T_i)} - C_{(X-T);(X-\sum_{i=1}^{N-2} T_i)} = R^{APK}_{T_{N-1}}$，$C_{(X-T);(X-\sum_{i=1}^{N-2} T_i)} - C_{(X-T);(X-\sum_{i=1}^{N-3} T_i)} = R^{APK}_{T_{N-2}}$ …… $C_{(X-T);(X-T_1-T_2-T_3)} - C_{(X-T);(X-T_1-T_2)} = R^{APK}_{T_3}$，$C_{(X-T);(X-T_1-T_2)} - C_{(X-T);(X-T_1)} = R^{APK}_{T_2}$，$C_{(X-T);(X-T_1)} - C_{(X-T);X} = R^{APK}_{T_1}$，可得

$$R^{APK} = R^{APK}_{T_N} + R^{APK}_{T_{N-1}} + R^{APK}_{T_{N-2}} + \cdots + R^{APK}_{T_3} + R^{APK}_{T_2} + R^{APK}_{T_1}$$

即

$$R^{APK} = \sum_{i=1}^{N} R_{T_i}^{APK} \tag{5.32}$$

式（5.29）～（5.32）联立，可得

$$MT = \tau(P + R_T + R_{\tilde{T}} + R_{\widetilde{\Delta T}}) - \sum_{i=1}^{N} S_1^{T_i} - \sum_{i=1}^{N} S_2^{T_i} - \sum_{i=1}^{N} S_3^{T_i} - \sum_{i=1}^{N} R_{T_i}^{APK} \tag{5.33}$$

最终可将 MT 指数分解为个人所得税各边际税率的分效应，如式（5.33）所示。

2. 按各税前扣除的不同分解四类不公平效应

Pellegrino 和 Vernizzi（2018）已推导出整体税前扣除的税额累退效应（S_1）、平均税率累退效应（S_2）与过度调节效应（R^{APK}，令 $R^{APK} = S_4$）的分解式，此式适用于边际税率累退效应（S_3）的分解。其基本原理是：分别计算扣除、不扣除整体税前扣除对某类不公平效应的影响，然后求取差值，即整体税前扣除引发的第 f 类不公平效应是 $S_f^D = S_f^{TR} - S_f^V$，其中，S_f^{TR}、S_f^V 分别表示对应税所得、税前收入征收个人所得税的第 f 类不公平效应，$f = 1$、2、3、4，应税所得＝税前收入－整体税前扣除。据此，可推导各种税前扣除的四类不公平分效应，操作步骤如下。第一，在应税所得（TR）上依次添加各种税前扣除，获得中间应税所得（TR_i），$TR_i = TR + \sum_{j=1}^{i} D_j$，当 $i = n$ 时，$TR_n = V$，n 为税前扣除的种数；当 $i = 0$ 时，$TR_0 = TR$。第二，计算各税前扣除分效应，当 $1 < i < n$ 时，$S_f^{D_i} = S_f^{TR_{i-1}} - S_f^{TR_i}$；当 $i = 1$ 时，$S_f^{D_1} = S_f^{TR} - S_f^{TR_1}$；当 $i = n$ 时，$S_f^{D_n} = S_f^{TR_{n-1}} - S_f^V$。

二、数据

所用数据来自 2015 年中国综合社会调查数据，即 CGSS（2015）。该数据库共有 2014 年的 10968 个家庭样本，将其数据做如下加工。第一，将职业或劳动收入和总收入视为税后收入。第二，关注受访者的职业与户籍，若职业为个体工商户，则将职业或劳动收入作为个体工商户所得；对于非农户籍且非个体工商户的受访者，将职业或劳动收入视为工薪所得；对于农业户籍且非个体工商户的受访者，将职业或劳动收入视为农业所得，免缴个人所得税。第三，在总收入中扣除职业或劳动收入，可得其他收入。对于职业为老板的受访者，将其他收入视为利息股息红利所得；对于非老板的受访者，将其他收入视为劳务报酬所得。基于上述变量，采用反事实法，运用2018年新个人所得税制对CGSS（2015）的样本模拟征税，计算各样本的综合所得个人所得税、经营所得个人所得税、其他所得个人所得税等，并据此计算各变量的基尼系数或集中度。所采用的基尼系数或集中度计算方法是直接计算法，其计算公式是 $G = 1 - \sum_{i=1}^{n} P_i (2 \sum_{k=1}^{i} I_k - I_i)$。$P_i$ 是第 i 个群体人口占总人口的比重，k、i、n 是自然数，I_i 是第 i 个群体某指标占该指标之和的比重，G 是集中度或基尼系数。

三、整体个人所得税制的四类不公平效应

（一）新冠疫情下税前收入变动率的估计

新冠疫情等外部冲击对个人所得税收入差距平抑功能影响的估计方法如下：第一，估计税前收入在外部冲击前后的增长率；第二，分别计算各税前收入增长率下四类不公平效应及各个人所得税要素的分效应；第三，比较各效应的变动，以评价新冠疫情等外部冲击对个人所得税收入差距平抑功能的影响。

1998—2020年我国居民可支配收入处于长期上涨态势，年均增速约为11%，如表5.3所示。2020年我国居民可支配收入增速趋缓，仅为5%。金融危机导致居民可支配收入增速放缓，如1998年东南亚金融危机导致同比增速减缓3%，次贷危机导致2008、2009年同比增速减缓3%、6%；自然灾害对居民可支配收入增速也有一定影响，2013年我国发生了南方洪涝灾害、雅安地震等，其间居民可支配收入同比增速降低3%；疫情暴发对居民可支配收入增速也有影响，如2003年非典疫情、2020年新冠疫情导致居民可支配收入同比增速分别降低1%、4%。当然也有一些突发事件对居民可支配收入增速无明显影响，如中美贸易战。

表5.3 1998—2020年我国居民可支配收入变动趋势

年份	居民人均可支配收入（元）*	同比增速（%）**	同比增速的变化（%）***	重大突发事件
1998	3250	6	−3	东南亚金融危机
1999	3478	7	1	
2000	3721	7	0	

◇ 个人所得税的
　收入差距平抑功能研究

续表

年份	居民人均可支配收入（元）*	同比增速（%）**	同比增速的变化（%）***	重大突发事件
2001	4070	9	2	
2002	4532	11	2	
2003	5007	10	−1	非典疫情
2004	5661	13	3	
2005	6385	13	0	
2006	7229	13	0	
2007	8583	19	6	
2008	9956	16	−3	次贷危机
2009	10978	10	−6	次贷危机
2010	12519	14	4	玉树地震
2011	14589	17	2	
2012	16662	14	−2	
2013	18584	12	−3	南方洪涝灾害
2014	20167	9	−3	
2015	21966	9	0	
2016	23821	8	0	
2017	25974	9	1	
2018	28228	9	0	中美贸易战
2019	30733	9	0	
2020	32189	5	−4	新冠疫情

注：* 2014—2020年居民人均可支配收入数据由国家统计局公布得来。1998—2013年居民人均可支配收入数据由计算得来，计算公式如下：

居民人均可支配收入＝（城镇居民人均可支配收入×城镇人口＋农村居民人均可支配收入×农村人口）÷（城镇人口＋农村人口）。

** 同比增速＝（本年居民人均可支配收入－上年居民人均可支配收入）÷上年居民人均可支配收入×100%。

*** 同比增速的变化＝本年同比增速－上年同比增速。

资料来源：国家统计局官网。

2021年3月，李克强总理在《政府工作报告》中指出，2021年我国GDP

预期增长6%以上，居民人均可支配收入增长与GDP增长基本同步。据此，2021年我国居民人均可支配收入增速的下限值设定为6%。鉴于我国经济的超强韧性，我国居民人均可支配收入增速的上限值可设定为9%，与2017—2019年我国居民人均可支配收入增速相同。综上所述，预计新冠疫情将使居民税前收入增速减缓3%。

（二）整体个人所得税制的四类不公平效应计算结果

中国现行个人所得税制下的四类不公平效应如表5.4所示。在税前收入增长9%的情况下，税额累退效应、平均税率累退效应、过度调节效应分别是0.0003157、0.0026691、0.0000288，即平均税率累退效应明显高于税额累退效应与过度调节效应；在税前收入增长6%的情况下，研究结论类似。此研究结论与徐静和岳希明（2014）的研究结论相符，也与Pellegrino和Vernizzi（2010）、Monti等（2015）、Mazurek（2016）的研究结果类似；但与上述研究不同的是，我们计算的平均税率累退效应是总效应，并非净效应，即在平均税率累退效应中没有扣除税额累退效应，相对于平均税率累退效应，税额累退效应小得多，故扣除与否无明显影响。

表5.4 中国现行个人所得税制下的四类不公平效应

项目	税额累退效应	平均税率累退效应	边际税率累退效应	过度调节效应	不公平效应之和	潜在公平效应	MT指数	居民收入增长率（%）
数值	0.0003157	0.0026691	0.0011493	0.0000288	0.0041629	0.0202948	0.0161319	9
占比（%）	1.96	16.55	7.12	0.18	25.81	125.81	100	
数值	0.0003158	0.0026649	0.0011161	0.0000286	0.0041254	0.0202573	0.0161319	6
占比（%）	1.96	16.52	6.92	0.18	25.57	125.57	100	

税前收入增长率为9%、6%时，边际税率累退效应值分别是0.0011493、0.0011161，增长率越高，边际税率累退效应越强。边际税率累退效应仅次于平均税率累退效应，远大于税额累退效应、过度调节效应。税前收入增长率为9%、6%时，边际税率累退效应占MT指数的比重分别为7.12%、6.92%。税前收入增长率为9%、6%时，四类不公平效应之和分别是0.0041629、0.0041254，占MT指数的比重分别是25.81%、25.57%。因此，新冠疫情会压低边际税率累退效应、四类不公平效应之和，但压低幅度很小，即新冠疫情对个人所得税的收入差距平抑功能无显著影响。

四、四类不公平效应的分解结果

(一) 无新冠疫情时个人所得税收入差距平抑效应的分解

2021年我国居民税前收入同比增长上限值设定为9%。在此情形下,个人所得税居民收入调节功能的分解结果如表5.5所示,正值表示对应的个人所得税要素将扩大收入差距,负值表示对应的个人所得税要素能缩小收入差距。税额累退效应中,8项扣除分效应高于各级边际税率分效应,只有医疗扣除分效应低于各类边际税率分效应,其中,住房公积金扣除、免征额、养老保险扣除的分效应位列前三位,分别是0.0186073、0.0028018、0.0006520。平均税率累退效应中,有9项扣除分效应明显高于各级边际税率分效应,其中住房公积金扣除、免征额、住房租金附加扣除的分效应位列前三,分别是0.0536502、0.0123214、0.0019825。

表5.5 个人所得税居民收入调节功能的分解(居民税前收入同比增长9%)

序号	个人所得税要素	税额累退效应	平均税率累退效应	边际税率累退效应	过度调节效应	四类不公平效应之和
1	养老保险扣除	0.0006520	0.0017791	0.0035086	0.0001300	0.0060697
2	医疗保险扣除	0.0004275	0.0014970	0.0013994	0.0001401	0.0034640
3	失业保险扣除	0.0001213	0.0004195	0.0004660	0.0000479	0.0010547
4	住房公积金扣除	0.0186073	0.0536502	0.0487252	0.1131460	0.2341287
5	免征额	0.0028018	0.0123214	0.0092554	0.0004921	0.0248707
6	子女教育附加扣除	0.0003767	0.0011601	0.0006997	0.0000880	0.0023245
7	赡养老人附加扣除	0.0000810	0.0002988	0.0001699	0.0000180	0.0005677
8	大病医疗附加扣除	−0.0000061	−0.0000290	0.0000083	0.0000003	−0.0000265
9	住房贷款利息附加扣除	0.0003091	0.0018886	0.0005463	0.0000663	0.0028103
10	继续教育附加扣除	−0.0000001	0.0000070	0.0000024	−0.0000004	0.0000089
11	住房租金附加扣除	0.0002903	0.0019825	0.0005610	0.0000539	0.0028877
12	综合所得第1级税率	0.0000152	0.0001287	0.0001788	−0.0158733	−0.0155506
13	综合所得第2级税率	0.0000307	0.0001201	0.0003368	0.0011268	0.0016144
14	综合所得第3级税率	0.0000168	0.0000315	0.0001814	0.0014421	0.0016718
15	综合所得第4级税率	0.0000071	0.0000060	0.0000395	0.0008945	0.0009471
16	综合所得第5级税率	0.0000080	0.0000029	0.0000605	0.0013707	0.0014420

第五章 个人所得税收入差距平抑功能的 KL 分解法及其扩展

续表

序号	个人所得税要素	税额累退效应	平均税率累退效应	边际税率累退效应	过度调节效应	四类不公平效应之和
17	综合所得第 6 级税率	0.0000056	0.0000011	0.0000151	0.0012085	0.0012303
18	综合所得第 7 级税率	0.0000207	0.0000011	0.0000573	0.0080044	0.0080835
19	经营所得第 1 级税率	0.0000381	0.0003675	0.0000710	0.0000591	0.0005357
20	经营所得第 2 级税率	0.0000380	0.0002798	0.0001281	0.0001496	0.0005955
21	经营所得第 3 级税率	0.0000294	0.0001046	0.0000553	0.0004159	0.0006052
22	经营所得第 4 级税率	0.0000050	0.0000098	0.0000102	0.0002885	0.0003134
23	经营所得第 5 级税率	0.0000045	0.0000040	0.0000153	0.0004575	0.0004812
24	利息、股息与红利所得等的比例税率	0.0000967	0.0016122	0.0000000	0.0004845	0.0021934

注：1. 此表的计算条件是居民税前收入增长率为 9%。

2. 正值表示对应的个人所得税要素将扩大收入差距，负值表示对应的个人所得税要素能缩小收入差距。

边际税率累退效应中，8 项扣除分效应明显高于各类边际税率分效应，住房公积金扣除、免征额、养老保险扣除的分效应位列前三，分别是 0.0487252、0.0092554、0.0035086。过度调节效应中，只有住房公积金扣除分效应超过了各边际税率分效应，住房公积金扣除、综合所得第 7 级税率、综合所得第 3 级税率的分效应位列前三，分别是 0.1131460、0.0080044、0.0014421。四类不公平效应之和方面，8 项扣除分效应明显高于各类边际税率分效应，住房公积金扣除、免征额、综合所得第 7 级税率的分效应位列前三，分别是 0.2341287、0.0248707、0.0080835。通过数据分析可发现如下问题。

第一，住房公积金扣除分效应远超其他各要素分效应之和。其原因在于：住房公积金扣除占个人收入的比重大，一般情况下此比重约为 12%，而我国个人所得税平均税率（平均税率 = 个人所得税额 ÷ 税前收入 × 100%）只有 6%。

第二，新个人所得税法中，免征额被称为"费用"，理论上应依据纳税人的实际生活成本计算，但"一城一策"必导致不必要的户籍迁移，为方便起见，每位纳税人的免征额都规定为相同数额，现为每年 6 万元。此值约为 2018 年我国居民人均可支配收入（28228 元）的两倍（见表 5.3），导致一些高收入者被免征额庇护免于纳税，削弱个人所得税的收入差距平抑功能。

第三，综合所得第 7 级税率也限制了个人所得税收入差距平抑功能的发挥。此边际税率适用的年应税所得下限值是 96 万元，能获得如此高收入的群体固然不多，但 45% 税率以上再无边际税率，限制了个人所得税的收入差距平抑功能。

（二）存在新冠疫情时个人所得税收入差距平抑效应的分解

我国居民税前收入同比增长下限值设定为 6%，此情况下个人所得税居民收入调节功能的分解（见表 5.6）与无新冠疫情时个人所得税居民收入调节功能的分解（见表 5.5）有如下异同。

表 5.6　个人所得税居民收入调节功能的分解（居民税前收入同比增长 6%）

序号	个人所得税要素	税额累退效应	平均税率累退效应	边际税率累退效应	过度调节效应	四类不公平效应之和
1	养老保险扣除	0.0006519	0.0017843	0.0034942	0.0001301	0.0060605
2	医疗保险扣除	0.0004273	0.0014949	0.0013608	0.0001403	0.0034233
3	失业保险扣除	0.0001214	0.0004222	0.0004498	0.0000478	0.0010412
4	住房公积金扣除	0.0239743	0.0776456	0.0663158	0.1142110	0.2821467
5	免征额	0.0028023	0.0123252	0.0093299	0.0004925	0.0249499
6	子女教育附加扣除	0.0003777	0.0011535	0.0007492	0.0000875	0.0023679
7	赡养老人附加扣除	0.0000780	0.0003110	0.0001853	0.0000189	0.0005932
8	大病医疗附加扣除	−0.0000042	−0.0000357	0.0000129	−0.0000008	−0.0000278
9	住房贷款利息附加扣除	0.0003098	0.0018931	0.0005233	0.0000669	0.0027931
10	继续教育附加扣除	−0.0000010	0.0000026	0.0000030	0.0000007	0.0000053
11	住房租金附加扣除	0.0002898	0.0019798	0.0005335	0.0000536	0.0028567
12	综合所得第 1 级税率	0.0000152	0.0001287	0.0001847	−0.0158733	−0.0155447
13	综合所得第 2 级税率	0.0000307	0.0001201	0.0003089	0.0011268	0.0015865
14	综合所得第 3 级税率	0.0000168	0.0000315	0.0001813	0.0014420	0.0016716
15	综合所得第 4 级税率	0.0000071	0.0000060	0.0000373	0.0008945	0.0009449
16	综合所得第 5 级税率	0.0000080	0.0000029	0.0000589	0.0013707	0.0014404
17	综合所得第 6 级税率	0.0000056	0.0000011	0.0000164	0.0012085	0.0012316
18	综合所得第 7 级税率	0.0000207	0.0000011	0.0000569	0.0080044	0.0080831
19	经营所得第 1 级税率	0.0000381	0.0003675	0.0000786	0.0000591	0.0005433
20	经营所得第 2 级税率	0.0000380	0.0002798	0.0001147	0.0001496	0.0005821

第五章　个人所得税收入差距平抑功能的 KL 分解法及其扩展

续表

序号	个人所得税要素	税额累退效应	平均税率累退效应	边际税率累退效应	过度调节效应	四类不公平效应之和
21	经营所得第 3 级税率	0.0000294	0.0001046	0.0000555	0.0004159	0.0006054
22	经营所得第 4 级税率	0.0000050	0.0000098	0.0000074	0.0002885	0.0003106
23	经营所得第 5 级税率	0.0000045	0.0000040	0.0000155	0.0004575	0.0004814
24	利息、股息与红利所得等的比例税率	0.0000968	0.0016080	0.0000000	0.0004844	0.0021892

注：1. 此表的计算条件是居民税前收入增长率为 6%。
2. 正值表示对应的个人所得税要素将扩大收入差距，负值表示对应的个人所得税要素能缩小收入差距。

不同点：第一，四类不公平效应之和的总值有所提高。四类不公平效应之和的总值是 24 项个人所得税要素分效应之和，居民税前收入增长率为 9%、6% 时，四类不公平效应之和的总值分别是 0.29、0.33。这表明，居民税前收入增长率的降低不利于个人所得税发挥收入差距平抑功能，因此促进居民收入增长，特别是促进中低收入者增收，是缩小收入差距的重中之重。第二，各要素的四类不公平效应之和涨跌互现。相对于税前收入增长率为 9% 的情形，税前收入增长率为 6% 时，住房公积金扣除、免征额、子女教育附加扣除、赡养老人附加扣除、经营所得第 1 级税率、综合所得第 1 级税率、综合所得第 6 级税率、经营所得第 3 级税率、经营所得第 5 级税率的分效应有所提高，其他要素的分效应有所降低，其中，住房公积金的四类不公平效应之和从 0.2341287 升至 0.2821467。

相同点：第一，依据从高到低排序后，各要素分效应排位基本相同；第二，扣除类要素的不公平效应明显高于边际税率类分效应；第三，住房公积金扣除、免征额、综合所得第 7 级税率是阻碍个人所得税收入差距平抑功能的三大因素，其中，尤以住房公积金扣除为甚；第四，能缩小居民收入差距的因素较少，只有综合所得第 1 级税率、大病医疗附加扣除。

一把钥匙开一把锁，个人所得税制、居民税前收入分布函数分别是钥匙、锁，只有相互匹配，个人所得税才会有效发挥收入差距平抑功能。此功能的作用体现为纳税人税后、税前收入分布函数的差异；MT 指数是税前、税后基尼系数之差，是税前、税后收入分布函数差异的缩影。新冠疫情影响我国居民税前收入增速、税前收入分布函数，进而影响个人所得税的收入差距平抑功能；但是，预计新冠疫情对我国居民税前收入增长率的影响较小，仅使其从 9% 降至 6%，前文分析显示个人所得税的收入差距平抑功能没有实质性变化，即新冠疫情对个人所得税收入差距平抑功能的影响可忽略不计。

五、政策启示

笔者基于 MT 指数化方法，构造了边际税率累退效应，结合 2015 年中国综合社会调查 CGSS 家庭数据与 Stata15.0 软件编程法，分析了新冠疫情对个人所得税收入差距平抑功能的影响，测算了四类不公平效应各边际税率、各税前扣除的分效应。为促进共同富裕，中央财经委员会第十次会议要求加大税收、社保、转移支付等的调节力度并提高精准性。为响应政府号召，提高个人所得税的调节力度并提高精准性，应采取如下措施。

（一）密切监控新冠疫情对个人所得税收入差距平抑功能的影响

依据以往重大突发事件对我国居民可支配收入增速的影响，预计新冠疫情将导致我国居民可支配收入增速减缓 3%。据此测算税前收入增速减缓前后的个人所得税各要素的四类不公平效应，发现税前收入增速减缓前后的各要素四类不公平效应没有显著变化；但并不能掉以轻心，进入 2021 年后，新冠疫情的各种新变异病毒时有出现，在一些国家再次引发新冠病毒感染病例激增，新冠疫情的严重程度可能超越我国以往突发事件的严重程度，后期新冠疫情对我国居民可支配收入增速的减缓作用可能超过 3%，故应实时监控新冠疫情的发展，依据笔者提出的方法及时预判其对个人所得税收入差距平抑功能的影响。

（二）设置住房公积金年度扣除上限值为 17100 元

《中国统计年鉴 2020》显示，2019 年东部地区人口占全国人口的比重仅为 38.69%，东部、东北、中部、西部地区人均可支配收入之比是 1.64∶1.14∶1.09∶1.00。《全国住房公积金 2020 年年度报告》显示：全国实缴职工中，东部地区占比是 55.06%；全国累计提取金额中，东部地区占比达到 57.62%。上述数据表明，住房公积金呈现出"穷人缴存、富人受益"的特征。上述分析与我们的结论相符，故应减少住房公积金的税前所得扣除额，2020 年我国人均公积金年缴存额是 17100 元，应以此确定住房公积金年度扣除上限值。年度住房公积金超过 17100 元的部分不予扣除。

（三）构建累退型免征额制度

现行个人所得税制下免征额为 6 万元/年，一视同仁的制度有助于免征额制度的实施，但却不利于缩小收入差距。为此，笔者建议推行累退型免征额制度，具体如下：对于年综合所得高于 80 万元的纳税人，不设免征额；对于年综合所得高于 50 万元的纳税人，免征额设置为 2 万元/年；对于年收入处于 30 万~50 万元的纳税人，免征额设置为 3 万元/年；对于其他纳税人，免征额仍为 6 万元/年。

（四）增设综合所得第 8、9 级税率

在 24 种个人所得税要素中，综合所得第 7 级税率（45%）的四类不公平效应之和位列第三，表明增加年应税综合所得高于 96 万元纳税人的税负有利于缩小收入差距。鉴于此，应增设综合所得第 8、9 级税率：第 9 级税率是 55%，适用于全年应税综合所得额超过 170 万元的部分；第 8 级税率是 50%，适用于全年应税综合所得额 130 万元至 170 万元的部分；第 7 级税率适用于全年应税综合所得额 96 万元至 130 万元的部分。

第三节 四元论分组分解

本节扩展了第二节四元论。前文已将四类不公平效应分解为各边际税率与税前扣除的分效应；基于纳税人异质性对样本进行分组，本节将各边际税率与税前扣除的分效应再次分解为组内、组间与跨组效应。基于上述分解法与 2018 年中国家庭追踪调查数据的 14241 个家庭样本数据，笔者测算了我国个人所得税的收入差距平抑功能。

一、理论框架

（一）分组效应的分解

本部分以税前收入基尼系数、按税前收入排序的税后收入集中度为例，说明分组分解的方法，其他基尼系数或集中度的分组分解方法以此类推。

1. Shorrocks 对基尼系数的分解

下述分组效应分解理念源自 Shorrocks（2013）。当整体样本 y 按照非降序排列时，第 i 人所处位置是第 i 位；假设按照一定特性，将样本分为 m 组，这些特性包括户主性别、未成年子女数等，故 $y=(y^1,y^2,\cdots,y^m)$。y^j 是第 j

组样本，$j=1,2,\cdots,m$，y^j 内样本是非降序排列的，整体样本 y 非降序排列的第 i 人在 $y=(y^1,y^2,\cdots,y^m)$ 中的位置是 r_i，则基尼系数的计算公式是式（5.34）。其中，$G(y)$ 是基尼系数，n 是样本数，μ 是样本均值，y_i 是第 i 人的指标值，若 y_i 是税前收入，则 $G(y)$ 是税前收入基尼系数。

$$G(y)=\frac{2}{n^2\mu}\sum_{i\in N}r_i(y_i-\mu) \tag{5.34}$$

式（5.34）可做如下分解。

$$\begin{aligned}G=G(y^1,y^2,\cdots,y^m)&=\frac{2}{n^2\mu}\sum_{k=1}^m\sum_{i\in N_k}r_i(y_i-\mu)\\&=\frac{2}{n^2\mu}\sum_{k=1}^m\{\sum_{i\in N_k}i(y_i-\mu_k)+\sum_{i\in N_k}i(\mu_k-\mu)+\sum_{i\in N_k}(r_i-i)(y_i-\mu)\}\\&=W+B+R\end{aligned} \tag{5.35}$$

$$W=\frac{2}{n^2\mu}\sum_{k=1}^m\sum_{i\in N_k}i(y_i-\mu_k)=\sum_{k=1}^m v_k^2 b_k G(y^k) \quad \text{式（5.36）}$$

$$B=\frac{2}{n^2\mu}\sum_{k=1}^m\sum_{i\in N_k}i(\mu_k-\mu)=\sum_{k=1}^m b_k v_k\Big[\sum_{j=1}^k v_j-\sum_{j=k}^m v_j\Big] \tag{5.37}$$

$$R=\frac{2}{n^2\mu}\sum_{k=1}^m\sum_{i\in N_k}(r_i-i)(y_i-\mu)=G-W-B \tag{5.38}$$

其中，N_k 是第 k 组的样本数，k 是 1 至 m 的自然数，m 是组数，基尼系数组内分解值（W）、基尼系数组间分解值（B）、基尼系数跨组分解值（R）的计算公式如式（5.36）～式（5.38）所示。其中，v_k 是第 k 组样本人口占全部样本人口的比重、b_k 是第 k 组样本收入均值与全部样本收入均值之比，故 $b_k v_k$ 是第 k 组样本收入占全部样本收入的比重。因此，基尼系数组内分解值（W）等于以人口比与收入比之积为权重的、各组内基尼系数的加权平均值。基尼系数组间分解值（B）等于将各组内样本值替换为各组均值后的基尼系数。基尼系数跨组分解值（R）是交叉项或残余项，当各组内样本的收入上下限没有交集时，$R=0$；否则，$R\neq 0$。Shorrocks（2013）错误地认为，基尼系数跨组分解值 $R=\frac{2}{n^2\mu}\sum_{k=1}^m\sum_{i\in N_k}(r_i-i)y_i$。笔者经过推导发现，基尼系数跨组分解值公式应为式（5.38）。

2. 依据 Shorrocks（2013）对集中度的分解

Shorrocks（2013）没有给出集中度的分解式，下面开始分解集中度。假

第五章　个人所得税收入差距平抑功能的 KL 分解法及其扩展

设 G_H 是变量 H 的基尼系数，$C_{H;M}$ 是以变量 M 非降序排序的变量 H 的集中度。G_H 的计算步骤如下：第一，将样本按照变量 H 进行非降序排列；第二，依据基尼系数计算公式计算 G_H。$C_{H;M}$ 的计算步骤与 G_H 的计算步骤类似，只有一个不同点，第一步中不是将样本按照变量 H 进行非降序排列，而是将样本按照变量 M 进行非降序排列，第二步的计算完全相同。因此，除排序不同外，式（5.34）也适用于集中度的计算。

式（5.39）是式（5.34）变形后的结果。n 是样本数，μ 是样本均值，y_i 是第 i 人的指标值，若 y_i 是税后收入，$C_{Y;X}$ 是以税前收入（X）非降序排列的税后收入（Y）的集中度。计算 $C_{Y;X}$，首先将样本按照税前收入（X）进行非降序排列，第 i 人所处位置是第 i 位；假设按照一定特性，将样本分为 m 组，则有 $y = (y^1, y^2, \cdots, y^m)$。$y^j$ 是第 j 组样本，$j = 1, 2, \cdots, m$，y^j 内样本是按税前收入（X）非降序排列的，整体样本 y 按税前收入（X）非降序排列的第 i 人在 $y = (y^1, y^2, \cdots, y^m)$ 中的位置是 r_i。依据式（5.35）的分解法可得式（5.40）。

式（5.41）中，v_k 是第 k 组样本人口占全部样本人口的比重、b_k 是第 k 组样本收入均值与全部样本收入均值之比，故 $b_k v_k$ 是第 k 组样本收入占全部样本收入的比重，因此，以税前收入非降序排列的税后收入集中度的组内分解值（W）等于以人口比与收入比之积为权重的、各组内以税前收入非降序排列的税后收入集中度的加权平均值。式（5.42）中，以税前收入非降序排列的税后收入集中度的组间分解值（B）等于将各组内样本值替换为各组均值后的以税前收入非降序排列的税后收入集中度。式（5.43）中，以税前收入非降序排列的税后收入集中度的跨组分解值（R）是交叉项或残余项，当各组内样本的收入上下限没有交集时，$R = 0$；否则，$R \neq 0$。

$$C_{Y;X} = C(y) = \frac{2}{n^2 \mu} \sum_{i \in N} r_i (y_i - \mu) \tag{5.39}$$

$$C_{Y;X} = G(y^1, y^2, \cdots, y^m) = \frac{2}{n^2 \mu} \sum_{k=1}^{m} \sum_{i \in N_k} r_i (y_i - \mu)$$

$$= \frac{2}{n^2 \mu} \sum_{k=1}^{m} \left\{ \sum_{i \in N_k} i (y_i - \mu_k) + \sum_{i \in N_k} i (\mu_k - \mu) + \sum_{i \in N_k} (r_i - i)(y_i - \mu) \right\}$$

$$= W + B + R \tag{5.40}$$

$$W = \frac{2}{n^2 \mu} \sum_{k=1}^{m} \sum_{i \in N_k} i (y_i - \mu_k) = \sum_{k=1}^{m} v_k^2 b_k C(y^k) \tag{5.41}$$

$$B = \frac{2}{n^2\mu}\sum_{k=1}^{m}\sum_{i\in N_k}i(\mu_k-\mu) = \sum_{k=1}^{m}b_k v_k\left[\sum_{j=1}^{k}v_j - \sum_{j=k}^{m}v_j\right] \quad (5.42)$$

$$R = \frac{2}{n^2\mu}\sum_{k=1}^{m}\sum_{i\in N_k}(r_i-i)(y_i-\mu) = G - W - B \quad (5.43)$$

（二）KL 三元论的扩展成果——按要素与组别分解的四元论

下面用公式说明 KL 三元论的扩展过程。Kakwani 和 Lambert（1998）将 MT 指数分解为式（5.44）的形式。其中，$\tau = \frac{t}{1-t}$，t 是整体样本的平均税率，即整体样本个人所得税总额与税前收入总额之比；P 是 P 指数，$P = C_{T;X} - G_X$，$R_T = G_T - C_{T;X}$，$R_{\widetilde{T}} = G_{\widetilde{T}} - C_{\widetilde{T};X}$，$C_{T;X}$、$C_{\widetilde{T};X}$ 分别是按税前收入排序的个人所得税额、平均税率的集中度，G_X、G_T、$G_{\widetilde{T}}$ 分别是税前收入、个人所得税额、平均税率的基尼系数。S_1、S_2、S_4 分别是税额累退效应、平均税率累退效应、过度调节效应（APK 排序效应）。

$$MT = \tau(P + R_T + R_{\widetilde{T}}) - S_1 - S_2 - S_4 \quad (5.44)$$

Pellegrino 和 Vernizzi（2018）提出可对 KL 三元论进行扩展，如式（5.45）所示。其中，S_j^{TR}、S_j^D、S_j^C 分别代表累进税率表、税前扣除、税收免除的第 j 类不公平分效应，S_j^V 是无税前扣除情况下累进税率表的不公平分效应，$j = 1、2、4$。本章第二节提出，可将累进税率表的不公平效应分解为各边际税率的分效应。式（5.45）中，$S_{j[k]}^{TR}$ 表示第 k 级边际税率的第 j 类不公平效应，$j = 1、2、4$。

$$S_j = S_j^V + S_j^D + S_j^C = S_j^{TR} + S_j^C = \sum_{k=j}^{m}S_{j[k]}^{TR} + S_j^C \quad (5.45)$$

将整体税前扣除效应分解为各类税前扣除分效应的分解原理式是 $S_j^{D_i} = S_j^{i+} - S_j^{i-}$，其中，$S_j^{D_i}$ 是税前扣除（D_i）的第 j 类不公平效应，S_j^{i+}、S_j^{i-} 分别代表存在、不存在第 i 种税前扣除（D_i）时的整体税制的第 j 类不公平效应，i 是自然数，$j = 1、2、4$。

在税额累退效应（S_1）、平均税率累退效应（S_2）、过度调节效应（S_4）之外，添加边际税率累退效应（S_3），如式（5.46）~式（5.48）所示，其中，$j = 1、2、3、4$，各变量的定义与式（5.45）中变量的定义相同。

$$MT = \tau(P + R_T + R_{\widetilde{T}} + R_{\widetilde{\Delta T}}) - S_1 - S_2 - S_3 - S_4 \quad (5.46)$$

$$S_j = S_j^V + S_j^D + S_j^C = S_j^{TR} + S_j^C = \sum_{k=j}^{m} S_{j[k]}^{TR} + S_j^C \qquad (5.47)$$

$$S_j^{D_i} = S_j^{i+} - S_j^{i-} \qquad (5.48)$$

依据样本特性分组，可将式（5.47）中各类效应都分解为组内、组间、跨组效应，如式（5.49）~式（5.51）所示，$j = 1、2、3、4$，$S_{j,w}$、$S_{j,b}$、$S_{j,c}$ 分别代表第 j 类不公平效应的组内、组间、跨组分效应，$S_{j,w}^V$、$S_{j,b}^V$、$S_{j,c}^V$ 代表无税前扣除情况下累进税率表的第 j 类不公平效应的组内、组间、跨组分效应，$S_{j,w}^D$、$S_{j,b}^D$、$S_{j,c}^D$ 代表税前扣除的第 j 类不公平效应的组内、组间、跨组分效应，$S_{j,w}^C$、$S_{j,b}^C$、$S_{j,c}^C$ 代表税收免除的第 j 类不公平效应的组内、组间、跨组分效应，$S_{j,w}^{TR}$、$S_{j,b}^{TR}$、$S_{j,c}^{TR}$ 代表累进税率表的第 j 类不公平效应的组内、组间、跨组分效应，$S_{j,w[k]}^{TR}$、$S_{j,b[k]}^{TR}$、$S_{j,c[k]}^{TR}$ 代表第 k 级边际税率的第 j 类不公平效应的组内、组间、跨组分效应。

$$S_{j,w} = S_{j,w}^V + S_{j,w}^D + S_{j,w}^C = S_{j,w}^{TR} + S_{j,w}^C = \sum_{k=1}^{m} S_{j,w[k]}^{TR} + S_{j,w}^C \qquad (5.49)$$

$$S_{j,b} = S_{j,b}^V + S_{j,b}^D + S_{j,b}^C = S_{j,b}^{TR} + S_{j,b}^C = \sum_{k=1}^{m} S_{j,b[k]}^{TR} + S_{j,b}^C \qquad (5.50)$$

$$S_{j,c} = S_{j,c}^V + S_{j,c}^D + S_{j,c}^C = S_{j,c}^{TR} + S_{j,c}^C = \sum_{k=1}^{m} S_{j,c[k]}^{TR} + S_{j,c}^C \qquad (5.51)$$

式（5.48）中，$S_j^{D_i}$ 是税前扣除（D_i）的第 j 类不公平效应，S_j^{i+}、S_j^{i-} 分别代表存在、不存在第 i 种税前扣除（D_i）时的整体税制的第 j 类不公平效应。式（5.52）~式（5.54）中，$S_j^{D_i}$ 可分解为税前扣除（D_i）的组内效应（$S_{j,w}^{D_i}$）、组间效应（$S_{j,b}^{D_i}$）、跨组效应（$S_{j,c}^{D_i}$）。$S_{j,w}^{i+}$、$S_{j,w}^{i-}$ 分别代表存在、不存在税前扣除（D_i）时的整体个人所得税的第 j 类不公平效应的组内效应，$S_{j,b}^{i+}$、$S_{j,b}^{i-}$ 分别代表存在、不存在税前扣除（D_i）时的整体个人所得税的第 j 类不公平效应的组间效应，$S_{j,c}^{i+}$、$S_{j,c}^{i-}$ 分别代表存在、不存在税前扣除（D_i）时的整体个人所得税的第 j 类不公平效应的跨组效应。

$$S_{j,w}^{D_i} = S_{j,w}^{i+} - S_{j,w}^{i-} \qquad (5.52)$$

$$S_{j,b}^{D_i} = S_{j,b}^{i+} - S_{j,b}^{i-} \qquad (5.53)$$

$$S_{j,c}^{D_i} = S_{j,c}^{i+} - S_{j,c}^{i-} \qquad (5.54)$$

二、税制、数据与变量

（一）税制

1. 六项改革内容

2018年我国修订了个人所得税法，新旧个人所得税法的相同点在于边际税率未发生变化。第一，旧个人所得税法的工薪所得边际税率与新个人所得税法的综合所得边际税率相同，都是3%～45%的7级超额累进税率；第二，旧个人所得税法的个体工商户所得边际税率与新个人所得税法的经营所得边际税率相同，都是5%～35%的5级超额累进税率；第三，新旧个人所得税法下，利息股息红利所得、财产租赁所得、财产转让所得和偶然所得都适用20%的比例税率。

相对于旧个人所得税法，新个人所得税法有六项改革内容。第一，税级距的变化，旧税制下工薪所得个人所得税3%～10%、10%～20%、20%～25%的月税级距依次是1500、4500、9000元，新税制下综合所得个人所得税的上述三级税级距依次是3000、12000、25000元；旧税制下个体工商户个人所得税5%～10%、10%～20%、20%～30%、30%～35%的年税级距依次是1.5万、3万、6万、10万元，新税制下经营所得个人所得税的上述四级年税级距依次是3万、9万、30万、50万元。第二，月免征额从旧个人所得税制的3500元升至新个人所得税制的5000元。第三，相对于旧个人所得税制，新个人所得税制增设六项专项附加扣除。第四，两次年终奖个人所得税征收改革，《财政部、税务总局关于个人所得税法修改后有关优惠政策衔接问题的通知》（财税〔2018〕164号）指出，2021年12月31日前，居民个人取得全年一次性奖金不并入当年综合所得，以全年一次性奖金收入除以12个月得到的数额，按照按月换算后的综合所得税率表单独计税；自2022年1月1日起，居民个人取得全年一次性奖金，应并入当年综合所得计算缴纳个人所得税。2021年12月，李克强总理表示：全年一次性奖金不并入当年综合所得的优惠政策将延续至2023年底。《国家税务总局关于调整个人取得全年一次性奖金等计算征收个人所得税方法问题的通知》（国税发〔2005〕9号）规定：应先将不含税全年一次性奖金减去当月工资薪金所得低于税法规定费用扣除额的差额部分后，再单独计税。故年终奖计税改革包括两方面内容：一是2018年起不再从年终奖中减去当月工资薪金所得低于税法规定费用扣除额的差额部分（简称"年终奖改革 A");二是 2024 年起须将年终奖并入当年综合所得（简称"年终奖改革 B"）。第五，计税周期变更，旧税制下按月计征工薪所得个人所得税，新税制下按年计征综合所得个人所得税。

2. 七种个人所得税制

上文总结了新旧个人所得税法的六个不同点，据此可得七种个人所得税制，如表 5.7 所示。税制Ⅰ是 2011—2018 年我国实行的个人所得税制；在税制Ⅱ下，2011—2018 年个人所得税制的税级距完全变更为 2019 年新个人所得税制的税级距，其他内容与税制Ⅰ相同；在税制Ⅲ下，月免征额从 3500 元提升至 5000 元，其他内容与税制Ⅱ相同；在税制Ⅳ下，添加六项专项附加扣除制度，其他内容与税制Ⅲ相同；在税制Ⅴ下，新增年终奖改革 A，其他内容与税制Ⅳ相同；在税制Ⅵ下，将计税周期从"月"变更为"年"，其他内容与税制Ⅴ相同，税制Ⅵ是现行税制；在税制Ⅶ下，新增年终奖改革 B，其他内容与税制Ⅵ相同，税制Ⅶ是 2024 年我国推行的新个人所得税制。

表 5.7 七种个人所得税制

项目	是否扣除三险一金	税级距变更	免征额	是否扣除六项专项附加扣除	年终奖改革 A	年终奖改革 B	附注
税制Ⅰ	是	2011—2018 年	3500 元/月	否	否	否	2011—2018 年个人所得税制
税制Ⅱ	是	2019—2023 年	3500 元/月	否	否	否	
税制Ⅲ	是	2019—2023 年	5000 元/月	否	否	否	
税制Ⅳ	是	2019—2023 年	5000 元/月	是	否	否	
税制Ⅴ	是	2019—2023 年	5000 元/月	是	是	否	
税制Ⅵ	是	2019—2023 年	6 万元/年	是	是	否	2019—2023 年个人所得税制
税制Ⅶ	是	2019—2023 年	6 万元/年	是	是	是	2024 年个人所得税制

注：1. 免征额设置为 3500 或 5000 元/月时，按月征收个人所得税；免征额设置为 6 万元/年时，按年征收个人所得税。

2. 年终奖改革 A：2018 年起不再从年终奖中减去当月工资薪金所得低于税法规定费用扣除额的差额部分。

3. 年终奖改革 B：2024 年起须将年终奖并入当年综合所得。

资料来源：《中华人民共和国个人所得税法》。

（二）数据与变量

1. 数据

所采用数据源自 2018 年中国家庭追踪调查，简称 CFPS（2018），涉及 40718 个自然人、14241 个家庭。CFPS（2018）包括家庭经济问卷、个人自答问卷与少儿父母代答问卷。基于家庭经济问卷，计算经营（个体工商户）所得个人所得税、财产租赁个人所得税与其他所得个人所得税；基于个人自答问卷，计算综合（工薪）所得个人所得税、年终奖所得个人所得税、成年人数、60 岁（含）以上老人数；基于少儿父母代答问卷，计算 18 岁以下未成年人数。需依据家庭编号（$pid18$），将个人数据、少儿数据与家庭数据匹配在一起。

2. 变量

（1）税后所得

第一，综合或工薪税后所得。每月税后工资所得（$QG11$）与每月税后奖金所得（$QG1102$）出现在个人自答问卷中，每月税后综合或工薪所得等于上述两变量之和。

第二，税后年终奖。每年税后年终奖等于 CFPS（2018）个人自答问卷中的税后年终奖（$QG1101$）。

第三，经营所得或个体工商户税后所得。"个体私营企业数量（$FM2$）""税后净利润（$FM4$）"出现在家庭经济问卷中，每年经营所得或个体工商户税后所得 $=FM2 \div FM4$。

第四，财产租赁税后所得。CFPS（2018）家庭经济问卷包括以下三变量：年出租土地所得（$FS201$）、年出租其他资产所得（$FS501$）与年房租总收入（$FR501$），每月财产租赁税后所得 $=(FS201+FS501+FR501) \div 12$。

（2）三险一金

三险一金是指医疗保险、失业保险、养老保险与住房公积金。CFPS（2018）个人自答问卷记载了每月个人缴费额（$QG901$），以此作为医疗保险、失业保险与养老保险的缴费额；个人自答问卷还记载了月度公积金缴纳数额（$QG1001$），以此作为住房公积金的缴费额。遗憾的是，CFPS（2018）没有统计个体工商户的三险一金缴费额，为此做如下假设。

第一，假设个体工商户都是灵活就业人员，且无其他雇佣人员，不缴纳失业保险与住房公积金。第二,假设各省级区域内的三险一金缴费标准相同,原因在于CFPS(2018)未披露受访者所处的地市级地址。第三,假设所有个体工商户只按照养老保险与医疗保险的最低标准缴费,将省内在岗职工平均工资或缴费基数的六成作为最低缴费标准;辽宁省、湖北省各有三档缴费基数,假定个体工商户都按照最高档缴费基数的六成缴纳养老保险与医疗保险。第四,关于养老保险缴费率,若个体工商户来自上海市、福建省、河北省,假定其缴费率分别是24%、25%、16%;若个体工商户来自山东省、重庆市、云南省、辽宁省,假定其缴费率都是18%;若个体工商户来自其他地区,假定其缴费率都是20%。第五,关于医疗保险缴费率,若女性个体工商户低于55岁,男性个体工商户低于60岁,假定缴费率是2%。

(3)专项附加扣除

《个人所得税专项附加扣除暂行办法》规定,专项附加扣除包括六种扣除:大病医疗、赡养老人、子女教育、继续教育、住房租金、住房贷款利息扣除。第一,大病医疗扣除,CFPS(2018)家庭经济问卷记载了"受访者家庭全年的医疗支出($FP511$)",将此变量值视为扣除医保报销后个人负担,此值超过1.5万元、不超过8万元的部分视为大病医疗扣除,可抵扣税前综合或经营所得。第二,赡养老人扣除,CFPS(2018)个人自答问卷记载了"被调查人父母是否在世($QF5$)""被调查人年龄(age)",若被调查人父母健在,且被调查人年龄不低于35岁时,将2000元/月作为赡养老人扣除额。第三,子女教育扣除,CFPS(2018)少儿父母代答问卷记载了"子女是否入学($school$)",将1000元/月作为每个子女的教育扣除额。第四,继续教育扣除,CFPS(2018)个人自答问卷记载了"受访者是否是在职学生($QC4$)",为每位在职学生设定400元/月的继续教育扣除额。第五,住房租金扣除,CFPS(2018)家庭经济问卷记载了"每月房租支出($FP407$)",若其值>0,则将1500元/月作为住房租金扣除。第六,住房贷款利息扣除,CFPS(2018)家庭经济问卷记载了"待偿房贷本息总额($FT301$)",若其值>0,则将1000元/月作为住房贷款利息扣除。

(4)税前所得

CFPS(2018)统计数据适用于2011—2018年个人所得税制,可依据税后收入、个人所得税制、三险一金、免征额,得到四类"家庭税前所得"。

第一,工薪税前所得。个人所得税=税前所得-税后所得=(税前所得-三险一金-免征额)×税率-速算扣除数。因此,税前所得=[税后所得-速算扣除数-(三险一金+免征额)×税率]÷(1-税率)。

◇ 个人所得税的
收入差距平抑功能研究

第二,税前年终奖。年终奖个人所得税＝税前年终奖－税后年终奖＝[税前年终奖÷(12－当月工资薪金所得低于个人所得税法规定费用扣除额的差额部分)×税率－速算扣除数]×12。个人所得税法规定费用扣除额是三险一金与免征额之和。因此,税前年终奖＝[税后年终奖－12×(当月工资薪金所得低于个人所得税法规定费用扣除额的差额部分×税率＋速算扣除数)]÷(1－税率)。

第三,个体工商户税前所得。其计算公式与工薪税前所得计算公式相同,即：税前所得＝[税后所得－速算扣除数－(三险一金＋免征额)×税率]÷(1－税率)。不同的是,税率是个体工商户所得5级边际税率,而非工薪所得7级边际税率。

第四,财产租赁税前所得。当税前所得≤4000元时,个人所得税＝税前所得－税后所得＝(税前所得－800)×20%；当税前所得>4000元时,个人所得税＝税前所得－税后所得＝税前所得×(1－20%)×20%。因此,当税后所得≤3360时,税前所得＝(税后所得－160)÷(1－20%)；当税后所得>3360元时,税前所得＝税后所得÷0.84。

上述四项加总,可得"家庭总税前所得"。

(5) 人均等价税前收入

人均等价税前收入的公式是：人均等价税前收入＝家庭总税前所得÷等价比例。工薪税前所得、税前年终奖、个体工商户税前所得、财产租赁税前所得分别除以等价比例,可得：人均等价工薪税前所得、人均等价税前年终奖、人均等价个体工商户税前所得、人均等价财产租赁税前所得。Kakwani 和 Lambert (1998)、Monti 等 (2015) 提出了等价比例计算公式,如式 (5.55) 所示,其核心思想是将未成年人、家庭雇员或自雇人员折算成"标准人",标准人是一个有工作的成年人。基于人均等价税前收入,可计算税前收入基尼系数。

$$等价比例 = (成人数 + 0.2 \times 5岁以下孩子数 + 0.4 \times 6至14岁孩子数 + 0.7 \times 15至17岁孩子数)^{0.8} + 0.1 \times 家庭雇员或自雇人员数 \tag{5.55}$$

(6) 个人所得税额、平均税率与边际税率

依据表5.7的个人所得税制与四类人均等价税前所得,可计算得到综合所得、年终奖所得、经营所得、财产租赁所得个人所得税。将各级边际税率视为独立税率,分别计算各级边际税率所征得的个人所得税额。例如,经营所得个

人所得税制包括 5 级税率,分别计算各级税率所征得的个人所得税额。综合所得、年终奖所得所采用的个人所得税制都是综合所得 7 级累进税率,分别计算各边际税率所征得的个人所得税额,将相同级别边际税率所征得的综合所得个人所得税与年终奖所得个人所得税相加,可得综合所得各边际税率所征得的个人所得税额。财产租赁所得个人所得税只有 1 级税率——20% 的比例税率,故财产租赁所得个人所得税额全部都是 20% 比例税率所征得的个人所得税额。最终,可获得 13 级边际税率(7 级综合所得边际税率、5 级经营所得边际税率、1 级财产租赁所得比例税率)对应的子个人所得税额(T^j,$j = 1,2,\cdots,13$)。据此计算第 j 级边际税率对应的子个人所得税平均税率 $\widetilde{T}^j = \left\{\widetilde{T}_i^j = \dfrac{T_i^j}{X_i}\right\}$,$\widetilde{T}_i^j$ 是第 i 个样本下第 j 级边际税率所征子个人所得税对应的平均税率,X_i 是第 i 个样本的税前收入,i 是 1 至 n 的自然数,n 为样本数。

据统计局发布,2020 年我国居民人均可支配收入是 32188.8 元,同比增长 4.74%,据此确定各受访者税前收入的增长率,并计算各子个人所得税的增加额(ΔT^j,$j = 1,2,\cdots,13$)。计算过程如下:第一,将每位受访者的税前所得都乘以(1+4.74%),运用个人所得税制对其征税,获得 13 级边际税率对应的新子个人所得税额($T^{j'}$),可得 $\Delta T^j = T^{j'} - T^j$。因此,第 j 级边际税率对应的子个人所得税边际税率 $\widetilde{\Delta T^j} = \left\{\widetilde{\Delta T_i^j} = \dfrac{\Delta T_i^j}{\Delta X_i}\right\}$,$\widetilde{\Delta T_i^j}$ 是第 i 个样本下第 j 级边际税率对应的子个人所得税边际税率,ΔT_i^j 是第 i 个样本下第 j 级边际税率对应的子个人所得税增额,ΔX_i 是第 i 个样本的税前收入增量,i 是 1 至 n 的自然数,n 为样本数。

(7)排序效应、基尼系数与集中度的计算公式

假设有两个变量 M、L,则变量 M 的排序效应计算公式是:$R = G_M - C_{M,L}$。G_M 是变量 M 的基尼系数,$C_{M,L}$ 是以变量 L 非降序排列的变量 M 的集中度。基尼系数或集中度计算公式是:G 或 $C = 1 - \sum_{i=1}^{n} P_i \left(2 \sum_{k=1}^{i} I_k - I_i\right)$,其中 G、C 分别代表基尼系数、集中度,k、i、n 是自然数,n 是样本总数,I_i 是第 i 个组群的某指标值占所有样本的该指标值之和的比重,P_i 是第 i 个组群人口数占总人口数的比重[①]。基尼系数与集中度的计算公式相同,但排序变量不

[①] 彭海艳:《个人所得税的再分配效应及机制重塑研究》,中国财政经济出版社,2012 年,第 63 页。

同，如 G_M 是将样本按照变量 M 非降序排列后计算得到的，$C_{M;L}$ 是将样本按照变量 L 非降序排列后计算得到的。

三、六项改革内容的收入调节效应测算结果

（一）七种税制的测算结果

表 5.8 显示了七种个人所得税制的 KL 分解效应结果。四类不公平效应的大小排序存在规律：边际税率累退效应（0.01788921）＞平均税率累退效应（0.01300907）＞税额累退效应（0.00219806）＞过度调节效应（0.00039390），括号中的数字是七种税制的算术平均值。因此，我国个人所得税制确实导致了一些不公平，若能有效克服这些不公平效应，我国个人所得税的收入调节功能将显著加强，潜在公平效应与 MT 指数之比的七种税制算术平均值是 5.30，换言之，若能完全克服四类不公平效应，则个人所得税的收入调节效应约能提升 430%。

横向比较有利于分析各项个人所得税改革内容对 MT 指数、平均税率与不公平效应之和的影响。如表 5.8 所示，六项个人所得税改革内容中，税级距变更、免征额提升、增加六项专项附加扣除、计税周期从"月"到"年"的作用方向相同，都减少了 MT 指数、平均税率与不公平效应之和。年终奖改革 A、年终奖改革 B 的作用方向相同，都增加了 MT 指数、平均税率与不公平效应之和。

表 5.8　七种税制的 KL 分解效应

类别	税制 I	税制 II	税制 III	税制 IV	税制 V	税制 VI	税制 VII
MT 指数	0.01197050	0.00850360	0.00742190	0.00688700	0.00688840	0.00679290	0.00709320
税额累退效应	0.00205733	0.00210928	0.00220013	0.00225439	0.00225419	0.00226706	0.00224402
平均税率累退效应	0.01400648	0.01274238	0.01290850	0.01281251	0.01281342	0.01281162	0.01296859
边际税率累退效应	0.02494104	0.01909551	0.01695950	0.01602119	0.01602358	0.01584742	0.01633624
过度调节效应	0.00039776	0.00039076	0.00039304	0.00039385	0.00039379	0.00039415	0.00039395
不公平效应之和*	0.04140261	0.03433793	0.03246117	0.03148194	0.03148498	0.03132025	0.03194280
潜在公平效应**	0.05337311	0.04284153	0.03988308	0.03836893	0.03837337	0.03811315	0.03903601
潜在公平效应与 MT 指数之比	4.46	5.04	5.37	5.57	5.57	5.61	5.50
平均税率	0.04987190	0.03863480	0.03446190	0.03261750	0.03262230	0.03227520	0.03323790
MT 指数变化率***	—	−28.96%	−12.72%	−7.21%	0.02%	−1.39%	4.42%

第五章　个人所得税收入差距平抑功能的KL分解法及其扩展

续表

类别	税制Ⅰ	税制Ⅱ	税制Ⅲ	税制Ⅳ	税制Ⅴ	税制Ⅵ	税制Ⅶ
平均税率变化率***	—	－22.53%	－10.80%	－5.35%	0.01%	－1.06%	2.98%
不公平效应之和变化率***	—	－17.06%	－5.47%	－3.02%	0.01%	－0.52%	1.99%
个人所得税改革内容	—	税级距变更	免征额提升	增加六项专项附加扣除	年终奖改革A	计税周期从"月"到"年"	年终奖改革B

注：* 不公平效应之和 = 税额累退效应 + 平均税率累退效应 + 边际税率累退效应 + 过度调节效应。

** 潜在公平效应 = MT 指数 + 不公平效应之和。

*** MT 指数变化率$_i$ =（MT 指数$_i$ － MT 指数$_{i-1}$）÷ MT 指数$_{i-1}$ × 100%；

平均税率变化率$_i$ =（平均税率$_i$ － 平均税率$_{i-1}$）÷ 平均税率$_{i-1}$ × 100%；

不公平效应之和变化率$_i$ =（不公平效应之和$_i$ － 不公平效应之和$_{i-1}$）÷ 不公平效应之和$_{i-1}$ × 100%。

其中，i = 2, 3, …, 7。

下面分析 MT 指数、平均税率与不公平效应之和的关系。平均税率对于个人所得税的收入调节效应至关重要，大量文献认为平均税率与个人所得税的收入调节效应呈正相关性。平均税率是样本整体的个人所得税额之和占税前收入之和的比重；MT 指数是税前、税后基尼系数之差，表征着个人所得税的收入调节效应。当纳税人收入分布函数不变时，相对于平均税率较低的状态，平均税率较高的状态下有更多的纳税人税前所得适用了较高边际税率，高低收入者个人所得税额之比高于低平均税率状态下的高低收入者个人所得税额之比，故个人所得税的收入调节效应也较强，即高平均税率状态下的 MT 指数大于低平均税率状态下的 MT 指数。

不公平效应包括四种——税额累退效应、平均税率累退效应、边际税率累退效应与过度调节效应，上述效应与平均税率也呈现正相关性。原因在于：上述四效应都是排序效应，税额累退效应衡量纳税人分别按照税前收入、个人所得税额非降序排序的差异，平均税率累退效应衡量纳税人分别按照税前收入、平均税率非降序排序的差异，边际税率累退效应衡量纳税人分别按照税前收入、边际税率非降序排序的差异，过度调节效应衡量纳税人分别按照税前收入、税后收入非降序排序的差异；若平均税率为 0，则个人所得税额、平均税率、边际税率都是 0，税前收入与税后收入相等，上述排序的差异都将消失，故四类不公平效应都是 0，不公平效应之和自然也是 0。随着平均税率提升，个人所得税额、平均税率、边际税率都将增加，税前收入与税后收入之间的差异也会增加，上述四类不公平效应都会增长，不公平效应之和自然也会增长。下面逐一分析六次改革内容的收入调节效应。

第一，税级距变更的作用。在减少 MT 指数、平均税率与不公平效应之和的个人所得税改革内容中，税级距变更的作用最强，使得 MT 指数、平均税率与不公平效应之和分别减少了 28.96%、22.53% 与 17.06%。如前所述，税级距变更包括两部分内容：综合所得税级距提升、经营所得税级距提升。综合所得税级距提升是指相对于过去的工薪所得个人所得税，3%～10%、10%～20%、20%～25%的月税级距分别提升了 100%、167%、178%，此举大幅减轻了月收入 5000～30000 元纳税人的税负担。经营所得税级距提升是指相对于旧税制下的个体工商户所得个人所得税，经营所得个人所得税的 4 级边际税率都有所提升，此举大幅减轻了所有个体工商户的税负担。因此，平均税率降幅达到 22.53%。税级距提升使得很多原来适用于高边际税率的纳税人降低到较低的边际税率，高低收入者间的税负担差距将大幅缩小，个人所得税的收入调节效应减弱了 28.96%，不公平效应之和则减少了 17.06%。

第二，免征额提升的作用。2018 年个人所得税的月免征额从 3500 元提升至 5000 元，这减轻了所有纳税人的税负担，月应税所得不高于 5000 元的纳税人更是免于缴税。免征额提升使得平均税率从 0.03863480 降至 0.03446190，降幅达到 10.80%；MT 指数、不公平效应之和的降幅也分别达到 12.72%、5.47%。

第三，增加六项专项附加扣除的作用。2018 年个人所得税改革新设专项附加扣除制度，针对不同的人群有着不同的扣除方法。此措施的减税效应小于免征额提升的减税效应，但仍使得平均税率从 0.03446190 降至 0.03261750；MT 指数、不公平效应之和也分别降低 7.21%、3.02%。

第四，计税周期从"月"到"年"的作用。旧税制下纳税人工薪所得的计税周期是一月，新税制下计税周期是一年，此项改革内容有利于月收入波动加大的纳税人群体，如计件工人、受季节因素影响较强的从业者等。CFPS（2018）只给出了年税后收入，据此可得年税前收入、月平均税前收入。为评估计税周期从"月"到"年"的收入调节效应，具体步骤如下：一是人力资源和社会保障部官网发布了 2018 年 1—12 月人力资源社会保障月度数据，包括 1—12 月的城镇职工基本养老保险基金收入，据此可得"月平均城镇职工基本养老保险基金收入"；二是构造变量 1—12 月的"变异系数"，某月的变异系数等于该月城镇职工基本养老保险基金收入与月平均城镇职工基本养老保险基金收入之商；三是将 CFPS（2018）的"月平均税前收入"与 1—12 月的"变异系数"相乘,可得 1—12 月的税前收入,之后用表 5.7 的税制Ⅴ征税,可得税额Ⅴ;四是基于 CFPS(2018)的"月平均税前收入",用表 5.7 的税制Ⅳ征税,可得税额Ⅳ。显然,税额Ⅴ与税额Ⅳ存在差异,故计税周期从"月"到"年"会对个人所得税的收入调节效应产生影响。此项改革使得平均税率、MT 指数、不公平效应之和分别降低了 1.06、1.39、0.52 个百分点,如表 5.8 所示。

第五,两项年终奖改革的作用。不同于上述四项措施,年终奖改革 A、B 都使得平均税率、MT 指数、不公平效应之和有所提升。年终奖改革 A 减少了年终奖扣除额,增加了年终奖应税所得,故平均税率提升了 0.01%。年终奖改革 B 要求将年终奖并入综合所得,适用 7 级超额累进税制征税,此举也使得平均税率从 0.03227520 升至 0.03323790。伴随着平均税率的提升,年终奖改革 A、B 都使得 MT 指数分别提升了 0.02% 与 4.42%,使得不公平效应之和分别提升了 0.01%、1.99%。相对而言,年终奖改革 B 的作用强于年终奖改革 A 的作用。

(二)现行税制(税制Ⅵ)的各要素分效应

可将个人所得税的四类不公平效应分别分解为各边际税率与税前扣除的分效应,如表 5.9 所示。正数或负数表明对应个人所得税要素能扩大或缩小收入差距。

表 5.9 现行税制(税制Ⅵ)的各要素分效应

序号	个人所得税要素	税额累退效应(S_1)	平均税率累退效应(S_2)	边际税率累退效应(S_3)	过度调节效应(S_4)	不公平效应之和(S_{sum})
1	免征额	−0.00031410	−0.00151971	−0.01128576	−0.00001281	−0.01313237
2	三险扣除	−0.00004557	−0.00034845	−0.00010417	−0.00000226	−0.00050045
3	公积金扣除	0.00015772	0.00041740	−0.00184978	0.00000585	−0.00126882
4	子女教育扣除	0.00002837	0.00036217	−0.00073355	0.00000262	−0.00034039
5	继续教育扣除	0.00000082	0.00000462	−0.00001400	0.00000014	−0.00000842
6	大病医疗扣除	0.00011732	0.00030280	−0.00064427	0.00000258	−0.00022157
7	房贷利息扣除	0.00003150	0.00015258	−0.00049993	0.00000146	−0.00031439
8	住房租金扣除	0.00005628	0.00028642	−0.00087801	0.00000360	−0.00053171
9	赡养老人扣除	0.00073128	0.00591480	−0.00753395	0.00004389	−0.00084398

◇ 个人所得税的
收入差距平抑功能研究

续表

序号	个人所得税要素	税额累退效应（S_1）	平均税率累退效应（S_2）	边际税率累退效应（S_3）	过度调节效应（S_4）	不公平效应之和（S_{sum}）
10	综合1级税率	−0.00002540	−0.00003280	−0.00006680	0.00039510	0.00027010
11	综合2级税率	−0.00002700	−0.00004950	−0.00013200	0.00000006	−0.00020844
12	综合3级税率	−0.00000125	−0.00001070	−0.00002650	0.00000006	−0.00003839
13	综合4级税率	−0.00000029	−0.00000394	−0.00000313	0.00000078	−0.00000658
14	综合5级税率	−0.00000028	−0.00000403	−0.00000878	0.00000036	−0.00001273
15	综合6级税率	0.00000001	−0.00000021	−0.00000163	0.00000000	−0.00000183
16	综合7级税率	0.00000000	−0.00000006	−0.00000062	0.00000000	−0.00000067
17	经营1级税率	−0.00000688	−0.00001640	−0.00001170	−0.00000006	−0.00003504
18	经营2级税率	−0.00000720	−0.00002830	−0.00003530	−0.00000030	−0.00007110
19	经营3级税率	0.00000072	−0.00003200	−0.00003920	−0.00000012	−0.00007060
20	经营4级税率	0.00000023	−0.00000534	−0.00001100	−0.00000012	−0.00001623
21	经营5级税率	0.00000009	−0.00000400	−0.00000772	−0.00000095	−0.00001259
22	20%比例税率	0.00233430	0.01299890	0.01619180	−0.00000066	0.03152434
23	税制整体	0.00226705	0.01281162	0.01584742	0.00039415	0.03132024

注：* $S_{sum} = S_1 + S_2 + S_3 + S_4$

** 税制整体的结果为第 10~22 行数值之和，税制Ⅵ的不公平效应之和与表 5.8 中税制Ⅵ的相应值相等。

首先，关注最后一行，此行中数值为第 10~22 行数值之和，可评价税制Ⅵ（现行个人所得税制）的运行效率。不公平效应按照从大到小的顺序排列依次是边际税率累退效应（0.01584742）、平均税率累退效应（0.01281162）、税额累退效应（0.00226705）与过度调节效应（0.00039415）。边际税率累退效应>平均税率累退效应，表明现行个人所得税对新增收入的调节作用明显弱于对已有收入的调节作用。平均税率累退效应>税额累退效应，表明相对于低税前收入者错配高个人所得税额的问题，低税前收入者错配高个人所得税平均税率的问题更为严重。过度调节效应最小，表明存在高税前收入者的税后收入低于低税前收入者的税后收入的"过头税"问题，但并不严重。不公平效应之和是 0.03132024，表明若能完全克服四类不公平效应，税后基尼系数将减少 0.03132024。

其次，关注最右一列，综合所得第 1 级税率、其他所得 20% 比例税率的分效应是正值,其他 20 项个人所得税要素的分效应都是负值。但是,其他所得 20% 比例税率的不公平效应之和(0.03152434)大于效应值为负值的 20 项个人所得税要素不公平效应之和加总值的绝对值(0.018)。观察其他所得 20% 比例税率的四类不公平效应发现,税额累退效应、平均税率累退效应、边际税率累退效应都是正值,远超其他要素的相应值。这表明,改革"其他所得 20% 比例税率"是个人所得税收入调节效应提高的关键。

最后,继续关注最右一列,按照不公平效应之和绝对值从高到低排序,能缩小收入差距的个人所得税要素依次是免征额、公积金扣除、赡养老人扣除、住房租金扣除、三险扣除、子女教育扣除、住房贷款利息扣除、大病医疗扣除、综合所得第 2 级税率、经营所得第 2 级税率、经营所得第 3 级税率、综合所得第 3 级税率、经营所得第 1 级税率、经营所得第 4 级税率、综合所得第 5 级税率、经营所得第 5 级税率、继续教育扣除、综合所得第 4 级税率、综合所得第 6 级税率、综合所得第 7 级税率。扣除类个人所得税要素全部能缩小收入差距,因此,适当增加扣除额度或增加扣除种类都有利于缩小收入差距。

四、分组分解测算结果

(一) 分组依据

表 5.10 选取了 11 种居民异质性作为分组依据变量,具体可分为三类。

1. 城乡差别分类变量

此类变量仅包括一个变量——城乡差别(urban)。城镇人口的 urban=1,人均等价收入是 23386 元;乡村人口的 urban=0,人均等价收入是 9828 元。

表 5.10 各组别的分类统计

变量	urban	man	woman	kid	kids	single&kids	olders	single	older&kid$_1$	older&kid$_2$	older&kid$_3$
值为 1 的样本数	5047	9171	3307	5523	2159	187	2455	3750	1758	782	4808
值为 1 的样本占比(%)*	35.44	64.40	23.22	38.78	15.16	1.31	17.24	26.33	12.34	5.49	33.76
值为 1 的样本人均等价收入**(元)	23386	19006	17628	17008	12629	11155	6481	22683	11769	9919	9941

◇ 个人所得税的
收入差距平抑功能研究

续表

变量	urban	man	woman	kid	kids	single&kids	olders	single	older&kid₁	older&kid₂	older&kid₃
值为0的样本人均等价收入（元）	9828	13854	17034	17276	17983	17252	19399	15202	17933	17593	20857

注：* 值为1的样本占比 = 值为1的样本数 ÷ 整体样本数 × 100%。

** 人均等价收入 = 四类家庭税前所得之和 ÷ 等价比例，四类家庭税前所得之和 = 家庭工薪税前所得 + 家庭税前年终奖 + 家庭个体工商户税前所得 + 家庭财产租赁税前所得，等价比例 = (成人数 + 0.2 × 5岁以下孩子数 + 0.4 × 6～14岁孩子数 + 0.7 × 15～17岁孩子数)$^{0.8}$ + 0.1 × 家庭雇员或自雇人员数。

2. 家长性别分类变量

此类变量包括两个变量：男性家长家庭（man）、女性家长家庭（woman）。

第一，男性家长家庭（man），若男性人均等价收入不低于女性的相应值，则 man=1；其他情况下，man=0。男性家长家庭包括以下情形：一是家庭内部只有男性；二是家庭内部包括成年男性与未成年人；三是家庭包含成年男女，且成年男性人均等价收入不低于成年女性的相应值。当某家庭不满足所有条件时，该家庭为"非成年男性家长家庭"。当 man=1、0 时，人均等价收入分别是 19006、13854 元。

第二，女性家长家庭（woman），若女性人均等价收入高于男性的相应值，则 woman=1；其他情况下，woman=0。女性家长家庭包括以下情形：一是家庭内部只有女性；二是家庭内部包括成年女性与未成年人；三是家庭包含成年男女，且成年女性人均等价收入高于成年男性的相应值。当某家庭不满足所有条件时，该家庭为"非成年女性家长家庭"。当 woman=1、0 时，人均等价收入分别为 17628、17034 元。

3. 家庭负担分类变量

此类变量包括八个变量，具体如下。

第一，有子家庭（kid），若某家庭拥有1名以上18岁以下未成年人，则 kid=1；否则，kid=0。当 kid=1、0 时，人均等价收入分别为 17008、17276 元。

第二，多子家庭（kids），若某家庭拥有的18岁以下未成年人不少于2

人，则 $kids=1$；否则，$kids=0$。当 $kids=1$、0 时，人均等价收入分别为 12629、17983 元。

第三，单成人多子家庭（$single\&kids$），若家庭仅包括 1 名成年人，且 18 岁以下未成年人不少于 2 人，则 $single\&kids=1$；否则，$single\&kids=0$。当 $single\&kids=1$、0 时，人均等价收入分别为 11155、17252 元。

第四，多老人家庭（$olders$），若某家庭的 60 岁（含）以上老人不少于 2 位，则 $olders=1$；否则，$olders=0$。当 $olders=1$、0 时，人均等价收入分别为 6481、19399 元。

第五，单成年人家庭（$single$），若家庭仅包括 1 个成年人，则 $single=1$；否则，$single=0$。当 $single=1$、0 时，人均等价收入分别为 22683、15202 元。

第六，高负担家庭Ⅰ（$older\&kid_1$），若某家庭的 60 岁（含）以上老人数不少于 1，且 18 岁以下未成年人数不少于 1，则该家庭的 $older\&kid_1=1$；否则 $older\&kid_1=0$。当 $older\&kid_1=1$、0 时，人均等价收入分别为 11769、17933 元。

第七，高负担家庭Ⅱ（$older\&kid_2$），若某家庭 60 岁以上老人数不少于 1，且 18 岁以下未成年人数不少于 2，则该家庭的 $older\&kid_2=1$，否则 $older\&kid_2=0$。当 $older\&kid_2=1$、0 时，人均等价收入分别为 9919、17593 元。

第八，高负担家庭Ⅲ（$older\&kid_3$），若某家庭 60 岁以上老人与 18 岁以下未成年人的总数不少于 2，则该家庭的 $older\&kid_3=1$，否则 $older\&kid_3=0$。当 $older\&kid_3=1$、0 时，人均等价收入分别为 9941、20857 元。

综上，通过比较各分类变量为 1、0 的人均等价收入可知，较低收入家庭拥有以下特征：农村居民、非男性家长家庭、拥有 2 名以上的未成年子女或老人的家庭、单成人多子家庭。

（二）城乡分组结果

依据第一个分组依据变量——城乡差别（$urban$）对整体样本进行分组，可得到两组样本——城镇样本与乡村样本。依据式（5.45）~式（5.49），可将表 5.9 中现行税制（税制Ⅵ）的各要素分效应进一步分解为组内效应、组间效应与跨组效应。

1. 组内效应

现行税制（税制Ⅵ）的各要素分效应的城乡分组分解——组内效应如表

5.11所示。组内不公平效应之和（$S_{sum,w}$）方面，20%比例税率、综合1级税率的组内不公平效应之和是正值，分别为0.03753337、0.00030230，表明上述两要素将扩大居民收入差距；公积金扣除等20种个人所得税要素的不公平效应之和都是负值，按照组内不公平效应之和的绝对值从高到低排序，免征额、公积金扣除、赡养老人扣除位列前三，这三要素的组内不公平效应之和分别是−0.01350592、−0.00138043、−0.00097168。

表5.11 现行税制（税制Ⅵ）的各要素分效应的城乡分组分解——组内效应

序号	个人所得税要素	组内税额累退效应（$S_{1,w}$）	组内平均税率累退效应（$S_{2,w}$）	组内边际税率累退效应（$S_{3,w}$）	组内过度调节效应（$S_{4,w}$）	组内不公平效应之和（$S_{sum,w}$）*
1	免征额	−0.00013396	−0.00049361	−0.01286542	−0.00001293	−0.01350592
2	三险扣除	−0.00004685	−0.00033959	−0.00011885	−0.00000246	−0.00050775
3	公积金扣除	0.00022009	0.00049912	−0.00210871	0.00000908	−0.00138043
4	子女教育扣除	0.00004888	0.00048674	−0.00083617	0.00000304	−0.00029751
5	继续教育扣除	0.00000091	0.00000492	−0.00001570	−0.00000010	−0.00000997
6	大病医疗扣除	0.00015198	0.00036184	−0.00073493	0.00000332	−0.00021779
7	房贷利息扣除	0.00004190	0.00017779	−0.00056987	0.00000188	−0.00034829
8	住房租金扣除	0.00007762	0.00034796	−0.00100063	0.00000490	−0.00057015
9	赡养老人扣除	0.00086897	0.00669735	−0.00858871	0.00005071	−0.00097168
10	综合1级税率	−0.00003840	−0.00004610	−0.00009040	0.00047720	0.00030230
11	综合2级税率	−0.00004110	−0.00007100	−0.00017560	0.00000012	−0.00028758
12	综合3级税率	−0.00000187	−0.00001540	−0.00003510	0.00000006	−0.00005231
13	综合4级税率	−0.00000039	−0.00000563	−0.00000408	0.00000107	−0.00000903
14	综合5级税率	−0.00000038	−0.00000571	−0.00001130	0.00000030	−0.00001709
15	综合6级税率	0.00000002	−0.00000029	−0.00000205	0.00000000	−0.00000232
16	综合7级税率	0.00000001	−0.00000029	−0.00000070	0.00000000	−0.00000078
17	经营1级税率	−0.00001040	−0.00002270	−0.00001520	−0.00000006	−0.00004836
18	经营2级税率	−0.00001100	−0.00004030	−0.00004560	−0.00000054	−0.00009744
19	经营3级税率	0.00000080	−0.00004650	−0.00005050	−0.00000012	−0.00009632
20	经营4级税率	0.00000022	−0.00000764	−0.00001430	−0.00000012	−0.00002184
21	经营5级税率	0.00000029	−0.00000572	−0.00000999	−0.00000149	−0.00001691

续表

序号	个人所得税要素	组内税额累退效应（$S_{1,w}$）	组内平均税率累退效应（$S_{2,w}$）	组内边际税率累退效应（$S_{3,w}$）	组内过度调节效应（$S_{4,w}$）	组内不公平效应之和（$S_{sum,w}$）*
22	20%比例税率	0.00307500	0.01593850	0.01852070	−0.00000083	0.03753337
23	税制整体**	0.00297280	0.01567143	0.01806588	0.00047559	0.03718569

注：* $S_{sum,w} = S_{1,w} + S_{2,w} + S_{3,w} + S_{4,w}$

** 税制整体的结果为第 10～22 行数值之和。

关注最后一行的数据，税制整体的组内税额累退效应（$S_{1,w}$）、组内平均税率累退效应（$S_{2,w}$）、组内边际税率累退效应（$S_{3,w}$）、组内过度调节效应（$S_{4,w}$）、组内不公平效应之和（$S_{sum,w}$）分别是 0.00297280、0.01567143、0.01806588、0.00047559、0.03718569；如表 5.9 所示，税制整体的税额累退效应（S_1）、平均税率累退效应（S_2）、边际税率累退效应（S_3）、过度调节效应（S_4）、不公平效应之和（S_{sum}）分别是 0.00226705、0.01281162、0.01584742、0.00039415、0.03132024；组内税额累退效应占税额累退效应的比重是 131.13%，组内平均税率累退效应占平均税率累退效应的比重是 122.32%，组内边际税率累退效应占边际税率累退效应的比重是 114.00%，组内过度调节效应占过度调节效应的比重是 120.66%，组内不公平效应之和占不公平效应之和的比重是 118.73%。

2. 组间效应

现行税制（税制Ⅵ）的各要素分效应的城乡分组分解——组间效应如表 5.12 所示。组间不公平效应之和方面，公积金扣除、三险扣除、房贷利息扣除、住房租金扣除的组间不公平效应之和是正值，分别是 0.00004655、0.00002096、0.00001233、0.00000456；继续教育扣除等 18 种个人所得税要素的组间不公平效应之和都是负值，按照绝对值从高到低排序，20%比例税率、免征额、经营 5 级税率位列前三，此三要素的组间不公平效应之和分别是 −0.00457302、−0.00229223、−0.00097880。

◇ 个人所得税的

收入差距平抑功能研究

表 5.12 现行税制（税制Ⅵ）的各要素分效应的城乡分组分解——组间效应

序号	个人所得税要素	组间税额累退效应（$S_{1,b}$）	组间平均税率累退效应（$S_{2,b}$）	组间边际税率累退效应（$S_{3,b}$）	组间过度调节效应（$S_{4,b}$）	组间不公平效应之和（$S_{sum,b}$）*
1	免征额	−0.00190422	−0.00166415	0.00127353	0.00000260	−0.00229223
2	三险扣除	0.00000846	0.00000365	0.00001189	−0.00000305	0.00002096
3	公积金扣除	−0.00010566	−0.00007752	0.00020880	0.00002093	0.00004655
4	子女教育扣除	−0.00009221	−0.00005586	0.00008264	−0.00001006	−0.00007549
5	继续教育扣除	−0.00000323	−0.00000216	0.00000162	0.00000039	−0.00000338
6	大病医疗扣除	−0.00006784	−0.00004344	0.00007267	−0.00000481	−0.00004341
7	房贷利息扣除	−0.00002810	−0.00002235	0.00005649	0.00000630	0.00001233
8	住房租金扣除	−0.00005696	−0.00004249	0.00009907	0.00000494	0.00000456
9	赡养老人扣除	−0.00076830	−0.00047364	0.00085037	−0.00003629	−0.00042785
10	综合1级税率	−0.00005260	−0.00003770	−0.00006350	−0.00048340	−0.00063720
11	综合2级税率	−0.00014410	−0.00006480	−0.00013260	0.00000001	−0.00034149
12	综合3级税率	−0.00009230	−0.00001760	−0.00003150	0.00000004	−0.00014136
13	综合4级税率	−0.00006440	−0.00001060	−0.00000451	−0.00000005	−0.00007956
14	综合5级税率	−0.00009170	−0.00001400	−0.00002020	0.00000039	−0.00012551
15	综合6级税率	−0.00002070	−0.00000208	−0.00000519	0.00000023	−0.00002774
16	综合7级税率	−0.00000578	−0.00000058	−0.00000412	0.00000000	−0.00001048
17	经营1级税率	−0.00004110	−0.00003070	−0.00002310	0.00000000	−0.00009490
18	经营2级税率	−0.00009200	−0.00004730	−0.00004570	0.00000000	−0.00018500
19	经营3级税率	−0.00025320	−0.00006270	−0.00005890	0.00000000	−0.00037480
20	经营4级税率	−0.00014050	−0.00001430	−0.00002050	−0.00000001	−0.00017531
21	经营5级税率	−0.00090170	−0.00004270	−0.00003450	0.00000010	−0.00097880
22	20%比例税率	−0.00099250	−0.00223650	−0.00134460	0.00000058	−0.00457302
23	税制整体**	−0.00289258	−0.00258156	−0.00178892	−0.00048211	−0.00774517

注：* $S_{sum,b} = S_{1,b} + S_{2,b} + S_{3,b} + S_{4,b}$

** 税制整体的结果为第 10～22 行数值之和。

从税制整体的组间效应看，组间税额累退效应（$S_{1,b}$）、组间平均税率累退效应（$S_{2,b}$）、组间边际税率累退效应（$S_{3,b}$）、组间过度调节效应（$S_{4,b}$）、组间不公平效应之和（$S_{sum,b}$）分别是 −0.00289258、

−0.00258156、−0.00178892、−0.00048211、−0.00774517；组间税额累退效应占税额累退效应的比重是−127.59%，组间平均税率累退效应占平均税率累退效应的比重是−20.15%，组间边际税率累退效应占边际税率累退效应的比重是−11.29%，组间过度调节效应占过度调节效应的比重是−122.32%，组间不公平效应之和占不公平效应之和的比重是−24.73%。

3. 跨组效应

现行税制（税制Ⅵ）的各要素分效应的城乡分组分解——跨组效应如表5.13所示。跨组不公平效应之和方面，只有三险扣除、20%比例税率的跨组不公平效应之和是负值，分别是−0.00001342、−0.00143610；其他20种个人所得税要素的跨组不公平效应之和都是正值，按照跨组不公平效应之和从高到低排序，免征额、经营5级税率、综合1级税率的跨组不公平效应之和位列前三，分别是0.00266517、0.00098314、0.00060470。税制整体的跨组税额累退效应、跨组平均税率累退效应、跨组边际税率累退效应、跨组过度调节效应、跨组不公平效应之和分别是0.00218657、−0.00027833、−0.00042963、0.00040057、0.00187918。跨组税额累退效应占税额累退效应的比重是96.45%，跨组平均税率累退效应占平均税率累退效应的比重是−2.17%，跨组边际税率累退效应占边际税率累退效应的比重是−2.71%，跨组过度调节效应占过度调节效应的比重是101.63%，跨组不公平效应之和占不公平效应之和的比重是6.00%。

表5.13 现行税制（税制Ⅵ）的各要素分效应的城乡分组分解——跨组效应

序号	个人所得税要素	跨组税额累退效应（$S_{1,c}$）	跨组平均税率累退效应（$S_{2,c}$）	跨组边际税率累退效应（$S_{3,c}$）	跨组过度调节效应（$S_{4,c}$）	跨组不公平效应之和（$S_{sum,c}$）*
1	免征额	0.00172383	0.00063787	0.00030613	−0.00000266	0.00266517
2	三险扣除	−0.00000726	−0.00001236	0.00000271	0.00000349	−0.00001342
3	公积金扣除	0.00004366	−0.00000437	0.00005022	−0.00002429	0.00006522
4	子女教育扣除	0.00007142	−0.00006843	0.00001980	0.00000957	0.00003236
5	继续教育扣除	0.00000303	0.00000175	0.00000040	−0.00000014	0.00000505
6	大病医疗扣除	0.00003343	−0.00001576	0.00001743	0.00000406	0.00003916
7	房贷利息扣除	0.00001750	−0.00000297	0.00001366	−0.00000686	0.00002133
8	住房租金扣除	0.00003557	−0.00001905	0.00002377	−0.00000630	0.00003399

续表

序号	个人所得税要素	跨组税额累退效应 ($S_{1,c}$)	跨组平均税率累退效应 ($S_{2,c}$)	跨组边际税率累退效应 ($S_{3,c}$)	跨组过度调节效应 ($S_{4,c}$)	跨组不公平效应之和 ($S_{sum,c}$)*
9	赡养老人扣除	0.00063065	−0.00030876	0.00020445	0.00002967	0.00055601
10	综合1级税率	0.00006550	0.00005090	0.00008710	0.00040120	0.00060470
11	综合2级税率	0.00015810	0.00008630	0.00017630	−0.00000007	0.00042063
12	综合3级税率	0.00009290	0.00002240	0.00004010	−0.00000004	0.00015536
13	综合4级税率	0.00006450	0.00001230	0.00000546	−0.00000025	0.00008201
14	综合5级税率	0.00009180	0.00001570	0.00002270	−0.00000033	0.00012987
15	综合6级税率	0.00002070	0.00000216	0.00000561	−0.00000023	0.00002824
16	综合7级税率	0.00000577	0.00000061	0.00000420	0.00000000	0.00001058
17	经营1级税率	0.00004460	0.00003690	0.00002660	0.00000000	0.00010810
18	经营2级税率	0.00009580	0.00005930	0.00005590	0.00000024	0.00021124
19	经营3级税率	0.00025310	0.00007720	0.00007020	0.00000000	0.00040050
20	经营4级税率	0.00014050	0.00001660	0.00002380	0.00000001	0.00018091
21	经营5级税率	0.00090150	0.00004450	0.00003670	0.00000044	0.00098314
22	20%比例税率	0.00025180	−0.00070320	−0.00098430	−0.00000040	−0.00143610
23	税制整体**	0.00218657	−0.00027833	−0.00042963	0.00040057	0.00187918

注：* $S_{sum,c} = S_{1,c} + S_{2,c} + S_{3,c} + S_{4,c}$

** 税制整体的结果为第10～22行数值之和。

（三）其他分组结果汇总

按照全部的11种分组依据变量进行分组，可计算各分组情况下的组内分效应，进而可计算各要素的组内分效应占总效应的比重。各要素的组内分效应占总效应的比重大多接近于100%，如表5.14所示。具体来讲，表5.14共计算了各要素的组内分效应共计242个，其中，组内分效应占总效应的比重为50%～150%之间的个人所得税要素共计236个，占比高达97.5%；这表明总效应主要由组内效应构成，换言之，四类不公平效应的影响主要局限于各组内部，难以对不同组别的纳税人产生影响。如前所述，低收入家庭拥有以下特征：农村居民、非男性家长家庭、拥有2名以上的未成年子女或老人的家庭、单成人多子家庭；单独依靠现行个人所得税制无法改变上述弱势群体的低收入现状。

表 5.14 11 种分组下的组内分效应占总效应的比重（%）

序号	项目	分组1	分组2	分组3	分组4	分组5	分组6	分组7	分组8	分组9	分组10	分组11
1	免征额	102.84	99.75	100.19	98.21	99.22	99.68	106.07	98.23	101.60	99.72	104.35
2	三险扣除	101.46	98.63	99.59	95.99	100.95	100.07	104.22	99.74	95.70	98.22	105.93
3	公积金扣除	108.80	99.24	99.97	97.87	96.20	99.60	99.30	92.00	99.63	97.61	94.77
4	子女教育扣除	87.40	100.46	100.48	77.33	70.06	84.42	99.87	105.15	101.35	101.65	72.34
5	继续教育扣除	118.42	92.63	102.16	106.22	98.58	101.57	94.42	87.88	96.46	102.99	94.78
6	大病医疗扣除	98.30	100.81	99.73	92.82	91.15	95.41	97.28	99.61	102.92	95.70	87.61
7	房贷利息扣除	110.78	98.60	99.68	94.91	96.42	99.73	97.90	86.35	98.60	98.01	96.53
8	住房租金扣除	107.23	98.11	99.65	96.24	96.80	99.84	96.33	31.65	95.86	96.74	96.69
9	赡养老人扣除	115.13	101.30	99.51	111.10	104.03	106.78	49.71	140.74	90.66	91.91	48.55
10	综合1级税率	111.92	98.15	98.22	96.10	103.25	100.26	85.29	84.19	84.68	102.99	71.07
11	综合2级税率	137.97	100.31	99.67	100.28	102.03	100.17	99.43	92.28	97.97	99.51	96.37
12	综合3级税率	136.26	99.87	99.85	101.42	103.16	100.28	95.35	96.03	98.62	94.94	99.07
13	综合4级税率	137.29	101.61	103.79	100.05	93.09	100.61	67.77	83.61	102.79	92.96	107.85
14	综合5级税率	134.27	100.50	100.45	102.01	91.38	99.03	63.60	90.55	95.45	95.48	94.90
15	综合6级税率	126.82	95.67	96.85	95.59	87.71	95.01	50.19	69.56	60.87	86.91	21.08
16	综合7级税率	115.86	68.64	74.29	103.47	84.73	98.96	67.84	113.85	68.07	92.23	32.12
17	经营1级税率	138.01	100.12	98.91	101.45	100.27	101.30	93.72	64.19	89.05	94.14	82.12
18	经营2级税率	137.04	100.13	99.28	98.58	101.36	101.46	96.91	79.55	96.24	99.19	89.67
19	经营3级税率	136.43	100.44	100.62	99.82	98.54	100.01	99.07	92.31	96.88	96.95	97.02
20	经营4级税率	134.62	101.68	100.41	99.99	87.86	98.89	104.21	93.52	102.74	94.21	108.21
21	经营5级税率	134.34	97.59	99.05	97.69	88.51	99.38	65.33	95.58	73.37	95.47	35.88
22	20%比例税率	119.06	99.27	100.03	99.89	100.23	99.99	99.86	96.77	101.91	100.03	99.42
23	税制整体	118.73	99.25	100.02	99.86	100.26	99.99	99.79	96.79	101.85	100.09	99.28

五、政策启示

KL 四分法将 MT 指数分解为税额累退效应、平均税率累退效应、过度调节效应、边际税率累退效应，并将上述四效应分别分解为各边际税率、各税前扣除的分效应。依据不同分组依据变量，可将样本数据分为若干组，故某个边际税率或某种税前扣除的分效应可进一步分解为：组内效应、组间效应与跨组效应。MT 指数的进一步分解细化，有助于刻画各要素在个人所得税收入调节效应中的作用，有助于"靶向操作"、有针对性地提出政策建议。

系统评价六项改革内容的收入调节效应。2019年我国正式实施新个人所得税法，相对于旧个人所得税法，新个人所得税法有着六项改革内容：税级距变更、月免征额提升、增设六项专项附加扣除、2018年的年终奖个人所得税征收改革、计税周期变更、2024年的年终奖个人所得税征收改革。为评价上述改革内容的收入调节效应，在2011—2018年旧个人所得税制中，逐一加入上述六项个人所得税改革内容，可得到七种个人所得税制，分别计算以上税制的收入调节效应，基于反事实分解法可计算得到六项个人所得税改革内容的收入调节效应。基于CFPS（2018）微观家庭数据与前述 MT 指数模型化方法，测算发现：六项个人所得税改革内容中，税级距变更、免征额提升、增加六项专项附加扣除、计税周期变更的作用方向相同，都减少了 MT 指数、平均税率与不公平效应之和；2018、2024年终奖个人所得税征收改革的作用方向相同，都增加了 MT 指数、平均税率与不公平效应之和。

计算个人所得税各要素四类不公平效应的分组效应。为研究人口异质性与个人所得税收入调节效应的关系，选取"城乡差别"等11种分组依据变量，将CFPS（2018）微观家庭数据进行分组，依据前述 MT 指数分组分解法，可计算得出我国现行税制下各税制要素的四类不公平效应，计算各种不公平效应分解得到的组内效应、组间效应与跨组效应。研究发现，各类要素的组内效应占总效应的比重多为50%～150%，即个人所得税的四类不公平效应影响范围多局限于各组内部，组间效应与跨组效应存在相互抵消的现象。换言之，人口异质性对个人所得税收入调节功能产生了"隔离效应"。低收入家庭拥有以下特征：农村居民、非男性家长家庭、拥有2名以上的未成年子女或老人的家庭、单成人多子家庭；单独依靠现行个人所得税制无法改变上述弱势群体的低收入现状。基于上述研究可得到如下政策启示。

（一）加大受供养人口的税前扣除

受供养人口包括未成年人与老年人，当受供养人口达到或超过2人时，其家庭收入明显低于无供养人口家庭的收入。加大受供养人口的税前扣除有助于减轻高负担家庭的税负。依据相关规定，接受全日制学历教育的子女可每月扣除2000元，3岁以下婴幼儿也可每月扣除2000元，赡养老人可每月扣除3000元。建议将子女教育扣除与3岁以下婴幼儿照护扣除提升至每月3000元，将赡养老人扣除提升至每月4000元。

（二）增设三项女性附加扣除

相对于男性家长家庭，非男性家长家庭收入更低，现行个人所得税无力解决两者差距。可增设针对女性劳动者的扣除：一是女性劳动扣除，为每位女性劳动者设置每月1000元的扣除额；二是女性家政扣除，对于无工作、从事自雇家政服务的女性，设置每月1000元的扣除额，从女性直系亲属税前收入中扣除；三是女性职业培训扣除，对于无工作、参加职业技能培训的女性，可在其取得职业资格证书的同年或第二年，一次性扣除5000元，扣除额仅能从本人税前所得中扣除。

（三）撤销20%比例税率

个人所得税的设计初衷之一是缩小收入差距，支付能力原则是其设计原则，支付能力强的高收入者应承担更重税负，故超额累进税率是个人所得税的重要特征。20%比例税率的存在严重削弱了我国个人所得税的收入差距调节功能。现行个人所得税制的各要素分效应测算结果显示，20%比例税率的不公平效应之和最大，其适用对象是利息股息红利所得、财产租赁所得、财产转让所得和偶然所得。笔者建议撤销20%比例税率，将上述所得全部并入综合所得，按照7级超额累进税率纳税。

第六章　个人所得税收入差距平抑功能的实证研究

收入差距与个人所得税制要素之间存在着辩证关系。首先，相对于发展中经济体，发达经济体的人均收入较高、收入差距较小，发达经济体与发展中经济体在个人所得税制设计上存在较大差异，两者增强收入差距平抑功能的税制要素必然不同，这是本章第一节要检验的命题。其次，税前收入差距、个人所得税制要素、税后收入差距存在从左向右的决定关系，税前收入差距较大的经济体多采用累进性较强的个人所得税制，累进性强的个人所得税制会导致较低的税后收入差距，这是本章第二节要检验的命题。

第一节　高、低收入者的两群体个人所得税模型

本节采用数理与计量的模型化方法，但未沿袭已有研究的脉络，首次提出高、低收入者的两群体个人所得税模型，得到个人所得税四要素与收入差距的八个推论。基于跨国截面数据，建立多元一次线性回归模型，计量结果与八个推论基本一致，具体内容如下[①]。

一、两群体个人所得税模型

（一）基本假设

笔者在已有研究（Robinson，1976；Anand，1993；陈宗胜，1994；周云波，2009）的假设基础上，进行了一定修正，假设如下：

假设1：整个社会分为两个群体——高、低收入者。

[①] 胡华：《个人所得税四要素与收入差距关系研究》，《中央财经大学学报》，2015年第8期，第5~10页。

假设 2：人口总量是 N，高、低收入者人数分别是 N_H、N_L，则 $N_H + N_L = N$，高收入者的人口占比 $P = N_H/N$，低收入者的人口占比是 $1-P$。

假设 3：高、低收入者内部的收入分配完全均等，收入差距均为 0。

假设 4：高、低收入者的税前收入分别是 x、1。

假设 5：使用二级超额累进税率，对高、低收入者开征个人所得税，当税基小于 D（免征额）时，不征收个人所得税；当税基介于 D 与 M（高边际税率适用的收入最低限额）之间时，适用低边际税率 T_L；当税基大于 M 时，适用高边际税率 T_H。

假设 6：高、低收入者的税后收入分别是 I_H、I_L，高收入者的税后收入占全社会税后收入的比重 $Y = \dfrac{I_H P}{I_H P + I_L(1-P)}$，则低收入者的税后收入占比是 $1-Y$。

根据上述假定，洛伦茨曲线如图 6.1 所示。

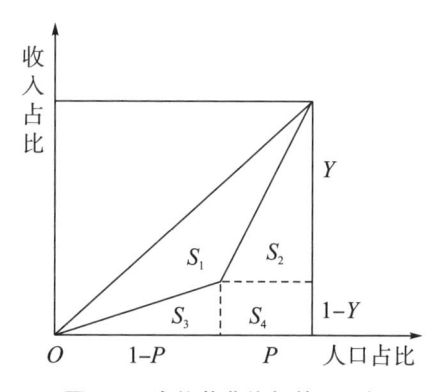

图 6.1 洛伦茨曲线与基尼系数

（二）推论

$$S_1 = \frac{1}{2} - (S_2 + S_3 + S_4)$$

$$S_2 = \frac{1}{2} PY$$

$$S_3 = \frac{1}{2}(1-P)(1-Y)$$

$$S_4 = (1-Y)P$$

◇ 个人所得税的
收入差距平抑功能研究

因此，基尼系数 $G = \dfrac{S_1}{S_1+S_2+S_3+S_4} = Y - P$，由假设6可知，

$$G = Y - P = \frac{I_H P}{I_H P + I_L(1-P)} - P \tag{6.1}$$

假设 $F = I_H P + I_L(1-P)$。

1. 当 $0 < D \leqslant 1 < M \leqslant x$ 时

高收入者的税后收入 $I_H = x - (M-D)T_L - (x-M)T_H$，低收入者的税后收入 $I_L = 1 - (1-D)T_L$，代入公式（6.1）可得。

$$G = P(1-P)\frac{x - 1 + (1-M)T_L + (M-x)T_H}{1 - P + xP + (P + D - MP - 1)T_L + (M-x)PT_H}$$

推论1：$\dfrac{dG}{dD} < 0$，即免征额的变动对收入差距产生反向影响。

$$\frac{dG}{dD} = -\frac{P(1-P)}{F^2}(I_H - I_L)T_L$$

由于 $0<P<1$、$F^2>0$、$I_H > I_L$、$T_L>0$，则 $\dfrac{dG}{dD} < 0$。

推论2：低边际税率与收入差距的关系由 x、M、D、T_H 的大小确定。

$$\frac{dG}{dT_L} = \frac{P(1-P)}{F^2}[T_H(M-x)(1-D) - M + x + D - xD]$$

可得，$\dfrac{P(1-P)}{F^2}(1-M)D < \dfrac{dG}{dT_L} < \dfrac{P(1-P)}{F^2}(1-T_H)(x-M)(1-D)$

由于 $0 < D \leqslant 1 < M \leqslant x$，$0 < T_H < 1$，因此，$\dfrac{dG}{dT_L}$ 的正负情况不明确。

当 M 趋近于1或 D 趋近于0时，低边际税率与基尼系数呈现正向变动关系。

$$\lim_{M \to 1}\frac{dG}{dT_L} > \lim_{M \to 1}\frac{P(1-P)}{F^2}(1-M)D = 0$$

$$\lim_{D \to 0}\frac{dG}{dT_L} > \lim_{D \to 0}\frac{P(1-P)}{F^2}(1-M)D = 0$$

当 T_H 趋近于1、M 趋近于 x 或 D 趋近于1时，低边际税率与基尼系数

呈现反向变动关系。

$$\lim_{T_H \to 1}\frac{dG}{dT_L} < \lim_{T_H \to 1}\frac{P(1-P)}{F^2}(1-T_H)(x-M)(1-D) = 0$$

$$\lim_{M \to x}\frac{dG}{dT_L} < \lim_{M \to x}\frac{P(1-P)}{F^2}(1-T_H)(x-M)(1-D) = 0$$

$$\lim_{D \to 1}\frac{dG}{dT_L} < \lim_{D \to 1}\frac{P(1-P)}{F^2}(1-T_H)(x-M)(1-D) = 0$$

推论 3：$\dfrac{dG}{dT_H} \leqslant 0$，即高边际税率的变动对收入差距产生反向影响。

$$\frac{dG}{dT_H} = \frac{P(1-P)}{F^2}(M-x)(1-T_L+DT_L)$$

由于 $0 < P < 1$、$F^2 > 0$、$M \leqslant x$、$T_L < 1$、$D > 0$，可得，$\dfrac{dG}{dT_H} \leqslant 0$。

推论 4：$\dfrac{dG}{dM} > 0$，即高边际税率适用的收入最低限额的变动对基尼系数产生同向影响。

$$\frac{dG}{dM} = \frac{P(1-P)}{F^2}(T_H-T_L)(1-T_L+DT_L)$$

由于 $0 < P < 1$、$F^2 > 0$、$0 < T_L < T_H < 1$、$D > 0$，则 $\dfrac{dG}{dM} > 0$。

2. 当 $1 < D < x < M$ 时

高收入者的税后收入是 $I_H = x - (x-D)T_L$，低收入者的税后收入是 $I_L = 1$，代入公式（6.1）可得。

$$G = \frac{[x-(x-D)T_L]P}{[x-(x-D)T_L]P+(1-P)} - P$$

推论 5：$\dfrac{dG}{dD} > 0$，即免征额的变动对基尼系数产生同向影响。

$$\frac{dG}{dD} = \frac{PT_L}{F^2}I_L(1-P)$$

由于 $0 < P < 1$、$F^2 > 0$、$I_L > 0$、$T_L > 0$，则 $\dfrac{dG}{dD} > 0$。

推论 6：$\dfrac{\mathrm{d}G}{\mathrm{d}T_L} < 0$，即低边际税率的变动对基尼系数产生反向影响。

$$\dfrac{\mathrm{d}G}{\mathrm{d}T_L} = \dfrac{P(D-x)}{F^2}I_L(1-P)$$

由于 $0 < P < 1$、$F^2 > 0$、$D < x$、$I_L > 0$，则 $\dfrac{\mathrm{d}G}{\mathrm{d}T_L} < 0$。

推论 7：$\dfrac{\mathrm{d}G}{\mathrm{d}T_H} = 0$，即当 M（高边际税率适用的收入最低限额）$> x$（高收入者税前收入）时，T_H（高边际税率）没有适用对象，T_H 的变动对收入差距无影响。

推论 8：$\dfrac{\mathrm{d}G}{\mathrm{d}M} = 0$，即当 $M > x$ 时，由于高边际税率无适用对象，M 变动对收入差距无影响。

下面运用跨国截面数据实证证明上述推论。

二、计量模型与数据

（一）计量模型

$$G_i = C_1 + C_2 D_i + C_3 T_{Li} + C_4 T_{Hi} + C_5 M_i + \mu_i \tag{6.2}$$

基于跨国截面数据，建立多元一次线性回归模型，包含所有变量的模型如式（6.2）所示。G 代表"税后收入基尼系数"，D 代表"免征额与低收入者人均GDP之比"，T_L 代表"最低边际税率"，T_H 代表"最高边际税率"，M 代表"最高边际税率适用的收入最低限额与低收入者人均收入之比"。i 是自然数，代表不同的国家或地区。c_1 是常数项，c_2、c_3、c_4、c_5 是拟合系数。μ_i 是随机扰动项。一个国家或地区的个人所得税制通常较为稳定，很难出现一年一变的情况，因此只能采用国际数据检验前文推论。

（二）因变量

因变量是税后收入基尼系数，这是难以获得的。即使搜集到这一数据，各国间的个体差异性也会造成模型结果的偏差。为此，笔者假设中国实行各个国家或地区的个人所得税制，运用 2011 年中国城乡家庭收入的分组数据[①]，计

[①] 数据来源于 2013 年《中国统计年鉴》的"按收入等级分城镇居民家庭的平均每人全部年收入""按收入五等份分农村居民家庭的平均每人纯收入"。

算实行各国或各地区个人所得税制后，中国的税后收入基尼系数。以美国模式为例加以解释，具体步骤如下。

第一，选择个人所得税模式。个人所得税模式选择原则是：选择超额累进税制，不选比例税制；选择个人申报模式，不选家庭申报模式，这贴近中国现实；选择适用对象较多的模式，不选适用对象较少的模式。2011年，美国个人所得税申报包括四种情形：夫妻联合申报、夫妻单独申报、未婚单身申报、户主申报。以未婚单身申报的累进税率为准。印度个人所得税申报分为四种情形：普通个人申报、女性个人申报、60~80岁公民申报、80岁以上公民申报。以普通个人申报的累进税率为准。英国采用分类个人所得税制，应税所得分为：股息、储蓄所得、资本利得、其他所得。以其他所得的累进税率为准。丹麦也采用分类个人所得税制，应税所得包括普通所得、股份所得、来自外国公司的所得、养老金，以普通所得的累进税率为准。挪威采用二元个人所得税制，对劳动所得采用超额累进税率，对资本所得采用比例税率，以前者为准。埃及、加纳、乌干达的个人所得税对居民、非居民采用不同税率，以居民适用税率为准。冰岛个人所得税申报有两种情形：对于从事经营的个人采用超额累进税率，对于不从事经营的个人采用比例税率，以前者为准。爱尔兰个人所得税申报包括四种情形：单身申报、单身抚养子女的家庭申报、夫妻一方取得收入的家庭申报、夫妻双方取得收入的家庭申报。以单身申报的税率为准。老挝对月所得高于150万基普的纳税人适用超额累进税率，对于低于150万基普的纳税人适用比例税率，以前者为准。瑞士纳税人分为单身、已婚纳税人，以单身纳税人适用的超额累进税率为准。坦桑尼亚纳税人分为本土居民、桑给巴尔居民两种，以本土居民适用的超额累进税率为准。土耳其的雇用、非雇用所得适用的税率不同，以前者适用的税率为准。越南采用分类所得税制，以居民纳税人雇用和经营所得适用税率为准。中国实行分类所得税制，以工资薪金所得超额累进税率为准。法国等只有一种个人所得税税率，省略此步骤。

第二，直接套用税率。美国未婚单身情形的个人所得税有6级边际税率——10%、15%、25%、28%、33%、35%，不做任何变化，直接套用。

第三，调整免征额与税级距。美国未婚单身情形的个人所得税年免征额是5800美元，税级距分别是8500、34500、83600、174400、379150美元。将免征额与各税级距除以美国2011年人均GDP（48113美元），计算免征额与人均GDP之比、各税级距与人均GDP之比。将这些比值与中国人均GDP相乘，2011年中国人均GDP是35162元，相应的美国模式年免征额是4239元，各税级距分别是10451、29452、65335、131694、281330元。

第四，计算中国相应的税后收入基尼系数。运用上述累进税率、免征额、税级距，依据 2011 年中国城镇、农村家庭分等级收入，计算城镇、农村家庭分等级的税后收入，再计算城镇、农村的税后收入基尼系数。依据 Sundrum (1990) 的基尼系数计算公式，计算全国税后收入基尼系数（G），$G = P_C^2 \frac{\mu_C}{\mu} G_C + P_R^2 \frac{\mu_R}{\mu} G_R + P_C P_R \left| \frac{\mu_C - \mu_R}{\mu} \right|$，其中 G、G_C、G_R 分别代表全国、城镇、农村的税后收入基尼系数，μ、μ_C、μ_R 分别代表全国、城镇、农村的人均税后收入，P_C、P_R 分别代表城镇、农村人口占全国人口的比重。当然，Sundrum 公式还要求，城镇、农村人口的收入分布不重叠，这一条件是不能满足的，这是一个缺陷；但此公式较为简单，便于大量计算。

（三）自变量

第一，免征额与低收入者人均 GDP 之比（D）。将全国人口按照人均收入从高到低的顺序排列，收入最低的 40% 人口视为低收入者。用 L 代表"收入最低的 40% 人口的人均 GDP"，R 代表"收入最低的 40% 人口的收入占全国总收入的比重"，可知 $L = \frac{\text{全国 GDP} \times R}{\text{全国人口} \times 40\%} = \text{人均 GDP} \times \frac{R}{40\%}$，则 $D = \frac{\text{免征额}}{L}$。R 值可从世界银行数据库获得。如前所述，若中国推行美国未婚单身情形的个人所得税制，相应的美国模式年免征额是 4239 元人民币，2011 年中国人均 GDP 是 35162 元人民币，2009 年中国收入最低的 40% 人口的收入占全国总收入的比重是 14.41%，因此 L 是 12667 元人民币，D 是 0.3346。

第二，最低边际税率（T_L）。美国未婚单身情形的个人所得税有 6 级边际税率——10%、15%、25%、28%、33%、35%，则 T_L 是 10%。

第三，最高边际税率（T_H）。在美国未婚单身情形下，T_H 是 35%。

第四，最高边际税率适用的收入最低限额与低收入者人均收入之比（M）。其计算方法与 D 的计算方法相仿，$M = \frac{\text{最高边际税率适用的收入最低限额}}{L}$。如前所述，若中国推行美国未婚单身情形的个人所得税制，相应的最高边际税率适用的收入最低限额是 281330 元人民币，L 是 12667 元人民币，则 M 是 22.21。

因变量与自变量的定义、观察值数、均值、标准差、最小值、最大值详见表 6.1。数据来自 51 个国家或地区，这些国家或地区的个人所得税制实行时间多为 2011 年[①]。

表 6.1 变量描述

变量名	定义	观察值数	均值	标准差	最小值	最大值
G	基尼系数	51	0.38592	0.00860	0.36510	0.39592
D	免征额与低收入者人均 GDP 之比	51	1.28224	1.63511	0.00000	8.06236
T_L	最低边际税率	51	0.14049	0.10626	0.00750	0.36500
T_H	最高边际税率	51	0.34373	0.10676	0.12000	0.50000
M	最高边际税率适用的收入最低限额与低收入者人均收入之比	51	59.35738	283.57500	0.00108	2034.68800

三、实证检验

（一）当 $0<D\leqslant 1<M\leqslant x$ 时

x 代表"高收入者与低收入者人均 GDP 之比"，将全国人口按照人均收入从高到低的顺序排列，收入最高的 10% 人口视为高收入者，收入最低的 40% 人口视为低收入者。H 代表"收入最高的 10% 人口的人均 GDP"，N 代表"收入最高的 10% 人口的收入占全国总收入的比重"，可知 $H = \frac{\text{全国 GDP} \times N}{\text{全国人口} \times 10\%} = \text{人均 GDP} \times \frac{N}{10\%}$。如前所述，$L$ 代表"收入最低的 40% 人口的人均 GDP"，R 代表"收入最低的 40% 人口的收入占全国总收入的比重"，可知 $L = \frac{\text{全国 GDP} \times R}{\text{全国人口} \times 40\%} = \text{人均 GDP} \times \frac{R}{40\%}$，则 $x = \frac{H}{L} = \frac{4N}{R}$。据世行统计，2009 年中国收入最高的 10% 人口的收入占全国收入的比重是 29.98%，收入最低 40% 人口的收入占全国收入的比重是 14.41%，则 x 是 8.32。

当 $0<D\leqslant 1<M\leqslant x$ 时，可得推论 1~4。符合此条件的个人所得税模式多来自发达国家或地区。采用最小二乘法回归发现，D（免征额与低收入者人均收入之比）、T_H（最高边际税率）的拟合系数都是负值，都能通过显著性检验，证实推论 1、3 为真，即提高免征额、最高边际税率有利于缩小收入差

[①] 国家税务总局税收科学研究所：《外国税制概览》，中国税务出版社，2012 年，第 3~400 页。

◇ 个人所得税的
收入差距平抑功能研究

距。推论 2 提出，T_L（低边际税率）与收入差距的关系由 x、M、D、T_H 的大小确定。笔者对符合条件的 20 个样本进行回归分析发现，T_L 的拟合系数是负值，能通过显著性检验，说明提高最低边际税率也能缩小收入差距。M（最高边际税率适用的收入最低限额与低收入者人均收入之比）的拟合系数是正值，与推论 4 的结论相符，但没有通过显著性检验，说明 M 变动对收入差距的无显著影响。计量模型结果如表 6.2 所示。

表 6.2 计量模型结果

项目	当 $0<D\leqslant1<M\leqslant x$ 时				当 $1<D<x<M$ 时			
	模型Ⅰ	模型Ⅱ	模型Ⅲ	模型Ⅳ	模型Ⅴ	模型Ⅵ	模型Ⅶ	模型Ⅷ
D	−0.022*** (−3.04)	−0.013*** (−3.15)	−0.015*** (−5.80)	−0.014*** (−5.08)	0.001** (2.75)	0.001** (2.76)	0.001*** (3.27)	0.001** (2.89)
T_L	—	−0.055*** (−6.95)	−0.022** (−2.76)	−0.020** (−2.35)	—	−0.009 (−1.15)	−0.012# (−1.58)	−0.012 (−1.49)
T_H	—	—	−0.043*** (−5.57)	−0.045*** (−5.32)	—	—	0.0128 (1.57)	0.0132 (1.40)
M	—	—	—	0.0003 (0.75)	—	—	—	0.0000001 (0.11)
截距项	0.389*** (163.74)	0.396*** (177.76)	0.407*** (171.59)	0.406*** (151.71)	0.390*** (278.94)	0.391*** (239.31)	0.386*** (122.16)	0.386*** (99.09)
样本数	20	20	20	20	13	13	13	13
R^2	0.348	0.803	0.933	0.935	0.408	0.477	0.59	0.59
调整后 R^2	0.312	0.78	0.92	0.918	0.354	0.373	0.453	0.385
异方差检验的 P 值	0.033	0.055	0.239	0.269	0.356	0.808	0.384	0.396
是否采用稳健标准差	是	是	否	否	否	否	否	否

注：1. 因变量都是 G（基尼系数）。
2. 括号内的数字是 t 检验值。
3. #、*、**、*** 分别表示拟合系数能通过 15%、10%、5%、1% 的显著性检验。
4. 异方差检验采用 Breusch−Pagan、Cook−Weisberg 检验方法。

（二）当 $1<D<x<M$ 时

当 $1<D<x<M$ 时，可得推论 5~8。符合此条件的个人所得税模式多来自发展中国家或地区，共计 13 个。D 的拟合系数是正值，且能通过显著性

检验，证实推论 5 为真，说明 D 的降低有利于缩小收入差距。T_L 的拟合系数是负值，与推论 6 相符，在模型Ⅷ中通过了显著性检验，说明最低边际税率的提高，有利于缩小收入差距。T_H（最高边际税率）、M（最高边际税率适用的收入最低限额与低收入者人均收入之比）的拟合系数都不能通过显著性检验，说明两者的变动对收入差距无显著影响，证实推论 7、8 为真。

四、政策启示

当 $0 < D \leqslant 1 < M \leqslant x$ 时，多涉及发达国家或地区，在表 6.2 的模型Ⅳ中，四个变量拟合系数绝对值之和是 0.0793；当 $1 < D < x < M$ 时，多涉及发展中国家或地区，在表 6.2 的模型Ⅷ中，四个变量拟合系数绝对值之和是 0.0262001。因此发展中国家或地区个人所得税的收入调节功能弱于发达国家或地区个人所得税的收入调节功能，这与 Zolt 和 Bird（2005）的研究结论相符。徐建炜等（2013）提出："与发达国家相比，我国个税的累进性较高，但平均税率偏低，削弱了个税政策在调节收入分配上的作用。但是，个税税负偏低并非中国的独有现象，而是普遍存在于发展中国家的，这一方面是发展中国家居民收入偏低所致，另一方面也与发展中国家依赖流转税的税制结构密不可分，其背后根源是发展中国家的税收征缴能力普遍相对薄弱。"[①] 2011 年中国工资薪金所得 7 级超额累进税制下，D 值是 3.32，M 值是 79.10，x 值是 8.32[②]，属于 $1 < D < x < M$ 的情况。依据两群体个人所得税模型的八个推论与实证检验，我国可从以下四方面着手，增强个人所得税的收入调节功能。

（一）降低免征额

依据推论 1，当 $0 < D \leqslant 1 < M \leqslant x$ 时，提高免征额有利于缩小收入差距。依据推论 5，当 $1 < D < x < M$ 时，降低免征额有利于缩小收入差距。因此当 $D = 1$ 时，收入差距最小。模型Ⅴ～Ⅷ中，D 的拟合系数都是 0.001，即

[①] 徐建炜、马光荣、李实：《个人所得税改善中国收入分配了吗——基于对 1997—2011 年微观数据的动态评估》，《中国社会科学》，2013 年第 6 期，第 71 页。

[②] $D = \dfrac{\text{年免征额}}{\text{收入最低的 40\% 人口的人均 GDP}} = \dfrac{\text{年免征额}}{\text{人均 GDP} \times \dfrac{\text{收入最低的 40\% 人口的收入占比}}{40\%}} = \dfrac{3500 \times 12}{35162 \times \dfrac{14.41\%}{40\%}} = 3.32$，$M = \dfrac{\text{最高边际税率适用的收入最低限额}}{\text{收入最低的 40\% 人口的人均 GDP}} = \dfrac{\text{最高边际税率适用的收入最低限额}}{\text{人均 GDP} \times \dfrac{\text{收入最低的 40\% 人口的收入占比}}{40\%}} = \dfrac{83500 \times 12}{35162 \times \dfrac{14.41\%}{40\%}} = 79.10$，$x$ 值前文已算出。

◇ 个人所得税的
收入差距平抑功能研究

D 每降低 1%，基尼系数将减小 0.001%。D 值由 3.32 降至 1 时，降幅将达到 69.88%，基尼系数将减小 0.07%。D 代表"免征额与低收入者人均 GDP 之比"，如前所述，收入最低的 40% 人口视为低收入者，2011 年中国低收入者人均 GDP 是 12667 元人民币，因此年免征额降至 12667 元人民币时，收入差距最小。

（二）提高最低边际税率

当 $1<D<x<M$ 时，低边际税率是高收入者缴纳个人所得税的税率。当 $1<D<x<M$ 时，T_L 的拟合系数约为 -0.01，即最低边际税率每提高 1%，基尼系数将减小 0.01%，如表 6.2 所示。中国工资薪金个人所得税的最低边际税率是 3%。在 51 个国家或地区中，最低边际税率的均值是 14%。当中国个人所得税的最低边际税率由 3% 提高至 14% 时，涨幅将达到 366.67%，基尼系数将减小 3.67%。

（三）降低最高边际税率适用的收入最低限额

当 $1<D<x<M$ 时，降低 M 不会对收入差距产生显著影响。原因是此时高边际税率没有适用对象。当免征额降至 1（低收入者税前收入）时，需大幅降低 M，使之介于 x（高收入者税前收入）与 1 之间，此时符合条件 "$0<D\leqslant 1<M\leqslant x$"，推论 4 发挥作用，即最高边际税率适用的收入最低限额与收入差距呈现正向变动关系。降低 M 有望缩小收入差距。中国现行工资薪金个人所得税下，M 值是 79.10，x 值是 8.32，当 M 值由 79.10 降至 8.32 时，降幅将达到 89.48%。如表 6.2 的模型 Ⅷ 所示，M 的拟合系数是 0.0000001，M 的降低对基尼系数的影响接近于 0。当 M（最高边际税率适用的收入最低限额与低收入者人均收入之比）降至 8.32 时，如前所述，收入最低的 40% 人口视为低收入者，2011 年低收入者人均 GDP 是 12667 元人民币，则最高边际税率适用的收入最低限额降至 105389 元人民币。

（四）提高最高边际税率

当 $1<D<x<M$ 时，提高 T_H 不会对收入差距产生显著影响。原因是此时高边际税率没有适用对象。当 D（免征额）与 M（最高边际税率适用的收入最低限额）降低，并使条件 "$0<D\leqslant 1<M\leqslant x$" 成立时，提高 T_H 会缩小收入差距。此时推论 3 发挥作用，即高边际税率与基尼系数呈现反向变动关系。当 $0<D\leqslant 1<M\leqslant x$ 时，T_H 的两个拟合系数都能通过显著性检验，

其均值是-0.044，如表6.2所示。这说明最高边际税率每提高1%，基尼系数将减小0.044%左右。在51个国家或地区中，最高边际税率的均值是34.37%、最大值是50%，如表6.1所示。当中国的最高边际税率由45%提升至50%时，涨幅将达到11.11%，基尼系数将减小0.49%。

综上所述，假设中国使用现行工资薪金所得超额累进税率，对全部所得征收综合所得税。当个人所得税的年免征额由42000元降至12667元人民币，最低边际税率由3%升至14%，最高边际税率由45%升至50%，最高边际税率适用的年收入最低限额是由1002000元降至105389元人民币，基尼系数将减小4.23%。据国家统计局公布，2011年中国基尼系数是0.477，推行上述措施，基尼系数将降至0.457。

第二节 个人所得税诸要素与收入差距关系的实证研究

运用跨国截面数据与线性回归模型，发现税前收入差距较大的发达经济体倾向于采用较低的个人所得税边际税率与平均税率，但最高、最低边际税率之比较大；税前收入差距较大的发展中经济体通常采用较高的个人所得税边际税率与平均税率。发达、发展中经济体缩小收入差距的最有效措施是不同的，发达经济体应提高个人所得税的最高边际税率、最低边际税率、平均税率，降低"最高、最低边际税率之比"；发展中经济体应降低免征额，具体内容如下所示。

一、变量

（一）基尼系数

基尼系数包括税前收入基尼系数（G_{BT}）与税后收入基尼系数（G_{AT}），税前收入基尼系数是征收个人所得税前某国或地区的居民收入基尼系数，此数据可通过世界银行网站等查询，如2010年美国的税前收入基尼系数是0.375。无法获得各国税后收入基尼系数，且各国收入差距程度差异，会导致计量模型发生偏差。为解决此问题，我们假设在中国推行其他国家或地区的个人所得税

◇ 个人所得税的
　　收入差距平抑功能研究

制，基于2011年中国城乡家庭收入的分组数据[①]，计算各国或地区个人所得税模式下我国的税后收入基尼系数。

第一，选择适当的超额累进税制。一些国家或地区只有一种个人所得税税率，无须选择，如法国。在其他国家或地区，纳税人收入来源不同、婚姻状况或种族等不同，所适用的个人所得税超额累进税制有所区别。而我们采用的数据是中国城乡家庭收入的分组数据，没有记载纳税人的收入来源种类、婚姻状况或种族，因此需要在一国的多种个人所得税税率中进行选择。

一些国家或地区采用分类个人所得税制，不同类别所得适用不同税率。英国个人所得税应税所得分为三种——股息、储蓄所得、其他所得。三种所得适用不同的超额累进税制，由于其他所得适用范围较广，选取其他所得超额累进税制作为代表。越南对居民雇用和经营所得采用超额累进税制，对居民非雇佣所得、非居民所得采用比例税制，选择前者。丹麦将应税所得分为四类，选择普通所得超额累进税制。中国将应税所得分为11类，选择工资薪金所得超额累进税制。

根据纳税人婚姻状况、国籍、种族、年龄的不同，一些国家或地区设置了不同的税制。美国个人所得税制包括四种模式——夫妻联合、夫妻单独、未婚单身、户主个人所得税模式，选取未婚单身超额累进税制。爱尔兰个人所得税制包括四种模式——单身、单身抚养子女、夫妻一方取得收入、夫妻双方取得收入模式。瑞士个人所得税制包括两种模式——单身、已婚模式，都选取单身超额累进税制。印度个人所得税制分为四种模式——普通个人、女性个人、60~80岁老人、80岁以上老人模式，选择普通个人超额累进税制。在乌干达、加纳、坦桑尼亚、埃及，居民、非居民所得适用不同税率，选择居民所得超额累进税制。

第二，调整各国或各地区的超额累进税制。对各国或各地区超额累进税制的边际税率不作任何调整，如2011—2012财年中，英国对其他所得采用3级超额累进税率，税率分别是20%、40%、50%，对此不作调整。需对各国或各地区的个人所得税免征额与各边际税率对应的税级距进行调整，如2011—2012财年中，英国个人所得税免征额是7475英镑，在其他所得3级超额累进税率中，未扣除免征额的税级距分别是10035、42475、157475英镑；2011财年英国人均GDP是24317英镑，计算可知，免征额与人均GDP之比是

---

① 胡华：《个人所得税与收入差距关系的实证研究》，《河北经贸大学学报》，2017年第2期，第50~57页。

0.3074，三个税级距与人均 GDP 之比分别是 0.4127、1.7467、6.4759；2011年中国人均 GDP 是 35162 元，将此值与上述四个比值相乘，可得调整后免征额是 10809 元，调整后的三个税级距分别是 14510、61418、227705 元。

第三，计算税后收入基尼系数。运用调整后各国或各地区的超额累进税制，基于 2011 年中国城乡家庭收入的分组数据，分别计算城镇、农村家庭税后收入的分组数据，再计算城镇、农村税后收入基尼系数。据 Sundrum（1990）研究，城乡居民税后收入基尼系数的计算公式是 $G = P_C^2 \dfrac{\mu_C}{\mu} G_C + P_R^2 \dfrac{\mu_R}{\mu} G_R + P_C P_R \left| \dfrac{\mu_C - \mu_R}{\mu} \right|$，其中 G、G_C、G_R 依次代表城乡、城镇、农村的税后收入基尼系数，μ、μ_C、μ_R 依次代表城乡、城镇、农村的人均税后收入，P_C、P_R 分别代表城镇、农村人口占全国人口的比重。Sundrum（1990）要求城镇居民收入全部超过农村居民收入，但我们的数据不满足此要求，这是一个缺陷，但 Sundrum 公式适于大量计算。

（二）其他变量

以英国模式为例，说明下列变量的算法。第一，最高边际税率（T_H）与最低边际税率（T_L）。英国对其他所得采用 3 级超额累进税制，税率分别是 20%、40%、50%，则 T_H 是 50%、T_L 是 20%。第二，免征额与人均 GDP 之比（D_A）。英国个人所得税免征额是 7475 英镑，人均 GDP 是 24317 英镑，则 D_A 是 0.3074。第三，最高边际税率适用的收入最低限额与人均 GDP 之比（M_A）。英国模式下，最高边际税率是 50%，对应的收入最低限额是 157475 英镑，人均 GDP 是 24317 英镑，则 M_A 是 6.4759。第四，边际税率级次（N）。英国个人所得税制有 3 级边际税率，则 N 是 3。第五，平均税率（$Ping$）。其等于所有边际税率的算术平均值，英国个人所得税三级边际税率的算数平均值是 36.67%。第六，最高、最低边际税率之比（Lei）。此变量用于衡量个人所得税的累进性，英国模式下，此值等于 2.5。

表 6.3 包括了各变量的定义、观察值数、均值、标准差、最小值、最大值。数据来自 47 个经济体，分别是：阿根廷、阿塞拜疆、埃及、爱尔兰、奥地利、澳大利亚、巴基斯坦、巴西、秘鲁、冰岛、波兰、丹麦、法国、菲律宾、芬兰、加拿大、加纳、柬埔寨、卢森堡、马来西亚、美国、摩洛哥、墨西哥、纳米比亚、南非、葡萄牙、瑞典、瑞士、泰国、坦桑尼亚、乌干达、西班牙、希腊、新加坡、新西兰、以色列、意大利、印度、印度尼西亚、英国、越

南、赞比亚、智利、中国澳门、中国大陆、中国台湾、中国香港。上述经济体的个人所得税制实行时间多为 2011 年[①]。

表 6.3 变量描述

变量名	定义	观察值数	均值	标准差	最小值	最大值
G_{BT}	税前收入基尼系数	47	0.3871	0.1016	0.2360	0.7430
G_{AT}	税后收入基尼系数	47	0.3880	0.0063	0.3651	0.3959
T_H	最高边际税率	47	0.3283	0.0978	0.1200	0.5000
T_L	最低边际税率	47	0.1149	0.0792	0.0075	0.3650
D_A	免征额与人均 GDP 之比	47	7.6211	21.5207	0.0000	117.3758
M_A	最高边际税率适用的收入最低限额与人均 GDP 之比	47	283.3799	1277.2060	0.0089	8671.0070
N	边际税率级次	47	5.1915	3.1252	2.0000	17.0000
$Ping$	平均税率	47	0.2259	0.0797	0.0643	0.4324
Lei	最高、最低边际税率之比	47	4.9393	4.9030	1.2500	26.6667

二、实证检验

（一）税前收入差距对个人所得税要素的影响

分别以 T_H（最高边际税率）、T_L（最低边际税率）、D_A（免征额与人均 GDP 之比）、M_A（最高边际税率适用的收入最低限额与人均 GDP 之比）、N（边际税率级次）、$Ping$（平均税率）、Lei（最高、最低边际税率之比）为因变量，以 G_{BT}（税前收入基尼系数）为自变量，运用一元一次线性回归模型进行分析，结果如表 6.4 所示。该表分为三部分，分别是以所有、发展中、发达经济体的样本进行回归分析的结果。发展中、发达经济体的划分指标是人均 GDP，人均 GDP 低于 20000 美元的经济体视为发展中经济体，反之则为发达经济体。

[①] 国家税务总局税收科学研究所：《外国税制概览》，中国税务出版社，2012 年。

表 6.4 税前收入差距对个人所得税要素的影响

模型序号	因变量	G_{BT}的拟合系数	T值	截距项	T值	R^2	调整后R^2	〈1〉	〈2〉	样本数	样本来源
1	G_{AT}	0.0165*	−1.83	0.382***	106.14	0.06940	0.04870	0.1202	否	47	所有经济体
2	T_H	−0.0501	−0.35	0.348***	6.07	0.00271	−0.01940	0.3706	否	47	
3	T_L	−0.00793	−0.07	0.118**	2.54	0.00010	−0.02210	0.9970	否	47	
4	D_A	24.37	−0.78	−1.813	−0.14	0.01320	−0.00870	0.3556	否	47	
5	M_A	−1491.7	−1.00	860.8	1.13	0.01410	−0.00784	0.0002	是	47	
6	N	−1.797	−0.42	5.887***	2.90	0.00341	−0.01870	0.0009	是	47	
7	$Ping$	−0.0172	−0.15	0.233***	4.97	0.00048	−0.02170	0.4612	否	47	
8	Lei	−0.231	−0.03	5.029*	1.75	0.00002	−0.02220	0.2708	否	47	
9	G_{AT}	−0.00989	−1.06	0.395***	93.94	0.04840	0.00519	0.0291	是	24	发展中经济体
10	T_H	0.270**	2.32	0.195***	3.71	0.19600	0.16000	0.9076	否	24	
11	T_L	0.321**	2.76	−0.0362	−0.69	0.25700	0.22300	0.0148	是	24	
12	D_A	−23.05	−0.41	24.86	0.98	0.00762	−0.03750	0.5630	否	24	
13	M_A	−5100.7	−1.24	2784.6	1.32	0.09810	0.05710	0.6257	否	24	
14	N	−3.155	−0.46	6.381*	1.81	0.01250	−0.03230	0.0295	是	24	
15	$Ping$	0.315***	3.38	0.0753*	1.80	0.34200	0.31200	0.2834	否	24	
16	Lei	−11.82	−1.02	10.60*	1.79	0.04700	0.00370	0.7811	否	24	
17	G_{AT}	0.0384*	1.89	0.372***	48.30	0.13400	0.09270	0.8993	否	23	发达经济体
18	T_H	−0.747*	−1.81	0.594***	4.23	0.13400	0.09310	0.8047	否	23	
19	T_L	−0.808***	−3.33	0.396***	4.20	0.29500	0.26200	0.5861	否	23	
20	D_A	0.201	0.35	0.0987	0.50	0.00571	−0.04160	0.3844	否	23	
21	M_A	7.971	0.56	0.907	0.19	0.01490	−0.03210	0.0002	是	23	
22	N	6.009	0.53	3.383	0.79	0.01220	−0.03480	0.0016	是	23	
23	$Ping$	−0.773**	−2.49	0.498***	4.23	0.22800	0.19200	0.4751	否	23	
24	Lei	23.78*	1.94	−3.513	−0.85	0.15200	0.11200	0.0223	是	23	

注：①〈1〉代表"异方差检验的 P 值"，异方差检验采用 Breusch-Pagan、Cook-Weisberg 检验方法，〈2〉代表"是否采用稳健标准差"；②自变量都是 G_{BT}（税前收入基尼系数）；③*、**、*** 分别表示拟合系数能通过10%、5%、1%的显著性检验。

第一，所有经济体样本、发达经济体样本的结果显示，税前收入差距较大的经济体采用的个人所得税制对收入的调节功能较弱；但发展中经济体样本的结果不支持这一结论。模型1和17中，G_{BT}（税前收入基尼系数）的拟合系数都是正值，且能通过显著性检验。在模型9中，G_{BT}的拟合系数不能通过显著性检验。

第二，税前收入差距较大的发展中经济体倾向于使用高税率的个人所得税制，税前收入差距较大的发达经济体倾向于使用低税率的个人所得税制。模型10、11、15中，G_{BT}（税前收入基尼系数）的拟合系数都是正值，且能通过显著性检验，说明收入差距较大的发展中经济体通常采用较高的个人所得税边际税率与平均税率。模型18、19、23中，G_{BT}的拟合系数都是负值，且能通过显著性检验，说明收入差距较大的发达经济体通常会选择较低的个人所得税边际税率与平均税率。

第三，收入差距较大的发达经济体中，最高、最低边际税率之比较大。表6.4的模型24中，G_{BT}（税前收入基尼系数）的估计系数为正值，且能通过显著性检验。提升最高、最低边际税率之比可增强个人所得税的累进性，但累进性的发挥依赖于最高边际税率适用的收入最低限额的大小。

（二）个人所得税要素对税后收入差距的影响

以税后收入基尼系数为因变量，以个人所得税诸要素为自变量，进行回归分析的结果如表6.5所示。

表6.5　个人所得税要素对税后收入差距的影响

模型序号	自变量	自变量的拟合系数	T值	截距项	T值	R^2	调整后R^2	〈1〉	〈2〉	样本数	样本来源
1	T_H	−0.0286***	−2.90	0.397***	135.17	0.1940	0.1760	0.0116	是	47	所有经济体
2	T_L	−0.0338**	−2.20	0.392***	241.32	0.1780	0.1600	0.0058	是	47	
3	D_A	0.000101**	2.44	0.387***	414.38	0.1170	0.0976	0.3404	否	47	
4	M_A	0.0000007	0.91	0.388***	407.77	0.0179	−0.0039	0.5469	否	47	
5	N	0.000103	0.34	0.387***	211.99	0.0026	−0.0196	0.4135	否	47	
6	$Ping$	−0.0403***	−3.15	0.397***	148.30	0.2560	0.2390	0.0189	是	47	
7	Lei	0.000362***	3.14	0.386***	289.09	0.0781	0.0576	0.0548	是	47	
8	T_H	0.0149	0.97	0.386***	78.66	0.0412	−0.0024	0.2391	否	24	发展中经济体
9	T_L	−0.000729	−0.05	0.391***	208.56	0.0001	−0.0453	0.9988	否	24	
10	D_A	0.0000586*	1.72	0.390***	362.11	0.1190	0.0787	0.3017	否	24	
11	M_A	0.0000001	0.25	0.391***	367.36	0.0028	−0.0425	0.4270	否	24	
12	N	0.000156	0.46	0.390***	198.06	0.0096	−0.0354	0.5467	否	24	
13	$Ping$	0.00826	0.47	0.389***	99.67	0.0098	−0.0352	0.5898	否	24	
14	Lei	0.00016	0.93	0.390***	285.66	0.0375	−0.0062	0.3842	否	24	

续表

模型序号	自变量	自变量的拟合系数	T 值	截距项	T 值	R^2	调整后 R^2	〈1〉	〈2〉	样本数	样本来源
15	T_H	−0.0361***	−4.03	0.397***	155.72	0.4910	0.4670	0.0122	是	23	发达经济体
16	T_L	−0.0464***	−4.00	0.391***	219.70	0.4320	0.4050	0.1233	否	23	
17	D_A	0.00122	0.14	0.385***	196.27	0.0010	−0.0466	0.4922	否	23	
18	M_A	−0.0000004	−0.00	0.385***	209.67	0.0000	−0.0476	0.4148	否	23	
19	N	0.000176	0.42	0.384***	146.10	0.0083	−0.0389	0.3336	否	23	
20	$Ping$	−0.0511***	−4.54	0.397***	162.91	0.6170	0.5990	0.0527	是	23	
21	Lei	0.000687**	2.78	0.382***	175.92	0.1590	0.1190	0.0724	是	23	

注：①〈1〉代表"异方差检验的 P 值"，异方差检验采用 Breusch–Pagan、Cook–Weisberg 检验方法，〈2〉代表"是否采用稳健标准差"；②因变量都是 G_{AT}（税后收入基尼系数）；③*、**、***分别表示拟合系数能通过10%、5%、1%的显著性检验。

第一，发达经济体中，个人所得税税率提高有利于缩小收入差距；发展中经济体中，个人所得税税率变动对收入差距没有显著影响。基于发达经济体样本回归分析发现，模型15、16、20中，T_H（最高边际税率）、T_L（最低边际税率）、$Ping$（平均税率）的拟合系数都是负值，且能通过显著性检验；基于发展中经济体样本回归分析发现，模型8、9、13中，T_H（最高边际税率）、T_L（最低边际税率）、$Ping$（平均税率）的拟合系数都不能通过显著性检验。

第二，发展中经济体中，最高、最低边际税率之比的变动对收入差距无显著影响；但发达经济体中，最高、最低边际税率之比的降低有利于缩小收入差距。发展中经济体样本回归分析的模型14中，Lei（最高、最低边际税率之比）的拟合系数不能通过显著性检验。发达经济体样本回归分析的模型21中，Lei 的拟合系数是正值，且能通过显著性检验。Lei 是衡量个人所得税累进性的重要标准，当其他条件不变时，提升最高、最低边际税率之比，将加重高收入者的税收负担，减轻低收入者的税收负担，贫富差距有望缩小。但当最高、最低边际税率之比提高时，最高边际税率适用的收入最低限额与人均GDP之比也相应提高，高收入者的相对税收负担不一定提高，反而可能降低，收入差距将拉大，在一些发达经济体中，确实出现了最高、最低边际税率之比、最高边际税率适用的收入最低限额与人均GDP之比的双高现象。最终，发达经济体中，收入差距与最高、最低边际税率之比呈现正相关性。

第三，发展中经济体中，免征额与人均GDP之比的降低有利于缩小收入差距；而发达经济体中，不存在这种规律。基于发展中经济体样本，构建模型

10，发现 D_A（免征额与人均 GDP 之比）的拟合系数是正值，能通过显著性检验。基于发达经济体样本，构建模型 17，发现 D_A 的拟合系数不能通过显著性检验。

第四，最高边际税率适用的收入最低限额与人均 GDP 之比、边际税率级次对收入差距无显著影响。在以上述两个变量为自变量的模型中，拟合系数都不能通过显著性检验。

第五，发达经济体的个人所得税收入调节功能强于发展中经济体的个人所得税收入调节功能。发达、发展中经济体情况下，T_H、T_L、D_A、M_A、N 的拟合系数绝对值之和分别是 0.0839、0.0158，前者较大。发达、发展中经济体个人所得税收入调节功能的差异在于：发展中经济体的经济目标更加多元化，除遏制收入差距外，经济增长也是一项重要任务，收入调节功能较强的个人所得税制不利于资本形成；而发达经济体的资本雄厚，采用收入调节功能较强的个人所得税制对资本形成的影响较小。

三、政策启示

基于跨国截面数据，建立线性回归模型，可得到以下结论。第一，税前收入差距较大的发展中经济体通常采用较高的个人所得税边际税率与平均税率。第二，税前收入差距较大的发达经济体通常采用较低的个人所得税边际税率与平均税率，但最高、最低边际税率之比较大。第三，发达经济体的个人所得税收入调节功能强于发展中经济体的个人所得税收入调节功能。第四，发达、发展中经济体缩小收入差距的最有效措施是不同的，发达经济体应提高个人所得税的最高边际税率、最低边际税率、平均税率，降低最高、最低边际税率之比；发展中经济体应降低免征额。基于上述计量研究，比较各经济体与中国的个人所得税要素差异，发现中国要缩小收入差距，应采取如下措施。

（一）推行综合个人所得税制

综合个人所得税制是众多发达经济体的共同选择，将不同种类的收入纳入综合所得，扣除必要的费用与项目后获得应税所得，按照统一的超额累进税制征缴个人所得税。而中国现行个人所得税是分类个人所得税制，分为：工薪所得 7 级超额累进税制、个体工商户所得等 5 级超额累进税制、股息所得等的比例税制。工薪是劳动报酬，股息是资本报酬，中国现行个人所得税制是对劳动、资本报酬区别对待，使得同样规模的劳动、资本报酬缴纳的个人所得税额产生差别，不利于加强个人所得税的收入调节功能。

(二) 推行年度个人所得税制

年度个人所得税制是按年度征缴个人所得税，此举有利于减轻单月收入畸高的纳税人税负担，使得年度内应税所得相同的纳税人缴纳相同个人所得税。所采用47个经济体中，只有巴西、柬埔寨、秘鲁、坦桑尼亚、中国采用月度个人所得税制，其他经济体都采用年度个人所得税制。推行年度个人所得税制有利于贯彻个人所得税的横向公平原则。

(三) 降低免征额

免征额是对低收入者的保护，使其免于缴纳个人所得税。但发展经济体的免征额普遍较高，所掌握24个发展中经济体免征额与人均GDP之比的均值是14.77，远高于23个发达经济体的相应值（0.17）。过高的免征额使得部分中高收入者免缴个人所得税，削弱了个人所得税的收入调节功能，表6.5的模型10显示，发展中经济体中，免征额与人均GDP之比与收入差距呈现显著的正相关关系。2011—2018年中国工薪所得年免征额是42000元，该值介于2013年我国收入最高20%居民人均可支配收入（47457元）、次高20%居民人均可支配收入（24361元）之间；2019年中国将工薪所得、劳务报酬所得、稿酬所得、特许权使用费所得合并为综合所得，并将其年免征额设定为6万元，该值介于2019年我国收入最高20%居民人均可支配收入（76401元）、次高20%居民人均可支配收入（39230）元之间[①]。建议将综合所得年免征额降至30000元，此举可使几乎全部的城镇就业人口、农村高收入者成为纳税人，将有效加强个人所得税的收入调节功能。

(四) 提高最低边际税率

中国现行工薪所得7级超额累进税制的最低边际税率是3%，而24个发展中经济体的最低边际税率均值是10%，所有经济体的最低边际税率均值是11%。中国工薪所得7级超额累进税制的最低边际税率可提高至10%。此举与降低免征额共同作用下，将大幅提高个人所得税的规模，加强个人所得税的收入调节功能。

---

① 国家统计局：《全国居民按收入五等份分组的收入情况》，https://data.stats.gov.cn/easyquery.htm?cn=C01。

（五）降低最高边际税率

中国现行工薪所得 7 级超额累进税制的最高边际税率是 45%，发展中、发达经济体的最高边际税率均值分别是 31%、33%。降低最高边际税率的目的并非减轻高收入者税负担，而是废除 45% 的最高边际税率，此档税率对应的月收入最低限额是 83500 元，而 2011、2012 年，收入最高 10% 的城镇家庭年人均收入分别是 64461、69877 元。45% 的边际税率仅适用于人数极少的超高收入者，起不到有效调节收入差距的作用。

（六）降低最高边际税率适用的收入最低限额

取消最高边际税率 45% 后，中国工薪个人所得税的最高边际税率将降至 35%，其适用的年收入最低限额是 702000 元，2011 年中国人均 GDP 是 35162 元，两者之比是 19.96。最高边际税率适用的收入最低限额过高，将导致最高边际税率的适用人数过少，从而削弱个人所得税的收入调节功能。最高边际税率适用的收入最低限额过高是发展中经济体的共同特征，24 个发展中经济体的最高边际税率适用的收入最低限额与人均 GDP 之比的均值是 551.53，而 23 个发达经济体的相应值是 3.57。按照发达经济体的标准，中国的最高边际税率适用的年收入最低限额可降至 125528.34（2011 年中国人均 GDP×3.57＝35162×3.57）元，以增强最高边际税率的收入调节作用。

（七）减少边际税率级次

表 6.5 的模型 5、12、19 显示，边际税率的级次与收入差距无显著关系。发达、发展中经济体的边际税率级次的均值都是 5。较低的边际税率级次有利于简化个人所得税的计算，降低纳税人的遵从成本。为此，中国的边际税率级次可调整为 5 级。

第七章 研究结论和政策建议

第一节 研究结论

一、公平至上

个人所得税包括七个特性：源于战争、税制累进、税基广泛、优待弱势群体、正外部性纠正、兼顾个人与家庭和无处不在的公平元素。前六个特性中充满着公平要素，体现出个人所得税"公平至上"的特性。

第一，"源于战争"中的公平元素。战争来临，若一国战败，被迫割地赔款，无论国民身份高低都将受害匪浅，因此全体国民应勠力同心、共同抗敌、有钱出钱、有力出力，凸显公平理念。

第二，"税制累进"中的公平元素。累进税制下，高收入者税负较重、低收入者税负较轻，体现纵向公平理念。若一国采用综合所得超额累进税率，则相同收入者的税负相同，体现横向公平理念。

第三，"税基广泛"中的公平元素。税基包括劳动所得、经营所得、财产租赁所得、利息与红利所得等。一般情况下，仅拥有劳动要素的从业者多属于中低收入者，劳动所得的税率一般较低，且有较多税前扣除项目。除劳动外，多重生产要素的所有者还拥有财产、资金等，出租财产可获得租赁所得，出借资金可获得利息，投资可获得红利，各国个人所得税对租赁所得、利息与红利的税率一般要高于劳动所得的税率。故税基广泛特性体现了纵向公平理念。

第四，"优待弱势群体"中的公平元素。对残疾人、老人、病人、儿童等弱势群体，各国一般都有着一定的扣除或抵免等个人所得税优惠措施。优待弱势群体体现出纵向公平理念。

第五，"正外部性纠正"中的公平元素。正外部性纠正措施包括与科技、文化、体育、环保、节能减排、医疗、教育等相关的税前扣除与税收免除措施。正外部性纠正措施有利于增加正外部性产品供给者收益、增加供给量，有利于促进正外部性产品供给者、外溢收益受益者、正常产品供给者之间的横向公平。捐赠相关个人所得税扣除与捐赠额呈现正相关性，体现出纵向公平原则。

第六，"兼顾个人与家庭"中的公平元素。相对于单身者，各国对已婚者通常会设置更多税前扣除或抵免等个人所得税优惠措施。已婚者多是家庭收入的重要来源，承担着其他成员的生活费用等；而单身者的家庭负担相对较少。故"兼顾个人与家庭"能促进相同收入的已婚者与未婚者间的横向公平。

二、公平原则

个人所得税应遵循公平原则，阐发与量化公平原则成为重中之重。

第一，公平原则可分解为横向、纵向公平原则。横向公平原则衡量个人所得税对相同收入者的影响，相同收入者应缴纳相等税负。纵向公平原则衡量个人所得税对不同收入者的影响，高收入者的税负应高于低收入者税负。量化上述两原则成为学界至今追求的目标。较为常见的量化方法是 APK 分解法，该法用税前、税后基尼系数之差表征个人所得税的收入调节总效应，用税后收入基尼系数与按税前收入排序的税后收入集中度之差表征 APK 横向公平效应，用总效应与横向公平效应之差表征 APK 纵向公平效应。APK 横向公平效应的绝对值越大，表明个人所得税对横向公平原则的遵循程度越低；APK 纵向公平效应的绝对值越大，表明个人所得税对纵向公平原则的遵循程度越高。仔细研究 APK 横向公平效应的计算公式发现，税后收入基尼系数与按税前收入排序的税后收入集中度之差所测算的内容不仅包括个人所得税对相同收入者的影响，还包括纳税人税前、税后收入排名发生变化时，个人所得税对其的影响。例如，甲、乙是两个纳税人，甲的税前收入高于乙的税前收入，但甲的税后收入低于乙的税后收入，甲、乙二人显然不是相同收入者，但个人所得税对此两人的影响被计入 APK 横向公平效应。故后续研究者将"APK 横向公平效应"改称为"APK 排序效应"。

第二，公平原则的延伸。APK 排序效应不是真正意义上的横向公平效应，APK 纵向公平效应是总效用与 APK 横向公平效应（APK 排序效应）之差，故 APK 纵向公平效应也不是真正意义上的纵向公平效应。为量化公平原则，KL 分解法应运而生；仿照 APK 排序效应的设计方法，构建了税额累退效应、平均税率累退效应，并将"APK排序效应"更名为"过度调节效应"；作者构建了边际税率累退效应。税额累退效应、平均税率累退效应或边际税率累退效应对应的公平原则分别是税额累进原则、平均税率累进原则或边际税率累进原则，上述三原则的经济学含义分别是高收入者的税额、平均税率或边际税率应高于低收入者的相应值。某种意义上讲，上述三效应都体现出纵向公平原则。过度调节效应（APK排序效应）对应的公平原则是适度调节原则，即高税前收入者的税后收入应高于低税前收入者的税后收入。该原则界定了个人所得税征收的界限或禁区。基于我国CFPS、CGSS等家庭微观数据，本书测算了我国个人所得税对上述各类公平原则的遵循程度。

第三，量化公平原则。一是量化研究法有助于甄别较优的个人所得税制。税额累退效应、平均税率累退效应、边际税率累退效应或过度调节效应（APK排序效应）是衡量税额累进原则、平均税率累进原则、边际税率累进原则、适度调节原则的反指标。税额累退效应、平均税率累退效应、边际税率累退效应或过度调节效应（APK排序效应）越小，个人所得税越能遵循公平原则。因此，可计算多种个人所得税制的上述四效应，四效应之和最小的个人所得税制就是理想个人所得税制。二是量化研究法有助于评价个人所得税制各要素的收入调节效应。税额累退效应、平均税率累退效应、边际税率累退效应或过度调节效应，可分解为税制要素的分效应，税制要素包括个人所得税制的各边际税率、各税前扣除。分解计算各税制要素的分效应，四效应之和最大的税制要素最不利于个人所得税缩小收入差距，应采取措施改革该税制要素。

三、国际比较

构建两群体个人所得税模型与跨国截面数据模型，研究发现，我国个人所得税制应采取"降额提率"的方式，以增强个人所得税制的收入差距平抑功能。

降额是指降低免征额、降低最高边际税率适用的收入最低限额。我国免征额高于人均可支配收入，部分较高收入人群被免除纳税义务；我国最高边际税率适用的收入最低限额过高，导致部分超高收入者的纳税额较少。因此，提高上述两额度有助于提高部分较高、超高收入者税负担，促进整体公平。

提率是指提高最低边际税率。在51个国家或地区中，最低边际税率的均值是14%。当中国个人所得税的最低边际税率由3%提高至14%时，基尼系数将减小3.67%。

综上所述，个人所得税制处处体现出"公平至上"的特性；税额累退效应、平均税率累退效应、边际税率累退效应和过度调节效应的提出，有利于量化公平原则；国际比较研究则给出了我国个人所得税改革方向——"降额提率"，有利于提高个人所得税的收入差距平抑功能，降额是指降低免征额、降低最高边际税率适用的收入最低限额，提率是指提高最低边际税率。寻求理想个人所得税制需依据软件编程法，详见后文所述。

第二节　政策建议

政策建议的核心目标是探究理想个人所得税制。MT 指数及其分解指数有助于评价个人所得税的收入差距平抑功能；跨国截面数据研究有助于分析个人所得税各税制要素与居民收入基尼系数的关系。上述研究都可获得一定的政策启示，但却无法告知寻求理想个人所得税制的方法。本节则基于微观家庭数据与软件编程法，通过大量计算，寻找符合特定条件的理想个人所得税制。

一、税制要素轮换原理

假设个人所得税制的基本税制要素分别是 a、b……z，每种税制要素都有 n 种备选项。第一步是轮换税制要素 z 的备选项，如图 7.1（甲）所示；此后，不断轮换其他税制要素的备选项，如图 7.1（乙）所示；最后，当其他税制要素的备选项都变为最后一个备选项后，再逐一轮换 z 的备选项，如图 7.1（丙）所示。

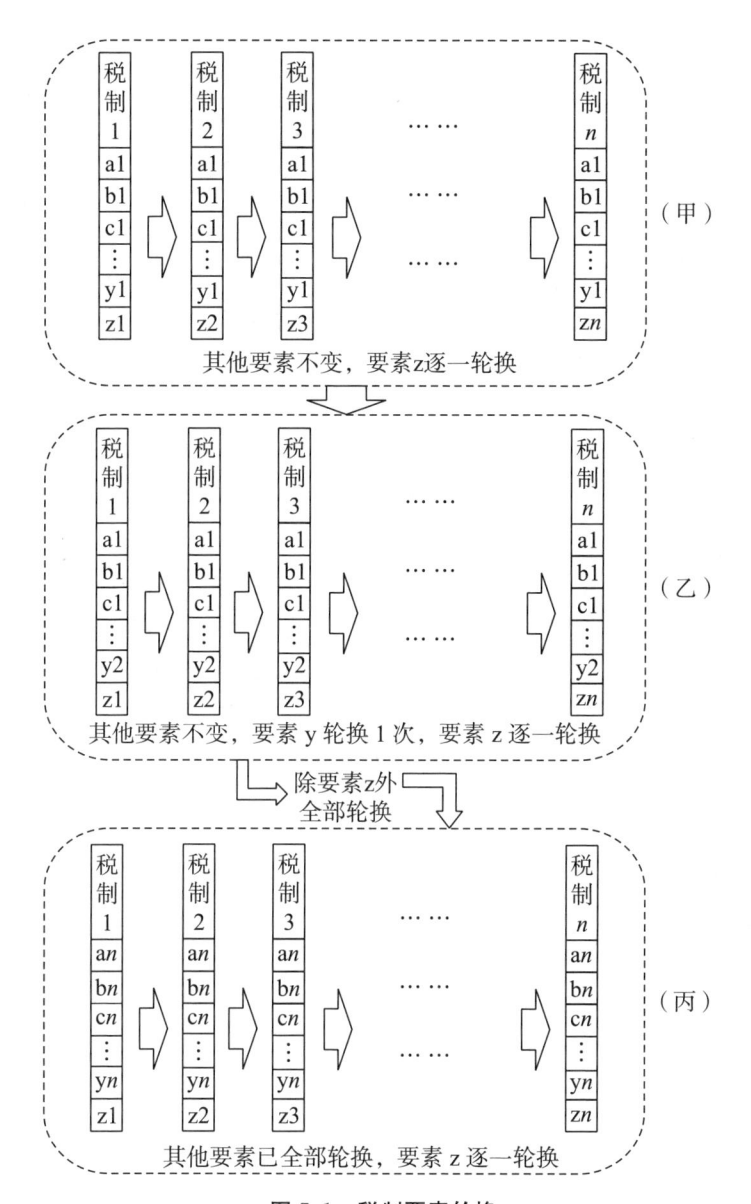

图 7.1 税制要素轮换

在上述步骤中,每轮换一项税制要素备选项,就会得到一种新个人所得税制,在下文中,需分别计算 APK 排序效应、三类不公平效应之和。当所有税制要素备选项都轮换完毕,所有个人所得税制的 APK 排序效应、三类不公平效应之和会计算出来,从中选择 APK 排序效应、三类不公平效应之和最小的税制作为理想税制。

二、理想税制Ⅰ

笔者采用2015年中国综合社会调查数据（CGSS）开展研究，即CGSS（2015）。本部分的研究目的是在综合单独申报个人所得税模式中寻找APK排序效应最小的个人所得税制。方法如下：基于Stata15.0软件，采用编程法，运用循环嵌套的方式，计算一定条件下各个人所得税制的APK排序效应，选择该效应最小的税制作为最优税制，具体内容如下所示[①]。

（一）设定理想税制Ⅰ的部分特性

相对于2011年修订版个人所得税法的工薪所得个人所得税制，2018年修订版个人所得税法的综合所得个人所得税制具有以下特点：第一，工薪所得7级超额累进税率没有变化，被直接应用于综合所得征税；第二，免征额、7级超额累进税率的部分税级距有所提升。为此，设定理想税制的部分特性如下：第一，申报单位是个人；第二，使用2018年修订版个人所得税法下综合所得的7级边际税率，对所有纳税人的全部所得征收综合所得税；第三，免征额有6种选择，分别是60000、72000、84000、96000、108000、120000元/年；第四，6个年税级距各有5种选择，如表7.1所示。

表7.1 税制要素（元）

项目	选项1	选项2	选项3	选项4	选项5
3%～10%年税级距	39600	43200	46800	50400	54000
10%～20%年税级距	158400	172800	187200	201600	216000
20%～25%年税级距	330000	360000	390000	420000	450000
25%～30%年税级距	462000	504000	546000	588000	630000
30%～35%年税级距	726000	792000	858000	924000	990000
35%～45%年税级距	1056000	1152000	1248000	1344000	1440000

---

① 胡华：《中国个人所得税的APK排序效应研究》，《中央财经大学学报》，2021年第2期，第27～29页。

（二）理想税制Ⅰ的筛选步骤

第一，设置年免征额为 60000、72000、84000、96000、108000、120000 元的其中之一；第二，设置 7 级边际税率分别为 3%、10%、20%、25%、30%、35%、45%；第三，设置 6 级循环嵌套，每个年税级距各有 5 种选项，每种免征额下共有 15625（5^6）种个人所得税制，计算每种个人所得税制下的 APK 排序效应，记录相应的个人所得税制编号，如"123451"代表，3%~10%、10%~20%、20%~25%、25%~30%、30%~35%、35%~45%年税级距依次是：39600 元（选项 1）、172800 元（选项 2）、390000 元（选项 3）、588000 元（选项 4）、990000 元（选项 5）、1056000 元（选项 1），如表 7.1 所示；第四，15625 次运算结束后，找到 APK 排序效应最小的个人所得税制，计算其 APK 排序效应、纵向公平效应、总效应（MT）、个人所得税集中度、税后收入集中度、税后收入基尼系数、平均税率，如表 7.2 所示；第五，重新选择免征额，重复 1~4 步，一共计算 93750（$6×5^6$）次。

（三）确定理想税制Ⅰ

表 7.2 中，备选最优税制 1~6 分别代表不同免征额下的最优税制，税级距选项中的六位数字与表 7.1 中的选项存在一一对应的关系，如"555545"代表 3%~10%年税级距是第 5 选项 54000 元，10%~20%年税级距是第 5 选项 216000 元，20%~25%年税级距是第 5 选项 450000 元，25%~30%年税级距是第 5 选项 630000 元，30%~35%年税级距是第 4 选项 924000 元，35%~45%年税级距是第 5 选项 1440000 元。6 个备选最优税制中，APK 排序效应最小的个人所得税制是序号 6，以此作为最优税制。

表 7.2 六种免征额下备选最优税制

备选最优税制序号	1	2	3	4	5	6
年免征额（元）	60000	72000	84000	96000	108000	120000
税级距选项*	555555	555545	555555	553555	454555	555545
APK 排序效应	0.0000120	0.0000109	0.0000101	0.0000095	0.0000091	0.0000086
纵向公平效应	0.0267832	0.0263047	0.0258749	0.0254776	0.0251120	0.0247911
总效应（MT）	0.0267712	0.0262938	0.0258647	0.0254681	0.0251029	0.0247825
税前基尼系数	0.6669416	0.6669416	0.6669416	0.6669416	0.6669416	0.6669416
个人所得税集中度	0.9930096	0.9942096	0.9950547	0.9957328	0.9962006	0.9964955

◇ 个人所得税的
收入差距平抑功能研究

续表

备选最优税制序号	1	2	3	4	5	6
税后收入集中度	0.6401584	0.6406369	0.6410668	0.6414640	0.6418297	0.6421505
税后收入基尼系数	0.6401705	0.6406478	0.6410769	0.6414735	0.6418387	0.6421591
平均税率	7.59%	7.44%	7.31%	7.19%	7.09%	7.00%
计算次数	15625	15625	15625	15625	15625	15625

笔者将最优税制（表7.2序号6）与现行税制（表4.1序号6）比较发现，最优税制具有如下优势。第一，最优税制的APK排序效应较小，对纳税人的无效扰动较小，最优税制的APK排序效应是0.0000086，低于现行税制的APK排序效应（0.000028）。第二，最优税制有着较强的收入差距平抑功能，最优税制的纵向公平效应是0.0247911，高于现行税制的纵向公平效应（0.017857）；最优税制的总效应是0.0247825，高于现行税制的总效应（0.017829）。第三，平均税率没有大幅提高，最优税制、现行税制的平均税率分别是7.00%、5.31%，最优税制仅高出1.69个百分点。

最优税制如表7.3所示，其具有如下特点：第一，申报单位是个人；第二，纳税人的全部所得都按照统一的7级超额累进税率表纳税；第三，7级边际税率与现行个人所得税制下的综合所得7级边际税率相同；第四，年免征额是12万元；第五，税级距有所提升；第六，专项附加扣除制度与2019年推行的专项附加扣除制度相同。

表7.3 最优税制

项目	税率	年税级距
第1级	3%	0~54000元
第2级	10%	54000~216000元
第3级	20%	216000~450000元
第4级	25%	450000~630000元
第5级	30%	630000~924000元
第6级	35%	924000~1440000元
第7级	45%	1440000元以上
年免征额	—	120000元

注：①纳税人全部所得适用于本税率表。
②申报单位是个人。

三、理想税制Ⅱ

三类不公平效应分别是税额累退效应、平均税率累退效应、过度调节效应。当三类不公平效应之和最小时，个人所得税制最符合公平原则。为寻找最公平个人所得税制，笔者基于Stata15.0软件编程法与CGSS（2015）数据，运用循环嵌套方式，计算一定条件下各种个人所得税制的三类不公平效应之和，选择此值最小的税制作为最公平个人所得税制，具体内容如下①。

（一）设定理想税制Ⅱ的部分特性

2018年我国修订个人所得税法，此次修订具有如下特点：第一，原工薪所得7级超额累进税率、原个体工商户所得5级超额累进税率没有变化，被直接分别应用于新个人所得税法下综合所得与经营所得；第二，免征额、部分税级距有所提升。因此，所选个人所得税制特点如下：第一，边际税率与现行个人所得税制边际税率相同，综合所得适用3%～45%的7级边际税率，经营所得适用5%～35%的5级边际税率，其他所得适用20%的比例税率；第二，年免征额有3个备选项——6万、9万、12万元；第三，综合所得有6个年税级距、经营所得有4个年税级距，每个个人所得税级距各有3种备选项，如表7.4所示。

表7.4　年税级距的备选项（元）

项目	年税级距	选项1	选项2	选项3
综合所得	3%～10%	48000	60000	72000
	10%～20%	192000	240000	288000
	20%～25%	330000	360000	390000
	25%～30%	480000	540000	600000
	30%～35%	756000	852000	948000
	35%～45%	1104000	1248000	1392000

---

① 胡华：《探寻最公平的中国个人所得税制》，《南开经济研究》，2020年第3期，第36～38页。

续表

项目	年税级距	选项1	选项2	选项3
经营所得	5%~10%	40000	50000	60000
	10%~20%	120000	150000	180000
	20%~30%	350000	400000	450000
	30%~35%	575000	650000	725000

（二）理想税制Ⅱ的筛选步骤

最优税制筛选步骤如下。第一，设置年免征额为6万、9万、12万元的其中之一。第二，逐一变换综合所得、经营所得年税级距，每个年税级距各有3个备选项，因此每种免征额下共有59049（3^{10}）种个人所得税制。第三，计算每种个人所得税制下三类不公平效应，记录相应个人所得税制编号，个人所得税制编号前六位、后四位分别代表综合所得、经营所得年税级距编号。若个人所得税制编号是"1231231231"，则综合所得3%~10%、10%~20%、20%~25%、25%~30%、30%~35%、35%~45%的年税级距依次是48000元（选项1）、240000元（选项2）、390000元（选项3）、480000元（选项1）、852000元（选项2）、1392000元（选项3），经营所得5%~10%、10%~20%、20%~30%、30%~35%的年税级距依次是40000元（选项1）、150000元（选项2）、450000元（选项3）、575000元（选项1），如表7.4所示。第四，59049次运算结束后，找到三类不公平效应之和最小的个人所得税制，计算其三类不公平效应、潜在公平效应、税后收入基尼系数、MT指数。第五，重新选择免征额，重复1~4步，一共计算177147（$3×3^{10}$）次。

（三）确定理想税制Ⅱ

不同免征额下最公平个人所得税制如表7.5所示，税级距选项中的10位数字与表7.4中的备选项存在一一对应的关系。第2个备选方案的三类不公平效应之和最小，此方案即最公平个人所得税制。将此税制与现行税制（表5.1）对比发现，最公平税制三类不公平效应之和是0.00239587，小于现行税制相应值（0.00250140）。

表7.5 三种免征额下备选最优税制

备选最优税制序号	1	2	3
年免征额（万元）	6	9	12
税级距选项	1133313213	1113313113	1113311111
三类不公平效应之和	0.00248175	0.00239587	0.00250855
第1类不公平效应	0.00031221	0.00024430	0.00021161
第2类不公平效应	0.00214749	0.00213160	0.00227876
第3类不公平效应	0.00002205	0.00001997	0.00001818
潜在公平效应	0.01875044	0.01777198	0.01708417
税前基尼系数	0.66694160	0.66694160	0.66694160
税后收入基尼系数	0.65067291	0.65156549	0.65236598
MT指数	0.01626869	0.01537611	0.01457562
计算次数	59049	59049	59049

最公平个人所得税制（见表7.6）具有如下特征：第一，综合所得的7级边际税率、经营所得的5级边际税率、其他所得的20%比例税率与现行个人所得税制下的相应值相同；第二，年免征额是9万元；第三，综合所得、经营所得各边际税率对应的税级距都有所提升。

表7.6 最公平个人所得税制

项目	税率	全年应纳税所得额	项目	税率	全年应纳税所得额
综合所得第1级	3%	0～48000元	经营所得第1级	5%	0～60000元
综合所得第2级	10%	48000～192000元	经营所得第2级	10%	60000～120000元
综合所得第3级	20%	192000～330000元	经营所得第3级	20%	120000～350000元
综合所得第4级	25%	330000～600000元	经营所得第4级	30%	350000～725000元
综合所得第5级	30%	600000～948000元	经营所得第5级	35%	725000元以上
综合所得第6级	35%	948000～1104000元	其他所得	20%	
综合所得第7级	45%	1104000元以上	年免征额	—	90000元

综上所述，个人所得税制充满了公平元素，KL分解法有助于量化公平原则，软件编程法则为探寻理想个人所得税制提供了有效途径。

参考文献

[1] ADAM A, KAMMAS P, LAPATINAS A. Income inequality and the tax structure: evidence from developed and developing countries [J]. Journal of comparative economics, 2015, 43: 138—154.

[2] ADAM W, EDDY V D. What makes the personal income tax progressive? A comparative analysis for fifteen OECD countries [J]. International tax and public finance, 2001, 8: 299—315.

[3] ANAND S. The Kuznetsprocess and the inequality-development relationship [J]. Journal of development economics, 1993, 40 (1): 25—52.

[4] ARONSON R, JOHNSON P, LAMBERT P. Redistribute effect and unequal income tax treatment [J]. The economic journal, 1994, 104: 262—270.

[5] ARONSON R, LAMBERT P. Decomposing the Gini coefficient to reveal vertical, horizontal and reranking effects of income taxation [J]. National tax journal, 1994, 47: 273—294.

[6] ARONSSON T, MICHELETTO L. Optimal redistributive income taxation and efficiency wages [J]. The scandinavian journal of economics, 2021, 123 (1): 3—32.

[7] BARANNYK L, DOBROVOLSKA O, TARANENKO V, et al. Personal income tax as a tool for implementing state social policy [J]. Investment management and financial innovations, 2021, 18 (2): 287—297.

[8] BIRD R M, ZOLT E M. Dual income taxation: a promising path to tax reform for developing countries [J]. World development, 2011 (10): 1691—1703.

[9] BUDIYONO S A R P. Theinfluence of total taxpayer of personnel and per capita income on income tax in Indonesia 2017—2019 [R]. Annals of the

Romanian society for cell biology, 2021: 1997−2003.

[10] DANIEL R C, ERIC R Y. The long run effects of changes in tax progressivity [J]. Journal of economic dynamics & control, 2011, 35: 1451−1473.

[11] DENVIL D, KLARA S P. Unequal Inequalities: do progressive taxes reduce income inequality? [J]. International tax and public finance, 2016, 23: 762−783.

[12] DI C P. Decomposing personal income tax redistribution with application to Italy [J]. The journal of economic inequality, 2020, 18: 113−129.

[13] DUCLOS J Y. Progressivity, redistribution, and equity, with application to the British tax and benefit system [J]. Public finance, 1993, 48: 350−365.

[14] EDEH H C. Assessing the equity and redistributive effects of taxation reforms in Nigeria [R]. ICTD Working Paper 130, Brighton: Institute of Development Studies, 2021.

[15] ETIENNE L, CLAUDIO L, SIMONE M, et al. Beyond the labour income tax wedge: the unemployment − reducing effect of tax progressivity [J]. International tax and public finance, 2016, 23: 454−489.

[16] FEREDE E. Entrepreneurship and personal income tax: evidence from Canadian provinces [J]. Small business economics, 2021, 56 (4): 1765−1781.

[17] GERDTHAM U, SUNDBERG G. International journal of health planning and management [J]. International journal of health planning and management, 1998, 13: 289−306.

[18] GRESELIN F, PELLEGRINO S, VERNIZZI A. The Zenga equality curve: a new approach to measuring tax redistribution and progressivity [J]. Review of income and wealth, 2021, 67 (4): 950−976.

[19] HAI Z. Extensions to decomposition of the redistributive effect of health care finance [J]. Health economics, 2009, 18: 1176−1187.

[20] HELLIER J. Globalization, income tax and the redistribution − progressivity tradeoff [J]. Comparative economic studies, 2021, 63 (3): 384−410.

[21] HIERRO L A, GOMEZ-ALVAREZ R, ATIENZA P. Thecontribution of US taxes and social transfers to income redistribution [J]. Public finance review, 2012, 40 (3): 381-400.

[22] HUA H. Decomposition of social income adjustment effect of China's personal income tax and selection among different uniform income tax modes [J]. The singapore economic review, 2018, 63 (4): 917-941.

[23] HYUN J K, LIM B I. Redistributive effect of Korea's income tax: equity decomposition [J]. Applied economics letters, 2005, 12: 195-198.

[24] INCHAUSTE G, N LUSTIG. The distributional impact of taxes and transfers: evidence from eight low-and middle-income countries [M]. World Bank Publications, 2017.

[25] ISLAM M R, MADSEN J B, DOUCOULIAGOS H. Does inequality constrain the power to tax? Evidence from the OECD [J]. European journal of political economy, 2018, 52: 1-17.

[26] JOHN A B, CHOW K V, JOHN P F, et al. Did tax reform reduce actual us progressivity? Evidence from the taxpayer compliance measurement program [J]. International tax and public finance, 1997, 4: 177-197.

[27] JOUSTE M, BARUGAHARA T K, AYO J O, et al. Theeffects of personal income tax reform on employees' taxable income in Uganda [R]. WIDER Working Paper, 2021.

[28] KAKWANI N C. Measurement of tax progressivity: an international comparison [J]. The economic journal, 1977, 87 (345): 71-80.

[29] KAKWANI N C. Onthe measurement of tax progressivity and redistributive effect of taxes with applications to horizontal and vertical equity [J]. Advances in econometrics, 1984 (3): 149-168.

[30] KAKWANI N C, LAMBERT P J. On measuring in equity in taxation: a new approach [J]. European journal of political economy, 1998, 14: 369-380.

[31] MA G, XU J, LI S. The income redistribution effect of China's personal income tax: what the micro-data say [J]. Contemporary economic policy, 2015, 33 (3): 488-498.

[32] MAAG, ELAINE, WILLIAM J C, et al. Theearned income tax credit: program outcomes, payment timing, and next steps for research [R]. OPRE Report, 2021.

[33] MARTINEZ I Z, SAEZ E, SIEGENTHALER M. Intertemporal labor supply substitution? Evidence from the Swiss income tax holidays [J]. American economic review, 2021, 111 (2): 506-46.

[34] MICHAEL K, YITAE K, RICARDO V. The "flat tax (es)": principles and experience [J]. International tax and public finance, 2008, 15: 712-751.

[35] MONTI M G, PELLEGRINO S, VERNIZZI A. Onmeasuring inequity in taxation among groups of income units [J]. The review of income and wealth, 2015, 61 (1): 43-58.

[36] MONTI M G, VERNIZZI A, MUSSINI M. Thedecomposition of the Atkinson-Plotnick-Kakwani re-ranking measure [J]. Statistica applicata-Italian journal of applied statistics, 2010, 22 (2): 177-198.

[37] MORINI M, PELLEGRINO S. Personal income tax reforms: a genetic algorithm approach [J]. European journal of operational research, 2018, 264: 994-1004.

[38] MUSGRAVE R A, THIN T. Income tax progression 1929-48 [J]. Journal of political economy, 1949, 56: 498-514.

[39] OECD. Divided we stand: why inequality keeps rising: Paris [M]. OECD Publishing, 2011.

[40] PELLEGRINO S, VERNIZZI A. Decomposing the redistributive effect of taxation to reveal axiom violations [R]. Working papers 049, Department of Economics and Statistics, University of Torino, 2018.

[41] PELLEGRINO S, VERNIZZI A. The 2007 Personal Income Tax Reform in Italy: effects on potential equity, horizontal inequity and re-ranking [R]. University of Torino, 2010.

[42] PFÄHLER W. Reditributive Effect of income taxation: decomposing tax base and tax rates effects [J]. Bulletin of economic research, 1990, 42 (2): 121-129.

[43] PFÄHLER W. Reditributive effects of tax progressivity: evaluating a general class of aggregate measures [J]. Public finance, 1987, 32:

1—31.

[44] PLOTNICK R. Ameasure of horizontal inequity [J]. Review of economics and statistics, 1981, 63: 283—288.

[45] ROBINSON S. Anote on the U hypothesis relating income inequality and economic development [J]. American economic review, 1976, 66 (3): 437—440.

[46] SHORROCKS A F. Decompositionprocedures for distributional analysis: a unified framework based on the Shapley value [J]. The journal of economic inequality, 2013, 11 (1): 99—126.

[47] SICSIC M. Doeslabor income react more to income tax or means-tested benefit reforms? [R]. TEPP Working Paper, 2021.

[48] SILKE G, WOLFGANG P. Redistributive taxation in the era of globalization [J]. International tax and public finance, 2003, 10: 453—468.

[49] STEFAN B. Optimal tax progressivity in unionised labour markets simulation results for Germany [J]. Comput econ, 2013, 41: 447—474.

[50] SUNDRUM R M. Income distribution in less developed countries [M]. London and New York: Routledge, 1990.

[51] TORREGROSA HETLAND S, SABATÉ O. Income taxes and redistribution in the early twentieth century [R]. Lund Papers in Economic history, 2021.

[52] URBAN I. Contributions of taxes and benefits to vertical and horizontal effects [J]. Social choice and welfare, 2014, 42 (3): 619—645.

[53] URBAN I, LAMBERT P J. Redistribution, horizontal inequity, and reranking: how to measure them properly [J]. Public finance review, 2008, 36 (5): 563—587.

[54] VAN DE VEN J, CREEDY J, LAMBERT P. Close equals and calculation of the vertical, horizontal and reranking effects of taxation [J]. Oxford bulletin of economics and statistics, 2001, 63: 381—394.

[55] VERNIZZI A, PELLEGRINO S. Ondetermining "close equals groups" in decomposing redistributive and reranking effects [R]. Societa Italiana Di Economia Pubblica, 2008.

[56] WAGSTAFF A. Inequality decomposition and geographic targeting with applications to China and Vietnam [J]. Health economics, 2005, 14: 649-653.

[57] WHITMORE SCHANZENBACH D, STRAIN M R. Employment effects of the earned income tax credit: taking the long view [J]. Tax policy and the economy, 2021, 35 (1): 87-129.

[58] ZOLT E M, BIRD R M. Redistribution via taxation: the limited role of the personal income tax in developing countries [R]. The Social Science Research Network Electronic Paper Collection Research, 2005.

[59] 蔡秀云,周晓君. 我国个人所得税调节收入分配效应研析 [J]. 税务研究, 2014 (7): 33-34.

[60] 陈建东,罗涛,赵艾凤. 试析个人所得税对区域间城镇居民收入差距的调节效果 [J]. 税务研究, 2013 (9): 43-46.

[61] 陈建东,许云芳,吴茵茵,等. 个人所得税税率及级次设定探究——基于收入分布函数的视角 [J]. 税务研究, 2014 (3): 34-40.

[62] 陈建东,赵艾凤. 个人所得税对省际间城镇居民收入差距和社会福利的影响 [J]. 财政研究, 2013 (7): 63-66.

[63] 陈宗胜. 倒 U 曲线的"阶梯形"变异 [J]. 经济研究, 1994 (5): 55-59.

[64] 程侃,李成. 同排位同牺牲原则下个人所得税税率设计 [J]. 数量经济技术经济研究, 2013, 30 (5): 140-151.

[65] 方东霖,杨沛民. 高收入群体个人所得税征管问题研究 [J]. 税务研究, 2021 (7): 137-140.

[66] 冯楠,韩树煜,陈治国. 人口老龄化背景下个人所得税改革对劳动供给的影响 [J]. 税务与经济, 2021 (5): 42-48.

[67] 国家税务总局税收科学研究所. 外国税制概览 [M]. 北京:中国税务出版社, 2012.

[68] 韩莉,杨惺锴. "互联网+"时代知识提供者收入的个人所得税征管 [J]. 税务研究, 2019 (12): 81-85.

[69] 韩秀兰,陈星霖. 我国新个人所得税的收入再分配效应研究 [J]. 统计与决策, 2020 (9): 134-137.

[70] 韩秀兰,王久瑾. 工薪所得个人所得税费用扣除额变动与居民工薪收入益贫式增长 [J]. 税务研究, 2014 (3): 44-48.

[71] 何珊，姚小剑. 个人所得税与社会保障对收入差距调节效果的研究[J]. 西安石油大学学报（社会科学版），2018（5）：39-46.

[72] 胡华. 个人所得税四要素与收入差距关系研究[J]. 中央财经大学学报，2015（8）：3-11.

[73] 胡华. 个人所得税与收入差距关系的实证研究[J]. 河北经贸大学学报，2017（2）：50-57.

[74] 胡华. 平均税率与个人所得税的收入调节功能比较研究[J]. 数量经济技术经济研究，2019（6）：98-116.

[75] 胡华. 探寻最公平的中国个人所得税制[J]. 南开经济研究，2020（3）：24-40.

[76] 胡华. 中国个人所得税的APK排序效应研究[J]. 中央财经大学学报，2021（2）：18-30.

[77] 胡华，李冬妍，罗俊宇. 我国个人所得税的收入差距平抑功能解析[J]. 郑州轻工业大学学报（社会科学版），2022，23（5）：46-55.

[78] 胡文骏. 中国个人所得税逆向调节收入分配的PVAR分析[J]. 山西财经大学学报，2017（1）：15-27.

[79] 胡显莉，王安喜，陈立. 我国现行个人所得税的收入再分配效应研究[J]. 重庆社会科学，2020（11）：104-118.

[80] 黄凤羽，王一如. 我国个人所得税对城镇居民收入的调节效应研究[J]. 税务研究，2012（8）：34-38.

[81] 贾康，梁季. 我国个人所得税改革问题研究[J]. 经济学动态，2010（3）：2-13.

[82] 贾士毅. 民国财政史[M]. 郑州：河南人民出版社，2016.

[83] 孔翠英. 中国个人所得税逆向调节作用研究[J]. 云南社会科学，2017（1）：74-78+187.

[84] 匡浩宇. 个人所得税、居民收入结构与再分配调节——基于省级面板数据的实证检验[J]. 经济体制改革，2021（4）：158-165.

[85] 李江. 中国财税史[M]. 成都：西南财经大学出版社，2013.

[86] 李晶，牛雪红. 基于收入结构的个人所得税收入分配效应研究[J]. 宏观经济研究，2022（2）：16-26.

[87] 李立，李铭. 通货膨胀对个人所得税调节收入分配的影响研究——基于对微观数据样本的模拟测算和分析[J]. 财政研究，2019（10）：100-113.

[88] 李实. 对基尼系数估算与分解的进一步说明 [J]. 经济研究, 2002 (5): 84-87.

[89] 李士梅, 李安. 我国个人所得税收入分配调节效应分析 [J]. 税务与经济, 2017 (5): 92-99.

[90] 李文. 我国个人所得税的再分配效应与税率设置取向 [J]. 税务研究, 2017 (2): 45-51.

[91] 连洪泉, 高庆辉, 周业安. 个人所得税缩减贫富差距的效应有多大?——基于CHNS调查数据和刀切法的动态评估 [J]. 经济学报, 2018 (3): 142-168.

[92] 廖楚晖, 魏贵和. 个人所得税对我国城镇居民收入与消费的影响 [J]. 税务研究, 2013 (9): 59-61.

[93] 刘德成. 中国财税史纲 [M]. 北京: 中国社会科学出版社, 2016.

[94] 刘利利, 刘洪愧. 个人所得税改革与家庭教育支出——兼论教育负担与教育差距 [J]. 经济科学, 2020 (1): 100-112.

[95] 刘蓉, 寇璇. 个人所得税专项附加扣除对劳动收入的再分配效应测算 [J]. 财贸经济, 2019 (5): 39-51.

[96] 刘蓉, 林志建. 个人所得税新政对劳动收入分配效应的影响 [J]. 财政研究, 2019 (4): 63-74.

[97] 刘尚希. 按家庭征个人所得税会更公平吗——兼论我国个人所得税改革的方向 [J]. 涉外税务, 2012 (10): 24-29.

[98] 刘小川, 汪冲. 个人所得税公平功能的实证分析 [J]. 税务研究, 2008 (1): 42-46.

[99] 刘宗连. 个人所得税再分配效应及其累进性测算 [J]. 统计与决策, 2017 (6): 157-160.

[100] 刘佐. 2019年中国税制概览 [M]. 北京: 经济科学出版社, 2019.

[101] 卢洪友, 杜亦譞. 中国财政再分配与减贫效应的数量测度 [J]. 经济研究, 2019, 54 (2): 4-20.

[102] 马海涛, 任强. 个人所得税改革对各收入群组税负的影响 [J]. 税务研究, 2016 (4): 8-13.

[103] 马骁, 范维, 陈建东. 城镇居民收入、城镇化水平与个人所得税收入 [J]. 财经科学, 2019 (11): 109-120.

[104] 诺敏, 张世伟, 曙光. 个人所得税改革对调节收入差距的影响及对策 [J]. 经济纵横, 2016 (7): 93-97.

◇ 个人所得税的

收入差距平抑功能研究

[105] 彭海艳. 个人所得税的再分配效应及机制重塑研究 [M]. 北京：中国财政经济出版社，2012.

[106] 秦晖. "黄宗羲定律"与税费改革的体制化基础：历史的经验与现实的选择 [J]. 税务研究，2003（7）：2—8.

[107] 任超. 英国财税法史研究 [M]. 北京：法律出版社，2017.

[108] 施诚. 中世纪英国财政史研究 [M]. 北京：商务印书馆，2010.

[109] 石子印. 平均税率、标准税率与收入分布对个人所得税累进性的影响 [J]. 财经理论与实践，2014（1）：70—74.

[110] 史泽军. 论个人所得税调节收入分配差距的原理和机制 [J]. 当代经济，2017（8）：34—35.

[111] 孙玉栋，庞伟. 分类个人所得税对收入分配的影响效应 [J]. 税务研究，2017（7）：47—53.

[112] 田志伟，胡怡建，宫映华. 免征额与个人所得税的收入再分配效应 [J]. 经济研究，2017（10）：113—126.

[113] 田志伟，胡怡建，朱王林. 个人所得税、企业所得税、个人社保支出与收入分配 [J]. 财经论丛，2014（11）：18—24.

[114] 万相昱. 个人所得税改革的灵敏度分析：基于微观模拟途径 [J]. 世界经济，2011（1）：93—106.

[115] 万莹，熊惠君. 2018年我国个人所得税改革的收入再分配效应 [J]. 税务研究，2019（6）：52—56.

[116] 万莹. 个人所得税对收入分配的影响：由税收累进性和平均税率观察 [J]. 改革，2011（3）：53—59.

[117] 王丹莹，李维刚. 个人所得税调节贫富差距的作用探讨 [J]. 经济研究导刊，2015（13）：83—84.

[118] 王红晓，李顺明，于洪喜. 新加坡和中国个人所得税税率变化比较 [J]. 税务研究，2015（10）：102—105.

[119] 王晓佳，吴旭东. 个人所得税专项附加扣除的收入再分配效应——基于微观数据的分析 [J]. 当代经济管理，2019（9）：83—86.

[120] 王亚芬，肖晓飞，高铁梅. 我国收入分配差距及个人所得税调节作用的实证分析 [J]. 财贸经济，2007（4）：18—23.

[121] 王玉晓，陶春海，郭同济. 政府卫生支出、个人所得税和消费税如何影响居民消费——基于TSLS和LIML的工具变量估计 [J]. 税务研究，2020（4）：111—122.

[122] 王钰，田志伟，王再堂. 2018年个人所得税改革的收入再分配效应研究［J］. 财经论丛，2019（8）：31-38.

[123] 王震. 新农村建设的收入再分配效应［J］. 经济研究，2010（6）：17-27.

[124] 伍晓亮，郭春野. 对个人所得税调节收入分配作用的再认识［J］. 税务研究，2013（1）：32-34.

[125] 夏炎，姚晔，蒋茂荣，等. 房贷利息抵扣个人所得税政策的价格影响与收入分配效应研究［J］. 系统科学与数学，2021（2）：325-343.

[126] 徐建炜，马光荣，李实. 个人所得税改善中国收入分配了吗——基于对1997—2011年微观数据的动态评估［J］. 中国社会科学，2013（6）：53-71.

[127] 徐静，岳希明. 税收不公正如何影响收入分配效应［J］. 经济学动态，2014（6）：60-68.

[128] 许春淑，李彤. 个人所得税与最低生活保障对城乡居民收入差距的调节效应分析［J］. 天津经济，2022（3）：49-56.

[129] 许志伟，吴化斌，周晶. 个人所得税改革的宏观福利分析［J］. 管理世界，2013（12）：32-42.

[130] 薛钢，刘军. 我国个人所得税指数化问题探究［J］. 税务研究，2013（9）：47-50.

[131] 阳芳，何冬明，毕晓云. 个人所得税调节收入分配效应研究——基于2006—2011年三次个税改革的比较［J］. 价格理论与实践，2018（7）：103-106.

[132] 杨昭智. 中国所得税［M］. 北京：商务印书馆，1947.

[133] 姚妤，蔡新苗. 图说一战战史二战战史［M］. 北京：北京联合出版公司，2015.

[134] 叶菁菁，吴燕，陈方豪，等. 个人所得税减免会增加劳动供给吗？——来自准自然实验的证据［J］. 管理世界，2017（12）：20-32+187.

[135] 岳树民，卢艺，岳希明. 免征额变动对个人所得税累进性的影响［J］. 财贸经济，2011（2）：18-24.

[136] 岳树民，卢艺. 我国工薪所得课税累进程度分析——基于数据模拟的检验［J］. 扬州大学税务学院学报，2009（3）：1-5.

[137] 岳希明，徐静，刘谦，等. 2011年个人所得税改革的收入再分配效应［J］. 经济研究，2012（9）：113-124.

[138] 岳希明，徐静. 我国个人所得税的居民收入分配效应 [J]. 经济学动态，2012（6）：16—25.

[139] 詹新宇，杨灿明. 个人所得税的居民收入再分配效应探讨 [J]. 税务研究，2015（7）：54—59.

[140] 张德勇，刘家志. 新个人所得税对劳动收入再分配的影响 [J]. 中国社会科学院研究生院学报，2020（2）：52—64+145.

[141] 张楠，邹甘娜. 个人所得税的累进性与再分配效应测算——基于微观数据的分析 [J]. 税务研究，2018（1）：53—58.

[142] 张念明. 基于调节视角的个人所得税改革探析 [J]. 税务研究，2021（10）：43—47.

[143] 赵达，王贞. 个人所得税减免有助于中国城镇家庭提高消费吗？[J]. 统计研究，2020（5）：27—39.

[144] 郑起东. 通货膨胀史话 [M]. 北京：社会科学文献出版社，2011.

[145] 周继先，白思斯，吴茵茵. 我国个人所得税收入影响因素与空间分布特征研究 [J]. 税务研究，2020（7）：44—52.

[146] 周清. 个人所得税改革对居民消费的效应评价与完善路径 [J]. 税务与经济，2020（1）：78—83.

[147] 周云波. 城市化、城乡差距以及全国居民总体收入差距的变动——收入差距倒 U 形假说的实证检验 [J]. 经济学（季刊），2009（4）：1239—1256.

后　　记

本人一直非常关注个人所得税，第一篇相关论文发表于 2015 年，之后开始专注于个人所得税的收入差距平抑功能研究。研究过程中，发现此课题研究可谓浩如烟海。《道德经》有云："道生一，一生二，二生三，三生万物。"[①] 这句话恰恰体现了个人所得税收入差距平抑功能研究工具——MT 指数的发展。

道生一。MT 指数是税前、税后收入基尼系数之差。之前理论多关注边际税率累进性，忽视居民收入分布特性；但若个人所得税制与居民收入不匹配，边际税率累进性再强，也可能无法缩小收入差距。例如，免征额高于最高收入者收入时，个人所得税额为零，无法平抑收入差距。

一生二。为便于分别评价个人所得税对横向、纵向公平原则的遵循程度，有学者将 MT 指数分解为横向、纵向公平效应。横向公平效应衡量个人所得税对相同收入者的影响，纵向公平效应衡量个人所得税对不同收入者的影响。

二生三。前述横向公平效应不能专门衡量个人所得税对相同收入者的影响。计算 MT 指数需计算税前、税后收入基尼系数，需将纳税人按照税前、税后收入的非降序排列。个人所得税会使得一些纳税人的税前、税后收入排序产生差异。只要纳税人排序变化，个人所得税对其影响就能被横向公平效应"捕捉"，故该效应已改称为"APK 排序效应"。为此，后续研究者又将 MT 指数进行三元分解，分为横向公平效应、纵向公平效应、APK 排序效应。

三生万物。上述三元分解仍有缺陷，故又有学者将 MT 指数分为四部分：税额累退效应、平均税率累退效应、过度调节效应（APK 排序效应）、潜在公平效应。其他学者又将前三个分效应分别分解为三部分：累进税率表、税前扣除、税收免除的分效应。在此基础上，本书新增边际税率累退效应；将税额累退效应、平均税率累退效应、边际税率累退效应、过度调节效应，分别分解为各边际税率与各税前扣除的分效应；选取 11 种家庭异质性将样本进行分组，

[①] 老子：《道德经》，王丽岩译注，中国文联出版社，2016 年，第 135 页。

◇ 个人所得税的
　　收入差距平抑功能研究

将各边际税率与各税前扣除的分效应再次分别分解为组内、组间、跨组效应。

　　每增加一层次分解，我们对个人所得税收入差距平抑功能的认识就更深入一层。但这种分解可能是无止境的，正如物质的分解。

　　本书要特别感谢教育部哲学社会科学研究后期资助项目"中国个人所得税的收入差距平抑功能研究"（19JHQ059）的资助！本书还曾受到下列项目的资助：中国税务学会 2023 年度专项课题"数字经济发展与智慧税务建设研究"、南开大学文科发展基金科学研究类项目青年项目"税收治理现代化与我国消费税改革研究"（ZB21BZ0313）、2022 年国家社科基金重大项目"中心城市科技创新带动城市群协同创新与高质量发展研究"（22&ZD129）、国家自然科学基金青年项目"创新激励与规则设计：基于竞赛模型的理论和实验研究"（72103102）、国家自然科学基金青年项目"财政支出消息的宏观经济效应研究：测度方法、传导机制与政策优化"（72303120）。在此对上述资助一并致谢。感谢南开大学各位同仁对本人的关心与照顾！感谢家人的陪伴！感谢所有关心、关注本人的朋友们！

胡　华

2024 年 6 月 18 日于南开园